KB182218

재무·회계부터
경영·관리까지

숫자를 다루는 비즈니스 실전 영어 패턴

숫자를 다루는 비즈니스 실전영어패턴

지은이 유진영
펴낸이 정규도
펴낸곳 (주)다락원

초판 1쇄 발행 2018년 12월 31일
초판 3쇄 발행 2022년 10월 12일

총괄책임 허윤영
본문 디자인 HADA 장선숙
표지 디자인 하태호

다락원 경기도 파주시 문발로 211
내용문의 (02)736-2031 내선 520
구입문의 (02)736-2031 내선 250~251
Fax (02)732-2037
출판등록 1977년 9월 16일 제406-2008-000007호

값 22,000원

ISBN 978-89-277-0110-1 13740

www.darakwon.co.kr
다락원 홈페이지를 방문하시면 여러 출간 서적에 대한 상세한 출판정보와 함께
동영상 강좌, MP3 자료 등 다양한 어학 정보를 얻으실 수 있습니다.

재무·회계부터
경영·관리까지

숫자를 다루는

비즈니스

실전

유진영 지음

영어
패턴

DARAKWON

왜 숫자를 다루는
비즈니스 영어인가
?

다음 표현을 주저 없이 영어로 말할 수 있습니까?

· 전표입력부터 시작하면 될까요?

· 이것은 비용인정을 못 받아요.

· 노란색 셀들 같이 한번 볼까요?

· 저희는 예산을 30% 초과 달성했습니다.

· 이 제품은 총매출의 10%를 차지합니다.

· 환율이 1,100원/달러에 마감되었습니다.

· 여유자금을 정기예금에 넣어두었습니다.

· 치킨 시장은 포화상태입니다.

· 이 숫자 결산서와 안 맞는 것 같아요.

· 세무 신고기한은 7월 25일입니다.

· 회사는 3월 말 법인입니다.

· 이제 와서 숫자를 뒤집는 것은 불가능해보이는데요.

이 표현들은 숫자를 다루는 업무를 수행하면서 매일 쓰는 대표적인 표현입니다. 이런 표현들이 바로 입에서 튀어나오지 않는다면 업무에 필요한 충분한 영어실력은 아직 갖추어지지 않았다고 생각해야 합니다.

저는 기획, 관리, 재무, 회계 분야의 업무 종사자가 영어 때문에 고민하는 것을 많이 봐왔습니다. 영어를 써야 하는 일에 부딪힐 때마다 답답하고 불안하다고 토로하더군요. 조급한 마음에 학원으로 달려가 비즈니스 영어 강좌를 들어보지만 업무에 필요한 용어나 표현과는 거리가 멀어 실망했다는 사람도 많았습니다. 비즈니스 영어에서 주로 다루는 방문객 접대, 숙소 예약, 음식 주문 등에 필요한 표현은 실제 업무에서 사용해야 할 실질적인 영어능력과는 너무 동떨어져 있기 때문입니다.

숫자를 다루는 경영, 기획, 관리, 재무, 회계 분야에서 일할 때에는 수치에 기반하여 정보나 자료를 정확하고 간결하게 전달할 수 있어야 합니다. 이를 기반으로 상대를 설득해야 하기 때문입니다. 이때 필요한 영어는 일상에서 의사소통하는 수준이 아니라 객관적인 상황을 명확히 전달할 수 있는 실무적인 표현이어야 합니다. 다행히 이런 영어표현에는 일정한 공식처럼 자주 쓰는 패턴이 존재합니다. 이 책에서는 업무를 수행할 때의 행동과 업무흐름에 따라 315개의 코어패턴을 정리했습니다. 핵심이 되는 코어패턴에 다양한 업무 상황을 적용해서 만든 문장을 제시하여 최단 시간에 효율적으로 습득하도록 구성했습니다.

업무에 필요한 영어실력은 '본인의 의사를 정확하게 상대방한테 전달하는 능력'입니다. 이 책을 통해 상대방이 분명히 알아들을 수 있는 정확하고 간결한 영어 커뮤니케이션 능력을 갖추는 것을 제 1의 목표로 삼길 바랍니다. 특히 이직, 사내 승진, 해외 파견 등을 고려하고 있다면 현재 몸담고 있는 분야에 있어서 일정 수준의 영어실력을 갖추는 것이 필수입니다. 도전하고 쟁취하십시오. Go for it!

이 책을 향상된 영어실력을 바탕으로 커리어상 도약을 위해 노력하는, 숫자를 다루는 모든 비즈니스인에게 바칩니다.

책을 읽으면서 개선할 사항이 있거나 문의사항이 있다면 언제든지 이메일(jyyoo131@gmail.com)로 연락주시기 바랍니다. 감사합니다.

유진영

3 이 책은 총 세 **파트**로 구성되었습니다. 각 파트는 숫자를 다루는 비즈니스 분야에 따라 1. 경영관리 2. 재무 3. 회계/세무 나뉩니다. 편의상 분류했지만, 모든 파트는 비즈니스에 필수적인 패턴을 수록하고 있습니다.

12 규모가 크든 작든 모든 회사는 숫자와 관련된 업무를 반드시 수행해야 합니다. 숫자를 다루는 대표적인 **업무 분야**는 기획, 경영, 관리, 자금, 투자, IR, 회계, 세무 등이 있습니다. 이를 세부적으로 분류하여 12개 소제목으로 나누고, 각 업무 성격 별로 자주 쓰는 표현을 제시하였습니다.

Features

오로지
실무에 필요한
표현만 실었다
!

100%

이 책에 나오는 코어패턴은 철저하게 실무에 초점을 맞췄습니다. 매 페이지마다 제시하는 실전대화는 지금 이 순간에도 업무 현장에서 진행되는 **생생한 대화**로만 구성되었습니다.

이 책은 총 315개의 **대표패턴**을 제시합니다. 모든 패턴은 반드시 실무에서 쓰는 표현이어야 한다는 원칙으로 선정했으며, 단순히 방문객 접대, 숙소 예약, 음식 주문 등에 필요한 표현은 과감히 배제했습니다. 실무에서 가장 중요한 것은 정확한 의견 전달과 정보 파악이기 때문입니다.

315

630

이 책에는 총 630개의 **회화 상황**이 펼쳐집니다. 전화통화, 내부회의, 외부미팅 등 일상에서 매일 겪게 되는 회화 상황을 미리 경험하고 매끄럽게 대화할 수 있도록 학습 요소를 녹여 구성하였습니다. 앞에서 배운 코어패턴을 활용하여 대화를 이어 나가는 재미를 느낄 수 있습니다.

4000

이 책에서 연습할 수 있는 패턴 문장은 총 2224개입니다. 그리고 코어패턴과 실전대화를 모두 익히고 나면 여러분은 대략 4천개에 달하는 비즈니스 **회화 문장**을 다루는 셈입니다. 업무를 하다보면, 여러분이 익힌 문장을 하루에 하나 이상 반드시 듣거나 말하게 됩니다. 이제 영어에 발목 잡혀 업무능력을 발휘하지 못하는 일은 없습니다.

현장감을 살린 원어민의 생생한 **녹음 파일**을 무료로 제공합니다. 이 책에서 제시하는 비즈니스 영어문장은 초보도 쉽게 따라할 수 있는 수준부터 원어민이라도 흔히 접하기 힘든 전문분야 고급 수준까지 다루고 있습니다. 잘 듣고 정확하게 말할 수 있도록 연습하여 비즈니스 영어능력을 완성하세요.

05:32:36

How to Use

학습 효과를
극대화 하는
방법

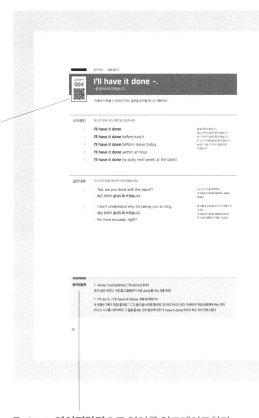

MP3음원을 듣고 소리내어 말한다

다락원 홈페이지에서 mp3를 무료로 다운받으세요.
한 패턴 당 녹음 파일은 하나로, 총 315개의 파일이
있습니다. 집중적으로 한 패턴을 연습하고 싶을 때는
한 파일을 여러 번 반복해서 듣는 방법을 추천합니다.
반드시 입을 열고 소리 내어 따라합니다. 듣는 즉시
이해할 수 있고 원어민의 속도로 말할 수 있을 때까지
연습하세요. 책 전체를 학습하고 싶을 때는 출퇴근 차
안이나 쉬는 시간에 전체 재생 모드로 틀어놓습니다.
놓치는 패턴이 있어도 소리에 익숙해지는 훈련이
중요하기 때문에 계속해서 듣는 것이 좋습니다.

Extras 영어전달력으로 영어를 업그레이드한다

영어전달력에서는 표현의 뉘앙스 차이, 주의해야 하는
팁, 콩클리쉬 표현 등을 실었습니다. 책에는 제시되지
않지만, 개인적인 추가 학습내용이 있다면 반드시 해당
페이지의 여백에 메모하면서 공부하세요.

대표패턴으로 구조를 익힌다

각 분야의 업무 상황에 따라 주제를 선정하고 자주 쓰는 패턴을
쉽고 간결하게 정리했습니다. 이 패턴들은 숫자를 다루는 실질적인
업무를 위한 이메일 작성, 전화통화, 컨퍼런스/화상 콜, 해외출장,
해외본사 보고 등의 상황에서 요긴하게 활용할 수 있습니다.
영어의 뼈대를 세우는 가장 빠른 방법은 패턴입니다. 대표패턴으로
영어의 구조를 먼저 익힌 다음 필요한 말을 넣어 문장을
완성시키는 코어패턴으로 넘어가세요.

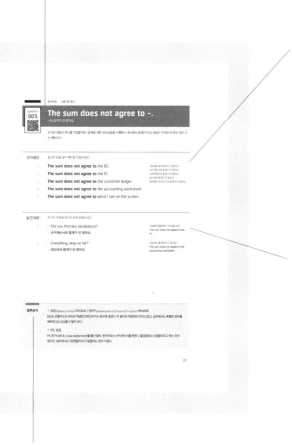

코어패턴을 입에 붙인다

실무를 하면서 흔하게 접하는 업무 관련 단어
및 표현을 뽑아 코어패턴을 구성하였습니다.
머릿속으로 상황을 그리면서 '아, 실무에서는 이렇게
표현하는구나!'라고 생각하고, 입으로 소리 내어
반복학습하는 것을 추천합니다. 개인적인 업무
상황을 떠올리며 자신에게 필요한 문장을 만들어
보는 것도 좋은 방법입니다.

실전대화로 상황을 이해한다

코어패턴이 실제로 쓰이는 실무 대화 상황을
그대로 옮겼습니다. '아 이런 상황에서 이렇게
말해야겠구나!'라고 생각하면서 한국어로 된
부분을 영어로 표현해보세요. 학습효과를 극대화
하기 위해서는 반드시 입을 열고 소!리!내!어! 읽고
표현해야 합니다! 단순히 눈으로 읽기만 하는 것과
실제로 말하는 것은 하늘과 땅 차이입니다.

Extras 업무상식으로 전문성을 높인다

업무상식에서는 실무에서 쓰는 전문용어의 개념을 이해하고,
영어 단어의 사전적 의미 외에 현장에서 통용되는 다른
뜻을 수록하였습니다. 진짜 실무에 필요한 정보를 접하는
코너입니다. 새로운 용어를 찾았다면 해당 페이지에 메모하여
나만의 Extras를 만드는 방법을 추천합니다.

PART 1 경영관리 일반

*필요한 패턴으로 바로 찾아가세요.

PART 2 재무(자금/투자/IR)

PART 1
경영관리 일반

Part 1에서는 회사에서 기본적으로 수행하는
문서작업, 업무논의, 전화 걸고 받기, 일상대화 등에
초점을 맞춰 총 117개 패턴을 뽑았습니다.

Ⅰ 문서작업

직장인이라면 누구나 결산서나 보고자료 등의 문서작업을 하는 데 상당한 시간을 할애합니다. 문서작업을 지시하거나 수행하는 상황에 따라 자주 쓰는 영어패턴을 선정했습니다.

1 상황 알리기
2 의문 제기하기
3 업무 지시하기
4 진행 상황 체크하기
5 문서 검토하기

Ⅱ 업무논의

직장생활에서 상사나 동료와 업무논의를 할 때 많이 쓰는 표현을 뽑았습니다. 업무에 따른 감정변화를 표현하고, 도움을 요청하는 영어표현도 실무에서는 중요합니다.

1 현황 알리기
2 설명하기
3 애로점 밝히기
4 선 긋기
5 협조 구하기
6 업무 지시하기
7 검토하기

Ⅲ 사무실 일상

전화 걸고 받기, 물건/이메일 보내기, 마감하기, 야근하기 등 사무실에서 반복적으로 수행하는 일상업무에 필요한 영어표현을 모았습니다.

1 전화 하기/받기
2 상황 알리기
3 애로점 밝히기
4 양해 구하기

문서작업

pattern 001

I'm working on ~.

~를 하고 있는데요.

회사에서 가장 많이 하는 말 중 하나다. '지금 뭐하고 있어요?'라는 질문에 이렇게 답하자.

코어패턴 필요한 말을 넣어 패턴을 연습하세요.

1 **I'm working on** something.
2 **I'm working on** the tax filing.
3 **I'm working on** the BS numbers.
4 **I'm working on** the asset schedule.
5 **I'm working on** the management reporting now.

1 뭐 좀 하고 있는데요.
2 세무신고서 작성하고 있는데요.
3 BS 숫자 뽑는 거 하고 있는데요.
4 자산 명세 (작성)하고 있는데요.
5 지금 경영진 보고자료 (준비)하고 있는데요.

실전대화 한국어 부분을 영어로 바꿔 말해보세요.

1 A Rachel, what are you working on?
B 세무신고서 작성하고 있는데요.

2 A Are you sure you know what you're doing?
B Yeah. 지금 BS 숫자 뽑는 것 하고 있는데요.

A Rachel, 지금 무슨 일 하고 있어요?
B I'm working on the tax filing.

A 무슨 일 하는지 확실히 알고 계신 거 맞죠?
B 네. I'm working on the BS numbers at the moment.

---

extras

영어전달력 ● **in a rush** 급하게

지금 하고 있는 일이 급한 업무라는 뉘앙스를 주고 싶을 때는 in a rush를 써서 말해보자.

I'm in a rush working on something. 급하게 뭐 좀 하고 있는데요.

pattern 002

I looked it up ~.

그거 찾아봤는데요. ~

문서작업을 하다보면 참고자료, 법규, 규정, 기준 등을 찾아보는 경우가 많다. 이때 '무엇을 찾아보았다' 혹은 '무엇을 검색해 보았다'라는 표현이다.

코어패턴 필요한 말을 넣어 패턴을 연습하세요.

1 **I looked it up.**

2 **I looked it up** but couldn't find it.

3 **I looked it up** but found one source only.

4 **I looked it up** and found some related standards.

5 **I looked it up** and found the exact reference you were looking for.

1 그거 찾아봤는데요
2 그거 찾아봤는데요, 못 찾겠어요
3 그거 찾아봤는데요, 하나의 원천만 찾았네요
4 그거 찾아봤는데요, 관련 규정들 몇 개를 찾았어요
5 그거 찾아봤는데요, 찾고 계시던 정확한 참고자료 찾았어요

실전대화 한국어 부분을 영어로 바꿔 말해보세요.

1 A Did you go over what I asked you to do? Is this a deductible item?

B 그거 찾아봤는데요. I don't think it is.

A 제가 부탁드린 것 찾아보셨나요? 이거 공제 가능한 항목인가요?
B I looked it up and 아닌 것 같아요.

2 A Could we have this expenditure classified as an asset?

B 그거 찾아봤는데요. There are three conditions to be met.

A 이 지출을 자산으로 분류되도록 할 수 있을까요?
B I looked it up and 세 가지 조건이 충족되어야 합니다.

---

extras

영어전달력 ● do a research on ~ 조사하다

자료 등을 조사하는 것은 do a research on ~이라고 한다. 반면 인터넷에 정보를 검색하는 것은 look up을 써서 말한다. 다음 예문에서 확인해보자.

Could you do a research on the status of Corporate A? A사 현황에 대해 조사 좀 해주시겠어요?

Could you look it up (on the internet)? 그거 인터넷에서 검색해보시겠어요?

pattern
003

I obtained ~.

~를 입수했습니다.

문서작업을 할 때 외부로부터 자료를 받아서 진행해야 하는 경우가 많다. 특정 자료를 입수했다고 상대방에게 알리는 표현이다.

코어패턴   필요한 말을 넣어 패턴을 연습하세요.

1   **I obtained** the data.

2   **I obtained** the requested file.

3   **I obtained** what you asked for.

4   **I obtained** the BS from the subsidiary.

5   **I obtained** the payment schedule of borrowings.

1   데이터 입수했습니다.
2   요청한 파일 입수했습니다.
3   부탁하신 것 입수했습니다.
4   자회사로부터 대차대조표 입수했습니다.
5   차입금 상환 스케줄 입수했습니다.

실전대화   한국어 부분을 영어로 바꿔 말해보세요.

1   A   Hye-rim, did you get the data I asked you about?

     B   네. 요청한 파일 입수했습니다.

2   A   Quarterly closing should be finished by next week. Are the financials of the subsidiary ready?

     B   자회사로부터 대차대조표 입수했습니다. Still waiting for the PL, though.

     A   Send out an email once again, please.

A   혜림씨, 제가 부탁드린 데이터 받으셨나요?
B   Yes, I obtained the requested file.

A   분기결산이 다음 주까지 끝나야 합니다. 자회사 재무제표 왔나요?
B   I obtained the BS from the subsidiary. 손익계산서는 아직 못 받았어요.
A   다시 한번 이메일 보내주시죠.

---

extras

영어전달력   ● **data의 발음**

사람에 따라 [데이러], [데라], [다라], [다타]로 다양하게 발음한다. www.forvo.com에서 다양한 원어민의 발음을 들어보자.

● **data / datum**

문법적으로 data는 복수이고 datum은 단수다. 그러나 실제 사용하는 영어에서는 복수, 단수 구분이 명확하지 않은 경우가 많다. 일을 하는 데 있어서 data가 단수인지 복수인지 크게 중요하지 않기 때문이다.

pattern 004

I'll have it done ~.

~ 끝내도록 하겠습니다.

'언제까지 해 줄 수 있어요?'라는 질문을 받았을 때 쓰는 패턴이다.

코어패턴　필요한 말을 넣어 패턴을 연습하세요.

1　**I'll have it done**.

2　**I'll have it done** before lunch.

3　**I'll have it done** before I leave today.

4　**I'll have it done** within an hour.

5　**I'll have it done** by early next week, at the latest.

1　끝내도록 하겠습니다.
2　점심 전까지 끝내도록 하겠습니다.
3　퇴근 전까지 끝내도록 하겠습니다.
4　한 시간 이내에 끝내도록 하겠습니다.
5　늦어도 다음 주 초까지 끝내도록 하겠습니다.

실전대화　한국어 부분을 영어로 바꿔 말해보세요.

1　A　Ted, are you done with the report?

　　B　퇴근 전까지 끝내도록 하겠습니다.

2　A　I don't understand why it's taking you so long.

　　B　점심 전까지 끝내도록 하겠습니다.

　　A　No more excuses, right?

A　Ted, 보고서 끝내셨어요?
B　I'll have it done before I leave today.

A　왜 이렇게 오래 걸리는지 전 이해가 안 가네요.
B　I'll have it done before lunch.
A　더 이상의 변명은 안 돼요. 아셨죠?

---

extras

영어전달력
　● done / completed / finished 끝내다
　셋 다 같은 의미다. 가장 짧고 발음하기 쉬운 done을 쓰는 것을 추천!

　● I'll do it. / I'll have it done. 일을 끝내겠습니다.
　두 표현은 "(제가 직접) 할게요." / "(그 일이 끝나도록) 할게요."로 의미 차이가 있다. 꼭 본인이 직접 완료해야 하는 것이
　아니고, 누구를 시켜서라도 그 일을 끝내는 것이 중요하다면 I'll have it done.이라고 하는 것이 자연스럽다.

The sum does not agree to ~.
~와 합계가 안 맞아요.

숫자로 채워진 문서를 작업할 때는 합계에 대한 대사검증을 수행한다. 문서에서 합계가 비교 대상인 숫자와 안 맞는 경우 쓰는 패턴이다.

코어패턴 필요한 말을 넣어 패턴을 연습하세요.

1 **The sum does not agree to** the BS.

2 **The sum does not agree to** the PL.

3 **The sum does not agree to** the customer ledger.

4 **The sum does not agree to** the accounting worksheet.

5 **The sum does not agree to** what I see on the screen.

1 대차대조표와 합계가 안 맞아요.
2 손익계산서와 합계가 안 맞아요.
3 거래처원장과 합계가 안 맞아요.
4 정산표와 합계가 안 맞아요.
5 화면에서 보이는 것과 합계가 안 맞아요

실전대화 한국어 부분을 영어로 바꿔 말해보세요.

1 A Did you find any exceptions?

　 B 손익계산서와 합계가 안 맞아요.

2 A Everything okay so far?

　 B 정산표와 합계가 안 맞아요.

A 이상한 점 발견하신 것 있습니까?
B The sum does not agree to the PL.

A 지금까지 잘 되어가고 있나요?
B The sum does not agree to the accounting worksheet.

---

extras

업무상식

● **BS**(Balance sheet) 대차대조표 / **SFP**(Statements of Financial Position) 재무상태표
BS는 전통적으로 써오던 개념인 반면 SFP는 최근에 생겼다. 두 용어의 개념적인 차이는 없고, 실무에서는 특별한 경우를 제외하고는 BS를 더 많이 쓴다.

● **PL** 발음
PL은 Profit & Loss statement를 줄인 말로, 한국어로는 손익계산서를 뜻한다. 줄임말로는 [피엘]이라고 하는 것이 맞지만, 실무에서는 [피엔엘]이라고 발음하는 경우가 많다.

pattern 006

I cannot see the ~screen.

~ 화면이 안 나오는데요.

자료를 찾을 때 기술상의 문제가 있거나 적합한 권한이 없는 경우 특정 화면으로 안 넘어가거나 조회가 안 되는 일이 종종 발생한다.

코어패턴 필요한 말을 넣어 패턴을 연습하세요.

1 **I cannot see the** Create Purchase Order **screen.**

2 **I cannot see the** Balance Verification **screen.**

3 **I cannot see the** General Ledger **screen.**

4 **I cannot see the** VAT Filing **screen.**

5 **I cannot see the** Clearing Function **screen.**

1. 주문서 생성 화면이 안 나오는데요.
2. 잔고 확인 화면이 안 나오는데요.
3. 총계정원장 화면이 안 나오는데요.
4. 부가가치세 신고 화면이 안 나오는데요.
5. 반제 기능 화면이 안 나오는데요.

실전대화 한국어 부분을 영어로 바꿔 말해보세요.

1 A Are you with me?

   B By the way, 총계정원장 화면이 안 나오는데요.

   A 이해되시죠?
   B 그런데, I cannot see the General Ledger screen.

2 A How's the VAT going?

   B I think I'm nearly done, but 부가가치세 신고 화면이 안 나오는데요.

   A 부가가치세 잘 되어가나요?
   B 거의 끝낸 것 같은데요, I cannot see the VAT filing screen.

---

extras

영어전달력
● access

주문화면에 접근이 안 되는 상황이라면 동사 access를 써서 표현할 수 있다. 이때 다음과 같이 다양한 문장으로 말할 수 있는데, 원어민이 선호하는 문장은 짧고 간결한 첫 번째와 두 번째 문장이다.

I cannot access the Order Screen. 주문화면 접근이 안 돼요

I have no access to the Order Screen. 주문화면 접근이 안 돼요

I'm not authorized to see the Order Screen. 주문화면 접근 권한이 없어요

pattern 007

~ keep(s) popping up.

계속 ~가 떠요.

문서작업을 하는 중에 깨진 글자, 이상한 메시지 등의 오류가 반복적으로 발생할 때 쓰는 표현이다.

코어패턴 필요한 말을 넣어 패턴을 연습하세요.

1 Negative figures **keep popping up.**

2 Broken letters **keep popping up.**

3 Error messages **keep popping up.**

4 A weird internet window **keeps popping up.**

5 The blue screen of death **keeps popping up.**

1 계속 마이너스 숫자가 떠요.
2 계속 깨진 글자가 떠요.
3 계속 에러 메시지가 떠요.
4 계속 이상한 인터넷창이 떠요.
5 계속 블루 스크린이 떠요.

실전대화 한국어 부분을 영어로 바꿔 말해보세요

1 A What's wrong with this file? It looks strange.

   B 계속 깨진 글자가 떠요.

A 이 파일 뭐가 잘못된 건가요?
  이상해보이는데요.
B Broken letters keep popping up.

2 A Donald, can you help me? 계속 블루 스크린이 뜨는데요.

   B Hmm, you'd better call the IT Center.

A Donald, 저 도와주실 수 있어요? The
  blue screen of death keeps
  popping up.
B 음. IT 센터에 전화해보는 게 좋겠는데요.

---

extras

업무상식 ● broken(corrupt) file 깨진 파일

'깨진(혹은 손상된) 파일'을 뜻한다. impaired file이라고 하지 않도록 주의하자.

● blue screen of death / blue screen error 블루 스크린

일반적으로 blue screen은 오류가 난 상황에서 뜬다. 그래서 단독으로 blue screen이라고 쓰지 않고, 어떤 오류인지
함께 말한다.

pattern 008

This number looks ~.

이 숫자 ~인 것 같아요.

숫자가 많은 문서에서 숫자가 이상하거나 잘못된 점을 발견했을 때 쓰는 패턴이다.

코어패턴 필요한 말을 넣어 패턴을 연습하세요.

1 **This number looks** strange.

2 **This number looks** unusual.

3 **This number looks** odd.

4 **This number looks** completely wrong.

5 **This number** on top **looks** good to me.

6 **This number** on page 29 **looks** alright.

1 이 숫자 이상한 것 같아요
2 이 숫자 이상한 것 같아요
3 이 숫자 이상한 것 같아요
4 이 숫자 완전히 틀린 것 같아요
5 상단에 이 숫자 제가 봤을 땐 맞는 것 같아요
6 29페이지에 이 숫자 맞는 것 같아요

실전대화 한국어 부분을 영어로 바꿔 말해보세요.

1 A 8페이지에 이 숫자 이상한 것 같아요.

B That number was provided by Mr. Alan. Give him a call.

A You have his business card?

2 A I'm afraid the numbers on the first table don't look right.

B 최소 상단의 이 숫자는 제가 봤을 땐 맞는 것 같은데요.

A You may be right, but we need to have all of them correct.

A This number on page 8 looks unusual.
B 그 숫자는 Alan씨가 준 건데요. 전화해보세요.
A 그분 명함 갖고 계세요?

A 첫 번째 표 숫자가 맞지 않아 보이는데요.
B Well, at least this number on top looks good to me.
A 그럴 수 있어요. 하지만 모든 숫자가 맞아야 합니다.

---

extras

영어전달력 ● odd number 홀수 / even number 짝수

홀수와 짝수는 odd와 even을 써서 말한다. '이건 홀수(짝수)예요.'라는 말은 영어로 It's an odd(even) number.라고 한다. 홀수와 짝수를 말할 때는 This number is odd(even).이라고 말할 수 있는데 코어패턴에서 나오는 This number looks odd.와 다른 의미이니 사용할 때 주의하자.

pattern 009

I think there's something unusual with ~.

~가 이상한 것 같아서요.

문서 작성이나 검토 중 석연치 않은 느낌을 받았을 때 말하는 패턴이다. 조심스레 의문을 제기하며 이렇게 말문을 열어보자. 코어패턴 1번 문장은 실무에서 흔히 말하는 "이 숫자 너무 튀는데요?"와 가장 어울리는 표현이다.

코어패턴 필요한 말을 넣어 패턴을 연습하세요.

1 **I think there's something unusual with** the results.

2 **I think there's something unusual with** the amount on the PO.

3 **I think there's something unusual with** the proposal you sent us.

4 **I think there's something unusual with** one of the tax adjustments.

5 **I think there's something unusual with** the rate used for calculating the provision.

1 결과치가 이상한 것 같아서요
2 주문서에 적힌 금액이 이상한 것 같아서요.
3 저희한테 보내주신 제안서가 이상한 것 같아서요.
4 세무조정 사항 중 한 가지가 이상한 것 같아서요.
5 충당금 계산 시 이용된 설정률이 이상한 것 같아서요.

실전대화 한국어 부분을 영어로 바꿔 말해보세요.

1 A So, what can I do for you today?

  B 결과치가 이상한 것 같아서 전화 드렸어요.

2 A The report overall looks fine. 그런데 세무조정 사항 중 한 가지가 이상한 것 같아서요.

  B Really? Which one are you talking about?

A 그럼 무엇을 도와드리면 될까요?
B I'm calling because I think there's something unusual with the results.

A 보고서는 전반적으로 좋아 보이는데요. But, I think there's something unusual with one of the tax adjustments.
B 그런가요? 어떤 거 말씀하시는 건가요?

---

extras

영어전달력 ● 잘못됐어요.

뭔가가 잘못됐다고 말할 때 단정적으로 Something is wrong.이라는 표현을 쓰면 상대방의 기분을 상하게 할 수 있다. 명백한 잘못이 아니라면 이 표현은 피하자. something unusual with라고 하거나 something wrong with를 쓰면 한국어로 '~한 것 같은데요'라는 돌려 말하는 뉘앙스를 줄 수 있다.

pattern 010

I'm not sure where ~ came from.

~가 어떻게 해서 나온 건지 모르겠네요.

문서작업 중 특정 정보에 대한 원천이나 산출과정 등을 알 수 없을 때 쓰는 패턴이다.

코어패턴   필요한 말을 넣어 패턴을 연습하세요

1   **I'm not sure where** this number **came from.**

2   **I'm not sure where** this date **came from.**

3   **I'm not sure where** this journal entry **came from.**

4   **I'm not sure where** this remark **came from.**

5   **I'm not sure where** the account details **came from.**

1 이 숫자가 어떻게 해서 나온 건지
모르겠네요
2 이 날짜가 어떻게 해서 나온 건지
모르겠네요
3 이 분개가 어떻게 해서 나온 건지
모르겠네요
4 이 언급이 어떻게 해서 나온 건지
모르겠네요
5 계정명세가 어떻게 해서 나온 건지
모르겠네요

실전대화   한국어 부분을 영어로 바꿔 말해보세요

1   A I'm going over the journal ledger and 이 분개가 어떻게 해서
나온 건지 모르겠네요.

   B Oh, this one is about the converted bond. Let me get
you some details.

2   A Can you confirm all the information on the contract?

   B 이 날짜가 어떻게 해서 나온 건지 모르겠네요.

A 분개 검토 중인데요. I'm not sure
where this journal entry came
from.
B 아, 전환사채 관련 건이네요. 자세한 사항
보내 드릴게요.

A 계약서의 정보가 모두 확인되나요?
B I'm not sure where this date
came from.

When should ~ be finished by?

~를 언제까지 끝내야 하나요?

제출 기한이 있는 일을 받았을 때 언제까지 마쳐야 하는지 확인하는 질문이다.

코어패턴 필요한 말을 넣어 패턴을 연습하세요.

1 **When should** it **be finished by?**

2 **When should** the tax filing **be finished by?**

3 **When should** the valuation **be finished by?**

4 **When should** the due diligence **be finished by?**

5 **When should** the statutory reporting **be finished by?**

1 이거 언제까지 끝내야 하나요?
2 세무신고를 언제까지 끝내야 하나요?
3 밸류에이션을 언제까지 끝내야 하나요?
4 실사를 언제까지 끝내야 하나요?
5 법에서 정한 보고를 언제까지 끝내야 하나요?

실전대화 한국어 부분을 영어로 바꿔 말해보세요.

1 A 이 장표 언제까지 끝내야 하나요?

   B Could you finish off before lunch?

A When should this slide be finished by?
B 점심 전까지 가능하세요?

2 A The president gave me a call last night. He's looking for some figures of the target.

   B 밸류에이션을 언제까지 끝내야 하나요? I'll get started right away.

A 사장님께서 어제 저한테 전화하셨는데요. 목표회사의 수치들을 보고 싶어 하시네요.
B When should the valuation be finished by? 당장 시작하겠습니다.

---

extras

영어전달력

● **valuation** 밸류에이션
한국어로는 '가치 평가'라고 할 수 있지만 실무에서는 통상 '밸류에이션'이라고 말한다.

● **ASAP** 가능한 빨리
언제까지 끝내야 되냐고 질문하면 가장 많이 듣는 답변은 ASAP, please.(가능한 빨리 부탁드려요.)이다. ASAP는 as soon as possible의 줄임말이기 때문에 알파벳 한 글자씩 읽어서 [에이에스에이피]라고 발음해야 맞다. 간혹 [에이샙]이라고 발음하는 원어민이 있는데 이는 연음으로 빨리 발음하다 보니 생긴 현상이다. 절대 [아삽]이라고 하지 않으니 주의하자.

● **at the latest** 늦어도
언제까지 끝낼지 명시할 때 끝에 at the latest를 붙여서 마무리되는 시점을 강조해서 말할 수 있다. 다음 예문을 확인하자.
By next Monday, at the latest. 늦어도 다음 주 월요일까지요.

pattern
012

Do I have to ~ manually?

일일이 수작업으로 ~해야 하나요?

반복되는 단순 작업을 일일이 해야 하는 경우라면 확인차 이렇게 물어보자. 상사가 더 효율적인 업무 방법을 알고 있다면 시간을 줄이기 위해서라도 기꺼이 도와줄 것이다.

코어패턴 필요한 말을 넣어 패턴을 연습하세요.

1 **Do I have to** count these **manually?**
2 **Do I have to** file all of this **manually?**
3 **Do I have to** cross-check these **manually?**
4 **Do I have to** sort these out **manually?**
5 **Do I have to** put these into groups **manually?**

1 일일이 수작업으로 이걸 세어야 하나요?
2 일일이 수작업으로 이걸 다 철해야 하나요?
3 일일이 수작업으로 이걸 대사해야 하나요?
4 일일이 수작업으로 이걸 정리해야 하나요?
5 일일이 수작업으로 이걸 분류해야 하나요?

실전대화 한국어 부분을 영어로 바꿔 말해보세요.

1 A Can you tell me how many people we have on each excel tab?
   B 일일이 수작업으로 이걸 세어야 하나요?
   A Please use the count function.

A 엑셀 각 탭에 입력된 인원수가 몇인지 알려주시겠어요?
B Do I have to count these manually?
A Count 함수를 이용하세요.

2 A Please read column F and put them into group A, B or C depending on their nature.
   B 일일이 수작업으로 이걸 분류해야 하나요?
   A I'm afraid so.

A 파일의 F열을 읽어 보시고 그 성격에 따라 A, B 혹은 C 등급으로 각각 분류해주세요.
B Do I have to put these into groups manually?
A 네, 그렇습니다.

---

extras

영어전달력
● manually / by hand (사람이) 직접
'사람이 직접' 한다는 같은 의미다.

● office chores 사무실 잡일

pattern
013

Could you start with ~?

~부터 시작해주시겠어요?

해야 할 일은 항상 쌓여 있지만, 우선순위가 있는 법. 특정한 일을 시작해달라고 부탁할 때 쓰는 표현이다.

코어패턴 필요한 말을 넣어 패턴을 연습하세요.

1 **Could you start with** the vouchers?

2 **Could you start with** the file attached?

3 **Could you start with** the daily cash balance?

4 **Could you start with** the weekly reporting?

5 **Could you start with** calling customers?

1 전표부터 시작해주시겠어요?
2 첨부파일부터 시작해주시겠어요?
3 일일 현금수지표부터 시작해주시겠어요?
4 주간업무보고부터 시작해주시겠어요?
5 고객한테 전화하는 것부터
  시작해주시겠어요?

실전대화 한국어 부분을 영어로 바꿔 말해보세요.

1 A The email is here. It arrived 2 minutes ago

   B 첨부파일부터 시작해주시겠어요?

2 A Oh my Goodness. There's so much to be done today
     and the CEO wants me in his room now! Chang-hoon,
     고객한테 전화하는 것부터 시작해주시겠어요?

   B Okay. You really want me to call every one of them?

1 이메일 왔네요. 2분 전에 들어왔는데요.
  Could you start with the file
  attached?

2 아 이런! 오늘 해야 할 일이 태산인데
  사장님이 지금 방으로 오라고 하시네요.
  창훈씨, could you start with calling
  customers?
  알겠습니다. 그런데 진짜 한 명 한 명한테
  다 전화해요?

Could you draft a ~?

~ 초안 부탁드릴 수 있을까요?

문서의 초안을 잡아달라는 업무를 지시하는 패턴이다. 단순 명령이 아니라 부탁하는 느낌을 줄 수 있다.

코어패턴 필요한 말을 넣어 패턴을 연습하세요.

1 **Could you draft a** status report?

2 **Could you draft a** budget analysis?

3 **Could you draft a** job cost report?

4 **Could you draft an** AR aging schedule?

5 **Could you draft a** set of financials for disclosure purposes?

1 현황보고서 초안 부탁드릴 수 있을까요?
2 예산분석 초안 부탁드릴 수 있을까요?
3 비용분석 보고서 초안 부탁드릴 수 있을까요?
4 채권 연령분석표 초안 부탁드릴 수 있을까요?
5 공시용 재무제표 한 부 초안 부탁드릴 수 있을까요?

실전대화 한국어 부분을 영어로 바꿔 말해보세요.

1 A 주간 현황보고서 초안 부탁드릴 수 있을까요?

   B Sure. Do you have the one we used for the project last month?

A Could you draft a weekly status report?
B 네. 지난달 프로젝트 때 활용했던 거 가지고 계세요?

2 A 채권 연령분석표 초안 부탁드릴 수 있을까요?

   B No problem. I'm still waiting on the finalized AR numbers, though.

A Could you draft an AR aging schedule?
B 알겠습니다. 다만, 현재 최종 채권 잔액이 확정되기를 기다리고 있어요.

---

extras

영어전달력

● **draft / draught** 초안

두 단어의 사전적 의미는 '외풍'이지만, 비즈니스에서는 이런 뜻으로 전혀 쓰이지 않는다. draft는 '문서 초안' 외에도 미국에서는 '생맥주'라는 뜻으로 많이 쓰는데, 같은 말을 영국에서는 draught beer라고 표기한다. 이때 draught의 발음은 [쥬로트]라고 하지 않고 draft와 같이 [드래프트]라고 한다.

Could you go through ~ and look for ...?

~를 검토하시고 …가 있는지 찾아보시겠어요?

업무를 지시할 때 가장 많이 쓰는 패턴 중 하나다. 이 패턴을 이용해서 명확한 업무 지시를 해보자.

코어패턴   필요한 말을 넣어 패턴을 연습하세요.

1   **Could you go through** the fax **and look for** the credit line?

2   **Could you go through** the contract **and look for** anything misleading?

3   **Could you go through** the file attached **and look for** any articles we have not agreed on?

4   **Could you go through** the tax filing **and look for** any under-reported items?

5   **Could you go through** the covenant **and look for** any poisonous articles?

1   팩스 검토하시고 대출한도 있는지 찾아보시겠어요?
2   계약서 검토하시고 오해의 소지가 있는 부분 있는지 찾아보시겠어요?
3   첨부파일 검토하시고 우리가 합의하지 않은 조항 있는지 찾아보시겠어요?
4   세무신고서 검토하시고 과소신고항목 있는지 찾아보시겠어요?
5   이행합의서 검토하시고 독소조항 있는지 찾아보시겠어요?

실전대화   한국어 부분을 영어로 바꿔 말해보세요.

1   A   There you go. The contract you mentioned.
    B   Great! 계약서 검토하시고 오해의 소지가 있는 부분 있는지 찾아보시겠어요?

2   A   Hi Don. I need you to do me a favor. 이 파일 검토하시고 과소계상항목 있는지 찾아보시겠어요?
    B   Okay. Please allow me some time.

1   A   여기 있습니다. 말씀하신 계약서입니다.
    B   좋습니다! Could you go through the contract and look for anything misleading?

2   A   안녕하세요, Don. 부탁 하나 할게요. Could you go through this file and look for any under-stated items?
    B   알겠습니다. 시간을 좀 주세요.

---

extras

영어전달력   ● misleading 오해의 소지가 있는 / misunderstanding 오해하는

한국어로, '오해하게끔 만드는 것'과 '오해하는 사람'이라고 생각하면 쉽다. 즉, '오해하게 하는(misleading) 것'은 사물 또는 사건이고, '오해하는(misunderstanding) 것'은 사람이다.

● poisonous article 독소조항

'독소조항'은 공식 문서에서 본래 의도하는 바를 교묘하게 제한하는 내용을 말한다. 쉽게 '남을 속여 사기치는 내용'이라고 생각하면 맞다.

Are you done with ~?
~ 다 하셨나요?

지시한 업무가 완료되었을 것 같은데 상대방으로부터 아무런 보고가 없는 경우 단도직입적으로 끝났냐고 물어보는 표현이다.

코어패턴 필요한 말을 넣어 패턴을 연습하세요.

1 **Are you done with** the tax adjustments?

2 **Are you done with** the footnotes?

3 **Are you done with** the financials?

4 **Are you done with** the budget?

5 **Are you done with** the loan review?

1 세무조정 다 하셨나요?
2 주석 다 하셨나요?
3 재무제표 다 하셨나요?
4 예산 작성 다 하셨나요?
5 대출서류 검토 다 하셨나요?

실전대화 한국어 부분을 영어로 바꿔 말해보세요.

1 A 주석 다 하셨나요?

   B Yes, that's why I'm having a large coffee.

A Are you done with the footnotes?
B 네. 그래서 지금 커피 큰 잔으로 마시고 있어요.

2 A What are you doing? 다음 달 예산 작성 다 하셨나요?

   B What? I thought it was due next week.

   A No, it is due tomorrow. Please get started right away.

A 뭐하세요? Are you done with the next month budget?
B 네? 그거 다음 주까지 아니었어요?
A 아니죠. 내일까지예요. 당장 시작하세요.

pattern
017

How are you getting along with ~?

~는 어떻게 되어가고 있나요?

업무 지시를 했는데 상대방의 피드백이 더딜 때 진행 상황을 확인하는 표현이다.

코어패턴 필요한 말을 넣어 패턴을 연습하세요.

1 **How are you getting along with** the schedules?

2 **How are you getting along with** the financials?

3 **How are you getting along with** computing the net asset value?

4 **How are you getting along with** what I asked you to do?

5 **How are you getting along with** the editing of the deliverables?

1 명세 어떻게 되어가고 있나요?
2 재무제표 어떻게 되어가고 있나요?
3 순자산가치 산정 어떻게 되어가고 있나요?
4 제가 부탁드린 일 어떻게 되어가고 있나요?
5 산출물 편집작업 어떻게 되어가고 있나요?

실전대화 한국어 부분을 영어로 바꿔 말해보세요

1 A Cedric, 재무제표는 어떻게 되어가고 있나요?
  B I'm nearly finished.

2 A 제가 부탁드린 일 어떻게 되어가고 있나요?
  B I'm about 50% done. So far so good.

A Cedric. How are you getting along with the financials?
B 거의 다 됐어요.

A How are you getting along with what I asked you to do?
B 반 정도 진행했어요. 아직까지는 별 문제없습니다.

---

extras

영어전달력 ● get along with... ~을 잘하고 있다

사전적으로는 '~와 잘 지내다'라는 의미다. 비즈니스 상황에서는 with 다음에 사람이 아닌 자료나 과제가 나오면 '~을 잘하고 있다'라는 뜻이다. 예를 들어 How are you getting along with your new colleagues?는 with 다음에 사람인 새로운 동료들이 나왔기 때문에 '새로운 동료들과 잘 지내고 있나요?'라는 의미다. 여기에 나오진 않았지만 How far are you with ~?는 말그대로 '얼마나 나갔어?', '진도 얼마나 뺐어?'라는 뜻이다. 업무 중 자주 쓰는 말이니 알아두자.

Where is ~ from?

~은 어디서 나온 거예요?

문서작업을 할 때는 여러 원천에서 자료를 끌어오는 경우가 많은데, 자료를 검토할 때 출처가 어디인지 묻는 표현이다.

코어패턴 필요한 말을 넣어 패턴을 연습하세요.

1 **Where is** it **from?**

2 **Where is** the number **from?**

3 **Where is** the estimate **from?**

4 **Where is** the tax base **from?**

5 **Where are** the dates **from?**

1 이거 어디서 나온 거예요?
2 그 숫자 어디서 나온 거예요?
3 그 추정치 어디서 나온 거예요?
4 그 과세표준 어디서 나온 거예요?
5 그 날짜 어디서 나온 거예요?

실전대화 한국어 부분을 영어로 바꿔 말해보세요.

1 A Could you go to page 9? 그 추정치 어디서 나온 거예요?

　 B Got that number from the final version of the valuation report.

A 9페이지 봐주시겠어요? Where is the estimate from?
B 밸류에이션보고서 최종본에서 가져온 숫자인데요.

2 A By the way, 여기 이 표는 어디서 나온 거예요?

　 B Oh, I made that one up myself.

A 그나저나 where is this table here from?
B 제가 직접 만든 건데요.

How much is the ~ as of(for) ...?
~가 …에 얼마예요?

특정 시점이나 특정 기간에 발생한 금액을 확인하는 질문이다.

코어패턴 필요한 말을 넣어 패턴을 연습하세요

1 **How much is the** AR **as of** the year end?

2 **How much is the** inventory **as of** end of June?

3 **How much is the** net income **for** this quarter?

4 **How much is the** salary **for** FY 2018?

5 **How much are the** liabilities in total **as of** December 31?

1 연말에 매출채권이 얼마예요?
2 6월 말 재고가 얼마예요?
3 이번 분기 순이익이 얼마예요?
4 2018 회계연도 급여가 얼마예요?
5 12월 31일에 부채총액이 얼마예요?

실전대화 한국어 부분을 영어로 바꿔 말해보세요.

1 A 이번 분기 순이익이 얼마예요?

   B Roughly 21 million.

2 A Looks like we managed to collect a lot of AR this month.

   B Really? 6월 30일에 매출채권이 얼마예요?

A How much is the net income for this quarter?
B 대략 2천 1백만입니다.

A 이번 달 매출채권 회수가 많이 된 것 같은데요?
B 그래요? How much is the AR as of June 30?

---

extras

영어전달력 ● **as of** + 특정 시점
BS항목과 관련된 대화에서 자주 등장한다.

● **for** + 특정 기간(the period, year 등)
PL항목과 관련된 대화에서 자주 등장한다.

● **June 30**
30th는 thirtieth이다. 이렇게 풀어서 쓰는 일은 거의 없으나 발음을 위해 알고 있는 것이 좋다. 대화에서 6월 30일은 end of June이라고 말하는 경우가 많다.

Could you take a look at ~?

~를 같이 한번 볼까요?

같은 컴퓨터 화면을 보면서 통화하거나 대화를 나누고 싶을 때 제안하는 패턴이다.

코어패턴 필요한 말을 넣어 패턴을 연습하세요.

1 **Could you take a look at** the third sheet?

2 **Could you take a look at** row 110?

3 **Could you take a look at** column F?

4 **Could you take a look at** cell G6?

5 **Could you take a look at** cells colored in yellow?

1 세 번째 시트 같이 한번 볼까요?
2 110행 같이 한번 볼까요?
3 F열 같이 한번 볼까요?
4 셀G6 같이 한번 볼까요?
5 노란색 셀들 같이 한번 볼까요?

실전대화 한국어 부분을 영어로 바꿔 말해보세요.

1 A Is there anything wrong with what I've done? What
    exactly are you talking about?

   B 21행 같이 한번 볼까요?

A 제가 한 것에 잘못된 것이 있나요?
   정확히 무엇에 대한 말씀인가요?
B Could you take a look at row 21?

2 A Hailey, 오렌지색 셀들 같이 한번 볼까요?

   B Could you give me five minutes?

A Hailey, could you take a look at
   cells colored in orange?
B 5분 후에 할 수 있을까요?

---

extras

영어전달력 ● 같이 볼까요?

문서를 검토할 때 내가 문서를 보고 있는 상황에서 상대방에게 같이 보자고 하는 경우가 많아서 한국어처럼 '우리'를 주어로
Could we take a look at ~이라고 말하기 쉽다. 하지만 이 표현은 원어민에게 어색하게 들린다. 비슷한 예로 Can
we look at this together?라는 말도 문법적으로는 틀린 점이 없지만 영어답지 않은 표현이다. 한국어를 그대로 옮겨
'우리'의 개념으로 주어를 잘못 쓰지 않도록 하자.

pattern 021

Could you open up the ~?

~를 열어보시겠어요?

문서를 검토하는 상황에서 항상 쓰는 표현이다.

코어패턴   필요한 말을 넣어 패턴을 연습하세요.

1   **Could you open up the** file attached?

2   **Could you open up the** file I just sent you?

3   **Could you open up the** notice received yesterday?

4   **Could you open up the** downloaded PPT file?

5   **Could you open up the** trial balance of totals?

1 첨부파일 열어보시겠어요?
2 방금 제가 보내드린 파일 열어보시겠어요?
3 어제 받은 공지메일 열어보시겠어요?
4 다운받은 PPT 파일 열어보시겠어요?
5 합계잔액시산표 열어보시겠어요?

실전대화   한국어 부분을 영어로 바꿔 말해보세요.

1   A   Good morning! How are you today?

      B   방금 제가 보내드린 파일 열어보시겠어요?

2   A   Did you get the email from Kathy? 첨부파일 열어보시겠어요?

      B   I don't see any email from her.

A 안녕하세요! 잘 지내셨나요?
B Could you open up the file I just sent you?

A Kathy한테서 온 이메일 받으셨나요? Could you open up the file attached?
B 안 온 것 같은데요.

---

extras

영어전달력   ● Could you open it up? 그거 열어보시겠어요?

실무에서 많이 쓰는 말이므로 빨리 말할 수 있도록 연습하자. 이때 발음을 [쿠드 유 오픈 잇 업?]이라고 끊어 하지 말고, [쿠쥬 오프니럽?]처럼 흐르듯 말하는 것이 자연스럽게 들린다.

pattern
022

What ~ do you have on ...?

…에 ~가 뭐로 되어 있나요?

상대방과 문서의 세부사항을 확인할 때 하는 말이다.

코어패턴 필요한 말을 넣어 패턴을 연습하세요

1 **What** date **do you have?**

2 **What do you have on** page 7**?**

3 **What** currency **do you have on** the screen**?**

4 **What** unit **do you have on** item no. 22**?**

5 **What** number **do you have on** the sales ledger**?**

1 날짜가 뭐로 되어 있나요?
2 7페이지에 뭐로 되어 있나요?
3 화면에 통화가 뭐로 되어 있나요?
4 22번 항목에 단위가 뭐로 되어 있나요?
5 매출 원장에 숫자가 뭐로 되어 있나요?

실전대화 한국어 부분을 영어로 바꿔 말해보세요.

1 A 7페이지에 날짜는 언제로 되어 있나요?

  B December 31, 2017.

  A Something must be wrong. It's June 30, 2017 on the file I have open.

2 A This is strange. 고객 원장에 숫자가 뭐로 되어 있나요?

  B The number has somehow changed from 3 million to 3.5.

A What date do you have on page 7?
B 2017년 12월 31일이요.
A 무언가 틀림없이 잘못됐군요. 제가 열어놓은 파일에는 2017년 6월 30일로 되어 있는데요

A 이상하네요. What number do you have on the customer ledger?
B 숫자가 왜인지 3백만에서 3백 5십만으로 바뀌어 있네요.

---

pattern
023

The numbers should be in ~.

숫자는 ~ 로 표시되어야 합니다.

보고 목적의 문서에서는 숫자의 가독성을 높이기 위해 천, 백만, 억 등의 단위를 쓴다. 문서 작성을 할 때 숫자의 단위를 명확하게 하는 표현이다.

코어패턴   필요한 말을 넣어 패턴을 연습하세요.

1   **The numbers should be in** thousands.

2   **The numbers should be in** millions.

3   **The numbers should be in** hundred millions.

4   **The numbers should be in** billions.

5   **The numbers should be in** thousands of USD.

1   숫자는 천 단위로 표시되어야 합니다.
2   숫자는 백만 단위로 표시되어야 합니다.
3   숫자는 억 단위로 표시되어야 합니다.
4   숫자는 십억 단위로 표시되어야 합니다.
5   숫자는 천 USD 단위로 표시되어야 합니다.

실전대화   한국어 부분을 영어로 바꿔 말해보세요.

1   A   How are numbers shown on the PPT reporting material?

     B   In the Korean version, 숫자는 억 단위로 표시되어야 합니다.
       But, in the English version, in billions.

2   A   What unit should be used for the report?

     B   숫자는 천 단위로 표시되어야 합니다.

A   PPT 보고자료에 숫자가 어떻게 표시되어 있나요?
B   국문버전에서는, the numbers should be in hundred millions. 하지만 영문버전에서는 십억 단위로 표시되어야 합니다.
A   보고서 숫자 단위를 뭐로 해야 할까요?
B   The numbers should be in thousands.

---

extras

영어전달력   ● **in thousands** 천 단위

in thousand units를 줄여서 in thousands로 쓴다. 한국어에서는 '단위'라는 단어를 쓰지만 영어에서는 보통 units를 생략한다. 20,000 = 20K = 20 Grand (slang), Y2K = Year 2thousand = 2000년

pattern 024

Could you round ~ the numbers ...?
숫자를 ~해주시겠어요?

숫자가 있는 문서를 작성하거나 검토할 때 반올림이나 절사를 해달라고 말하는 표현이다.

코어패턴   필요한 말을 넣어 패턴을 연습하세요.

1 **Could you round** off **the numbers?**

2 **Could you round** off **the numbers** to the nearest integer?

3 **Could you round** down **the numbers** to two decimal places?

4 **Could you round them** down to the nearest thousands?

5 **Could you round them** up to the nearest hundreds?

1 숫자를 반올림해주시겠어요?
2 숫자를 사사오입해주시겠어요?
3 숫자를 소수점 이하 둘째 자리 절사해주시겠어요?
4 그것들을 천 단위에서 절사해주시겠어요?
5 그것들을 백 단위에서 절상해주시겠어요?

실전대화   한국어 부분을 영어로 바꿔 말해보세요.

1 A These numbers don't look neat at all. 숫자를 반올림해주시겠어요?

B Oh, my bad. Sure.

2 A The adjusted numbers are here. What do you think?

B 숫자를 천 단위에서 절사해주시겠어요?

A 숫자가 전혀 깔끔해보이지 않네요. Could you round off the numbers?
B 실수였네요. 알겠습니다.

A 조정된 숫자인데요. 어떤가요?
B Could you round them down to the nearest thousands?

---

extras

영어전달력
- **round off (to the nearest integer)** 가장 가까운 정수로 반올림
- **round down to the nearest thousands(millions)** 천(백만) 단위에서 절사
- **round down to one(two) decimal place(s)** 소수점 이하 첫(두) 번째 자리에서 절사

pattern
025

May I print out ~?

~를 출력하면 될까요?

문서를 출력해서 검토해야 하는 상황에서 쓰는 질문이다.

코어패턴   필요한 말을 넣어 패턴을 연습하세요.

1   **May I print out** the BS and PL only?
2   **May I print out** the executive summary?
3   **May I print out** just the conclusion of the report?
4   **May I print out** only the table of contents of the valuation report?
5   **May I print out** the full version of the proposal?

1   재무상태표랑 손익계산서만 출력하면 될까요?
2   경영진 요약을 출력하면 될까요?
3   보고서의 결론만 출력하면 될까요?
4   가치평가보고서의 목차만 출력하면 될까요?
5   제안서 풀버전을 출력하면 될까요?

실전대화   한국어 부분을 영어로 바꿔 말해보세요.

1   A 재무상태표랑 손익계산서만 출력하면 될까요?
    B Yes, we don't need the full set of financials as of now.

2   A Are you done with the editing? Am I ready to review?
    B Yeah, I'm done. 변경내용만을 출력하면 될까요?

A May I print out the BS and PL only?
B 네, 아직 재무제표 전체가 필요하지는 않네요.
A 편집작업 끝내셨나요? 제가 검토할 수 있을까요?
B 네, 끝냈습니다. May I print out the changes only?

---

extras

영어전달력   ● summary version 요약버전
풀버전은 영어도 full version으로 같기 때문에 대화 중에 자연스럽게 나오는데, 반대말인 요약버전은 쉽게 떠오르지 않는다. 이렇게 같은 상황에서 쓰는 단어는 함께 알아두는 것이 좋다.

pattern
026

Is it the latest version ~?

이게 ~의 최신 버전인가요?

문서를 검토하거나 누군가로부터 이어받아 작업할 때는 항상 최신 버전인지 확인해야 한다.

코어패턴   필요한 말을 넣어 패턴을 연습하세요.

1   **Is it the latest version**?

2   **Is it the latest version** of the report?

3   **Is it the latest version** of the accounting worksheet?

4   **Is it the latest version** of the announcement?

5   **Is it the latest version** of the chart of accounts?

1 이게 최신 버전인가요?
2 이게 보고서 최신 버전인가요?
3 이게 정산표 최신 버전인가요?
4 이게 발표문 최신 버전인가요?
5 이게 계정표 최신 버전인가요?

실전대화   한국어 부분을 영어로 바꿔 말해보세요.

1   A The numbers still look weird! 이게 정말 최신 버전인가요?

     B Well, let me check my email once again.

A 숫자가 아직도 이상한데요! Are you sure it is the latest version?
B 제 이메일 다시 한번 확인해볼게요.

2   A Did you find the account I mentioned on the chart of accounts?

     B I cannot find it. 이게 계정표 최신 버전인가요?

A 말씀드린 계정을 계정표에서 찾으셨어요?
B 그 계정을 찾을 수가 없는데요. Is this the latest version of the chart of accounts?

---

extras

영어전달력   ● **CoA**(Chart of Accounts) 수준별 계정체계(표)
실무에서는 흔히 '계정표'라고 줄여서 말한다.

● it의 사용
대화하다보면 대명사를 어떻게 말할지 고민될 때가 있다. '이거 최신 버전이에요?'라고 말할 때 Is this the latest version?이라고 말하는 게 맞게 느껴진다. 하지만 서로 어떤 것인지 알고 있는 상황이라면 it을 써서 Is it the latest version?이라고 하는 것이 발음상 편할 것이다.

Whom is ~ reviewed by?

~은 누구의 검토를 받나요?

문서의 검토자나 결재라인을 알고자 할 때 쓰는 패턴이다.

코어패턴   필요한 말을 넣어 패턴을 연습하세요

1   **Whom is** it **reviewed by?**

2   **Whom is** this file **reviewed by?**

3   **Whom is** the billing process **reviewed by?**

4   **Whom is** the purchase order **reviewed by?**

5   **Whom is** the vacation request **reviewed by?**

6   **Whom is** the discount rate **reviewed by?**

1 이것은 누구의 검토를 받나요?
2 이 파일은 누구의 검토를 받나요?
3 대금청구과정은 누구의 검토를 받나요?
4 주문서는 누구의 검토를 받나요?
5 휴가신청은 누구의 검토를 받나요?
6 할인율은 누구의 검토를 받나요?

실전대화   한국어 부분을 영어로 바꿔 말해보세요.

1   A   I have a couple of questions. The first one is, 주문서는 누구의 검토를 받나요?

     B   By Mr. Choo, my immediate boss.

A 질문이 몇 개 있어요. 첫 번째 질문은, whom is the purchase order reviewed by?
B 제 직속 상관인 추부장님입니다.

2   A   The denominator seems to be understated. 할인율은 누구의 검토를 받나요?

     B   Why? Is it because the result is way too huge?

A 분모금액이 과소 계상된 것 같은데요. Whom is the discount rate reviewed by?
B 왜요? 결과치가 너무 큰 금액이라 그런가요?

---

extras

영어전달력   ● **numerator** 분자 / **denominator** 분모

numerator는 number에서 온 말로 '세는 것'이라는 의미다. denominator는 divide에서 온 말로 '나누는 것'이란 뜻이다. 즉 '분자'와 '분모'를 가리킨다.

● **immediate boss** 직속 상관

'직속 상관', '직속 상사'를 Direct boss라고 쓰는 경우가 있는데, 이는 틀린 표현이다. Immediate boss가 올바른 표현이다. 그렇다면 Immediate subordinate는 '직속 부하'일까? 아주 틀린 것은 아니지만 이렇게 쓰는 경우는 드물다. '부하'임을 말하고자 한다면 He works for me. 혹은 He's in my team working for me.라고 말해야 한다.

Do you have a computation file for ~?

~를 계산한 파일 갖고 계세요?

감가상각비, 평가금액 등 복잡하게 계산된 항목을 검토할 때 쓰는 패턴이다.

코어패턴 필요한 말을 넣어 패턴을 연습하세요.

1 **Do you have a computation file for** depreciation expenses?

2 **Do you have a computation file for** the valuation amount?

3 **Do you have a computation file for** next year's budget?

4 **Do you have a computation file for** the tax calculated?

5 **Do you have a computation file for** the reversion of temporary differences?

1 감가상각비 계산한 파일 갖고 계세요?
2 평가금액 계산한 파일 갖고 계세요?
3 내년 예산 계산한 파일 갖고 계세요?
4 산출세액 계산한 파일 갖고 계세요?
5 유보 소멸 계산한 파일 갖고 계세요?

실전대화 한국어 부분을 영어로 바꿔 말해보세요.

1 A Hi, this is Susan, Finance Department. What can I do for you?

   B Hello Susan. This is Jamie from Accounting. 내년 예산 계산한 파일 갖고 계세요?

A 재무부 Susan입니다. 무엇을 도와드릴까요?
B 안녕하세요. 저는 회계부 Jamie입니다. Do you have a computation file for next year's budget?

2 A I can see the schedule of tangible assets but I cannot find any details of depreciation. 감가상각비 계산한 파일 갖고 계세요?

   B Oh, I'll let you have it right away.

A 유형자산 명세는 보이는데 감가상각 내역은 찾을 수가 없네요. Do you have a computation file for depreciation?
B 바로 보내드리겠습니다.

---

extras

영어전달력

● computation / calculation 계산
computation은 '컴퓨터로 계산한 것'을 말하고 calculation은 '계산기로 계산한 것'을 말한다.

● reversal 유보의 소멸
유보는 반대의 부호로 뒤집어(reverse)지면서 소멸하는(reversal) 이미지로 기억하자. eliminate로 착각하지 않도록 주의!

What was the original ~?

원래의 ~가 무엇이었나요?

문서를 검토할 때 원래의 것과 변경된 것을 비교해서 확인한다. 문서를 검토하는 시점에서는 보통 변경 후의 자료를 접하게 되는데, 변경 전의 자료가 무엇인지 묻는 말이다.

코어패턴 필요한 말을 넣어 패턴을 연습하세요.

1 **What was the original** date?

2 **What was the original** purchase price?

3 **What was the original** discount rate?

4 **What was the original** invoice amount?

5 **What was the original** company name?

1 원래의 날짜가 며칠이었나요?
2 원래의 매입단가가 얼마였나요?
3 원래의 할인율이 얼마였나요?
4 원래의 송장 금액이 얼마였나요?
5 원래의 회사명이 무엇이었나요?

실전대화 한국어 부분을 영어로 바꿔 말해보세요.

1 A Please bear in mind that the price increased about 5% due to adjustment.

B Okay. By the way, 원래의 매입단가가 얼마였나요?

A 조정으로 인해 가격이 약 5% 증가된 점 유의해주세요.
B 알겠습니다. 그런데, what was the original purchase price?

2 A The name of the company changed to 'Pokmang' after the merger.

B 원래의 회사명이 무엇이었나요?

A It was 'Poktan'.

A 회사명이 합병 이후 '폭망'으로 변경되었습니다.
B What was the original company name?
A '폭탄'이요.

pattern 030

Could you take ~ out?

~를 삭제해주시겠어요?

문서에서 불필요한 부분을 삭제해달라고 요청하는 질문이다.

코어패턴　필요한 말을 넣어 패턴을 연습하세요.

1　**Could you take** it **out?**
2　**Could you take** the line **out?**
3　**Could you take** the table **out?**
4　**Could you take** the fourth row **out?**
5　**Could you take** the right column **out?**
6　**Could you take out** the bottom paragraph**?**

1　이거 삭제해주시겠어요?
2　줄 삭제해주시겠어요?
3　표 삭제해주시겠어요?
4　네 번째 행 삭제해주시겠어요?
5　우측 열 삭제해주시겠어요?
6　맨 아래 문단 삭제해주시겠어요?

실전대화　한국어 부분을 영어로 바꿔 말해보세요

1　A There are two of the same tables here. 표 하나는 삭제해주시겠어요?
　B Sure thing.

　A 여기 똑같은 표가 두 번 들어가 있네요.
　　Could you take one table out?
　B 알겠습니다.

2　A The paragraph below this chart looks redundant. It seems to have been mentioned already somewhere.
　B You're right. It was mentioned in chapter 2.
　A 그렇다면 하단 문단 삭제해주시겠어요?

　A 차트 하단 문단은 중복인 것으로 보이는데요. 어디선가 이미 언급된 것 같아요.
　B 맞습니다. 2장에서 언급된 내용입니다.
　A Could you take out the bottom paragraph then?

---

extras

영어전달력　● delete / erase / eliminate 지우다

모두 '지우다'라는 의미를 가진 단어로, 실무에서 '삭제하다'는 의미로 쓸 수는 있지만, 구동사 take ~ out으로 표현하는 것이 자연스럽고 쉽다.

업무논의

pattern 031

I'm now ~.

현재 ~하고 있어요/했어요/됐어요.

팀장이 팀원들의 업무 진도를 파악하려고 '어디까지 했어요?'라고 물을 때 응답하는 패턴이다.

코어패턴 필요한 말을 넣어 패턴을 연습하세요.

1 **I'm now** on no.6.

2 **I'm now** done with page 30.

3 **I'm now** working on depreciation.

4 **I'm now** about half way through.

5 **I'm now** 80% complete.

6 **I'm now** ready with the 'Competition Analysis'.

1 현재 6번 하고 있어요
2 현재 30페이지까지 했어요
3 현재 감가상각 하고 있어요
4 현재 절반 정도 했어요
5 현재 80% 완성했어요
6 현재 '경쟁사 분석' 완료됐어요

실전대화 한국어 부분을 영어로 바꿔 말해보세요.

1 A How's your work coming along?

   B 현재 세 번째 시트 하고 있어요.

   A 일 어떻게 되어가요?
   B I'm now on the third sheet.

2 A How much longer do I need to wait for review?

   B Can you give me 30 minutes? 현재 80% 완성했어요.

   A 검토하려면 얼마나 더 기다려야 되나요?
   B 30분 정도 기다려주실 수 있을까요? I'm now 80% complete.

영어전달력 ◉ 진행 중입니다

어떤 일을 하는 중이라고 말할 때 한국어를 그대로 옮겨 I'm in a situation of progressing ~ 또는 I'm in the middle of progressing ~ 이라고 하면 원어민이 듣기에는 복잡하고 과하게 들린다. 내 현황을 알려주는 것이므로 I'm now ~라고 간결하게 말하는 것이 자연스럽다.

pattern 032

There's a difference between ~.

~ 간 차이가 있어요.

숫자를 비교할 때 차이를 발견하는 일은 흔하다. 이때 어떤 두 대상에 차이가 있다는 표현을 써보자.

코어패턴 필요한 말을 넣어 패턴을 연습하세요.

1 **There's a difference between** the budget and the actual.

2 **There's a difference between** the book value and the account schedule.

3 **There's a** big **difference between** the carrying amount and the amount responded.

4 **There's a difference between** the valuation amount and my recomputation.

5 **There's a difference between** the net income and the changes in retained earnings.

1 예산과 실제치 간 차이가 있어요.
2 장부금액과 계정명세 간 차이가 있어요.
3 장부금액과 회신금액 간 차이가 커요.
4 평가금액과 제 재계산 간 차이가 있어요.
5 순이익과 이익잉여금 변동 간 차이가 있어요.

실전대화 한국어 부분을 영어로 바꿔 말해보세요.

1 A Regarding the vehicle, 장부금액과 계정명세 간 차이가 있어요. Is this okay?

　B What do mean by 'is this okay'? Please talk to the Asset Management Team and find out what it's about.

2 A Did you review the valuation amount?

　B 평가금액과 제 재계산 간 차이가 약간 있어요. The difference amounts to about 1 million won.

　A We can live with that.

A 차량운반구 관련, there's a difference between the book value and the account schedule. 이거 괜찮은 건가요?
B 괜찮다는 것이 무슨 말이에요? 자산관리팀이랑 얘기하시고 어떻게 된 일인지 알아봐주세요.

A 평가금액 검토하셨는지요?
B There's a small difference between the valuation amount and my recomputation. 차이금액은 약 백만원 정도입니다.
A 그 정도는 괜찮아요.

pattern 033

We ~ our budget.

저희는 예산을 ~.

예산 관련 전반적인 상황을 나타내는 표현이다.

코어패턴 필요한 말을 넣어 패턴을 연습하세요.

1 **We** accomplished **our budget.**

2 **We** did not accomplish **our budget.**

3 **We** just managed to accomplish **our budget.**

4 **We** exceeded **our budget.**

5 **We** need to secure **our budget.**

6 **We** need to allocate **our budget.**

1 저희는 예산을 달성하였습니다.
2 저희는 예산을 달성하지 못하였습니다.
3 저희는 예산을 겨우 달성하였습니다.
4 저희는 예산을 초과 달성하였습니다.
5 저희는 예산을 확보해야 합니다.
6 저희는 예산을 할당해야 합니다.

실전대화 한국어 부분을 영어로 바꿔 말해보세요.

1 A What does the team performance look like?

   B 저희는 예산을 겨우 달성하였습니다. The pressure is on next year.

   A 팀 성과가 어떻게 되죠?
   B We just managed to accomplish our budget. 내년에는 압박이 심하겠네요.

2 A 저희는 예산을 30% 초과달성하였습니다. Rumor has it that there will be some sort of compensation.

   B That's awesome. Hope the hard work pays off.

   A We exceeded our budget by 30%. 소문에 의하면 어떤 형태로 보상이 있을 거라는데요.
   B 좋네요. 힘들게 일했으니 보상을 받아야죠.

pattern 034

We're currently in talks with ~.

현재 ~와 협의 중인데요.

업무를 진행할 때 타 부서나 외부기관과 협의해야 하는 일이 많다. 협의하는 데에는 시간이 걸리는 경우가 많기 때문에 이를 알릴 때 쓰이는 패턴이다.

코어패턴 필요한 말을 넣어 패턴을 연습하세요.

1 **We're currently in talks with** the HQ.

2 **We're currently in talks with** the tax office.

3 **We're currently in talks with** Production.

4 **We're currently in talks with** the Sales Division.

5 **We're currently in talks with** all departments involved.

1 현재 본사와 협의 중인데요.
2 현재 세무서와 협의 중인데요.
3 현재 생산과 협의 중인데요.
4 현재 영업부와 협의 중인데요.
5 현재 관련 부서 모두와 협의 중인데요.

실전대화 한국어 부분을 영어로 바꿔 말해보세요.

1 A Any progress on further access to the data we were discussing?

  B 현재 본사와 협의 중인데요. We're still waiting for their authorization.

1 A 저희가 논의하던 데이터에 대한 추가 접근에 대해 진전이 있나요?
  B We're currently in talks with the HQ. 승인을 아직 기다리는 상황입니다.

2 A Could you update me with the issue on pricing?

  B 현재 관련 부서 모두와 협의 중인데요, including Production and Sales. It will be resolved within this week, at the latest.

2 A 가격 책정 관련 현재 진행 상황이 어떤가요?
  B We're currently in talks with all departments involved. 생산이랑 영업 포함해서요. 이번 주 중으로는 해결될 겁니다. 늦어도요.

---

extras

업무상식
● **Tax Office** 세무서
● **NTS**(National Tax Service) (한국의) 국세청
● **IRS**(Internal Revenue Service) (미국의) 국세청

The customer is asking for ~.

고객이 ~를 요청하고 있어요.

고객으로부터 특정한 요구사항이 있을 때 이를 내부에 알리는 패턴이다.

코어패턴　필요한 말을 넣어 패턴을 연습하세요.

1　**The customer is asking for** a discount.

2　**The customer is asking for** some samples.

3　**The customer is asking for** an early delivery.

4　**The customer is asking for** an extra free volume.

5　**The customer is asking for** an extended guarantee period.

1 고객이 할인을 요청하고 있어요
2 고객이 견본품을 요청하고 있어요
3 고객이 조기 납품을 요청하고 있어요
4 고객이 추가서비스 수량을 요청하고 있어요
5 고객이 연장된 보증기간을 요청하고 있어요

실전대화　한국어 부분을 영어로 바꿔 말해보세요.

1　A I got a call 10 minutes ago and 고객이 할인을 요청하고 있어요.

　　B Really? How much is he looking for?

2　A I met Mr. Wilson today and 추가 서비스 수량을 요청하더라고요.

　　B Hmm. Maybe we can give him an extra dozen. But that's just about it.

A 10분 전에 전화를 받았는데요. The customer is asking for a discount.
B 그래요? 어느 정도로 얘기하던가요?

A Wilson씨 오늘 만나고 왔습니다. He was asking for an extra free volume.
B 흠. 추가로 한 다스 정도는 줄 수 있을 것 같아요. 하지만 더는 안됩니다.

---

extras

영어전달력　● free 서비스, 덤

한국에서 흔히 말하는 '서비스', 즉 '덤'을 이야기 할 때, 영어로 그대로 옮겨서 service라고 하면 원어민들은 알아듣지 못한다. 한국의 '서비스'라는 개념은 영어권에 존재하지 않으므로 공짜(free)로 표현하는 것이 적절하다. 식당에서 자주 하는 '서비스 좀 주세요.'라는 말은 Is there anything you can offer for free?라고 할 수 있다.

pattern
036

The vendor is asking for ~.

벤더사가 ~를 요청하고 있어요.

벤더사(공급자)로부터 특정한 요구사항이 있을 때 이를 알리는 패턴이다.

코어패턴   필요한 말을 넣어 패턴을 연습하세요.

1   **The vendor is asking for** the payment.

2   **The vendor is asking for** a price increase.

3   **The vendor is asking for** the approval of the tax invoice.

4   **The vendor is asking for** the result of their quotation.

5   **The vendor is asking for** an order volume for next month.

1 벤더사가 대금지급을 요청하고 있어요
2 벤더사가 가격인상을 요청하고 있어요
3 벤더사가 세금계산서 승인을 요청하고 있어요
4 벤더사가 견적서 심사결과를 요청하고 있어요
5 벤더사가 다음달 주문량을 요청하고 있어요

실전대화   한국어 부분을 영어로 바꿔 말해보세요.

1   A   I got an email from Dondalla Company this morning. 벤더사가 대금지급을 요청하고 있어요.

    B   Don't think the payment is due yet. Could you double-check the date and let me know?

2   A   Larry gave me a call earlier and he talked to me for about half an hour that the prices will be adjusted from next month.

    B   What did he say?

    A   결과적으로 벤더사가 3% 가격인상을 요청하고 있어요. What shall we do?

A 오늘 아침 Dondalla사로부터 이메일을 받았어요. The vendor is asking for the payment.
B 아직 지급날짜가 안된 것 같은데요. 날짜 다시 확인해보고 알려주시겠어요?

A Larry가 좀 전에 전화했는데요. 약 30분간 통화했는데 다음달부터 가격조정이 있을 것이라고 하네요.
B 뭐라고 하던가요?
A As a result, the vendor is asking for a 3% price increase. 어떻게 하면 좋을까요?

---

extras

영어전달력   ● **ask for** 요청하다

'요청하다'라는 말을 하고 싶을 때 반사적으로 request를 떠올리는 경우가 많다. 그러나 request는 공식적인 느낌이 강해서 상황에 따라 과한 말로 들릴 수 있다. 대부분의 경우 ask for로 표현하는 것이 자연스럽다.

● **vendor / supplier** 공급사

둘 다 '공급자'라는 뜻이다. 실무에서는 특별한 구별 없이 혼용해서 많이 쓴다. 하지만 엄밀히 구별하자면, Vendor는 최종소비자에게 판매하는 B2C(공급자)를 뜻하고, Supplier는 재판매 등을 목적으로 판매하는 B2B(공급자)를 뜻한다.

pattern 037

The counterparty for ~ is ....

~의 거래상대방은 …입니다.

거래에는 항상 당사와 거래상대방이 있다. 거래의 성격에 따라 하나 이상의 거래상대방이 있을 수도 있다. 이를테면, 온라인으로 물건을 구입한 구매자 입장에서는 판매자, 결제대행업체, 배달업체가 모두 거래상대방이다.

코어패턴 필요한 말을 넣어 패턴을 연습하세요.

1 **The counterparty for** the credit sale **is** ABC Corp.

2 **The counterparty for** this tax invoice **is** LT Engineering.

3 **The counterparties for** this deal **are** 4 business entities.

4 **The counterparty for** the interest rate swap **is** KD Bank.

5 **The counterparties for** the deal **are** the buyer and the delivery services provider.

1 신용판매의 거래상대방은 ㈜ABC입니다.

2 이 세금계산서의 거래상대방은 LT 엔지니어링입니다

3 이 거래의 거래상대방은 4개의 기업체입니다.

4 이자율스왑의 거래상대방은 KD은행입니다.

5 이 거래의 거래상대방은 구매자와 배달업체들입니다.

실전대화 한국어 부분을 영어로 바꿔 말해보세요.

1 A Can you identify how many counterparties we have on this deal?

B 이 거래의 거래상대방은 총 5개의 기업 실체입니다.

A 이 거래의 상대방이 총 몇 군데인지 아시나요?

B The counterparties for this deal are 5 business entities in total.

2 A For currency swap, our counterparty is IDK Bank. Who do we have for IRS?

B 이자율스왑의 거래상대방은 심한은행입니다.

A 통화스왑 거래상대방은 IDK은행으로 되어 있는데요. 이자율스왑은 누구로 되어 있나요?

B The counterparty for interest rate swap is Simhan Bank.

---

extras

영어전달력 ● **counterparty** 거래상대방

재무적 위험이 있는 실체로, 쉽게 말해서 '거래상대방' 혹은 '거래처'를 말한다.

● **business partner** 거래처

'거래처'라고 할 수 있다. 단 한국에서는 '거래처'가 고객과 공급자를 다 지칭할 수 있지만, 영어에서는 business partner라고 통칭하지 않고, 우리한테 돈을 주는 고객(customer) 또는 우리가 돈을 주는 공급자(vendor)라는 식으로 구분해서 쓴다.

pattern 038

The contract has been ~.

계약이 ~되었습니다.

숫자를 다루는 기획, 관리, 재무, 회계 등의 업무를 수행하다보면 많은 계약을 접하게 된다. 현재의 계약 상태를 말하는 패턴이다.

코어패턴 필요한 말을 넣어 패턴을 연습하세요.

1 **The contract has been** made.

2 **The contract has been** cancelled.

3 **The contract has been** extended for five more years.

4 **The contract** with ABC **has been** terminated as from Oct. 31, 2016.

5 **The contract** with the landlord **has been** defaulted.

1 계약이 체결되었습니다.
2 계약이 해지되었습니다.
3 계약이 5년 연장되었습니다.
4 ABC와의 계약이 2016년 10월 31일부로 종료되었습니다.
5 집주인과의 계약이 불이행되었습니다.

실전대화 한국어 부분을 영어로 바꿔 말해보세요.

1 A Congratulations! I heard you won the contract with DL Constructions! How did you manage to do it?

　 B Ooops, guess you haven't heard yet. 계약이 안타깝게도 해지되었습니다.

　 A Oh, I'm terribly sorry about this. I don't know what to say.

2 A Has this contract been terminated or extended?

　 B 계약은 3년 연장되었습니다.

A 축하해요! DL 건설사 계약 따내셨다면서요? 어떻게 하신 거예요?
B 아… 아직 못 들으셨나봐요. The contract has unfortunately been cancelled.
A 정말 미안합니다. 뭐라고 말씀드려야 할지 모르겠네요.

A 이 계약은 종료됐나요 아니면 연장됐나요?
B The contract has been extended for three more years.

---

extras

영어전달력 ● as of / as from

as of는 '~일 자로'라는 의미로 특정한 시점 그 당시(예를 들면 BS날짜)를 명확히 말할 때 쓴다. as from은 '~부터'라는 의미로 특정한 시점을 포함해서 그 이후로 지속되는 것을 나타낸다. 다음 예문에서 차이를 알아보자.

Numbers on the report are as of Dec. 31. 보고서상 숫자들은 12월 31일 자입니다.

Contract has been effective as from Jan. 1. 계약은 1월 1일부터 효력이 있습니다.

pattern 039

I've already ~.

이미 ~를 했습니다.

이미 처리한 일인데 누군가 확인차 물을 때 이미 그 일을 처리했다고 말하는 표현이다.

코어패턴 필요한 말을 넣어 패턴을 연습하세요.

1 **I've already** informed them.

2 **I've already** billed the customer.

3 **I've already** sent out a reminder on the meeting tomorrow.

4 **I've already** made a data request to the Compliance Team.

5 **I've already** offered a thank-you gift to the client.

1 이미 그들에게 공지했습니다.
2 이미 고객에게 대금청구 했습니다.
3 이미 내일 미팅 재안내를 했습니다.
4 이미 준법감시팀에 자료요청을 했습니다.
5 이미 고객에게 감사선물을 했습니다.

실전대화 한국어 부분을 영어로 바꿔 말해보세요.

1 A Regarding the workshop next Friday, has it been announced to the client?

   B 네. 이미 공지했습니다.

2 A We need to have this AR collected within this week.

   B 이미 고객에게 대금청구 했는데요.

   A That's not enough at this stage. Call the customer and find out what's keeping him from paying.

1 A 다음 주 금요일에 있을 워크샵 관련 고객한테 안내가 나갔나요?
   B Yes, I've already informed them.

2 A 이번 주 중으로 이 채권 회수해야 되는데요.
   B I've already billed the customer.
   A 이 단계에서는 그것으로는 충분하지 않네요. 고객한테 전화해서 왜 지불을 못하고 있는지 알아봐주세요.

---

extras

영어전달력

● **customer** 고객 / **client** 의뢰인
일반적인 고객을 뜻하며 보통 물건을 사는 사람을 지칭한다. 전문적 지식을 구매하는 고객으로, 의사, 변호사, 회계사의 고객을 client라고 부르는 경우가 많다. 식당에 오는 손님을 client라고 하지는 않는다.

● **reminder** 리마인더
상대방을 상기(remind)시키려고 보내는 재안내, 재공지, 독촉장 등이 모두 해당된다.

An order for ~ was placed.
~ 주문 한 건 들어왔어요.

주문이 들어왔다는 것은 매출 실적이 발생했다는 뜻이다.

코어패턴 필요한 말을 넣어 패턴을 연습하세요

1 **An order for** ten tires **was placed.**

2 **An order for** 100 kilos of cement **was placed.**

3 **An order for** 5 pallets of corn **was placed.**

4 **An order for** 100 aluminium ingots **was placed.**

5 **An order for** 7,000 silicon wafers **was placed.**

1 타이어 10개 주문 한 건 들어왔어요.
2 시멘트 100kg 주문 한 건 들어왔어요.
3 옥수수 5 팔레트 주문 한 건 들어왔어요.
4 알루미늄 잉고트 100개 주문 한 건
들어왔어요.
5 실리콘 웨이퍼 7000개 주문 한 건
들어왔어요.

실전대화 한국어 부분을 영어로 바꿔 말해보세요.

1 A The client must have been very satisfied with your presentation and 옥수수 5 팔레트 주문 한 건 들어왔어요. Good job!

B Thanks. I owe this to my team.

A 발표하신 게 고객 마음에 쏙 든
모양이네요. 그래서 an order for
5 pallets of corn was placed.
잘됐네요!
B 감사합니다. 팀원들 덕분이죠.

2 A Any responses from Jamsoo Corporations? Did they show any interest?

B Thank God, they did. 실리콘 웨이퍼 500개 주문 한 건 들어왔어요.

A Jamsoo사가 반응을 보이던가요?
관심을 좀 보이던가요?
B 다행히 관심을 보이더라고요. An
order for 500 silicon wafers was
placed.

---

extras

영어전달력 ● 주문 요청
Could you place an order for two sacks of cement? 시멘트 두 포대 주문 넣어주실래요?

● 주문 취소
The order was cancelled. 주문이 취소됐습니다.

● 주문 보류
The order is on hold. 주문이 보류 중입니다.

ABC Corp. is ~.

ABC사는 ~ 상태입니다.

회사의 재정상태를 나타내는 패턴이다. 실무에서는 채무자 혹은 투자처인 회사의 상태가 안 좋아질 때 특히 이슈가 된다.

코어패턴 필요한 말을 넣어 패턴을 연습하세요.

1 **ABC Corp. is** in the red.

2 **ABC Corp. is** going broke.

3 **ABC Corp. is** about to go under.

4 **ABC Corp. is** in insolvency.

5 **ABC Corp. is** in bankruptcy.

6 **ABC Corp. is** in liquidation.

7 **ABC Corp. has** already gone bust.

1 ABC사는 적자 상태입니다.
2 ABC사는 망하고 있는 상태입니다.
3 ABC사는 망하기 일보 직전 상태입니다.
4 ABC사는 지급불능인 상태입니다.
5 ABC사는 파산 상태입니다.
6 ABC사는 청산 상태입니다.
7 ABC사는 이미 망한 상태입니다.

실전대화 한국어 부분을 영어로 바꿔 말해보세요.

1 A H Shipping has already gone bust due to poor performance. S해운사도 망하기 일보직전 상태입니다.

   B I see. Looks like we have an impairment issue here.

A H해운사는 저조한 실적으로 인해 이미 망했네요. S Shipping is about to go under as well.

B 그렇군요. 손상 이슈를 검토해 봐야겠군요.

2 A What's up with this company? 이 회사 최근 3년간 적자 상태인데요.

   B Right. If this carries on, their capital will be impaired soon.

A 이 회사 무슨 일 있나요? This company has been in the red for the last three years.

B 맞습니다. 이러한 상태가 지속된다면 곧 자본잠식이 일어날 것 같네요.

---

extras

영어전달력
● **in the red(black)** 적자(흑자)인
적자 (흑자) 상태를 뜻한다. 엑셀에서 빨간색과 검정색 이미지로 기억하자.

● **go broke / go under / go bust** 망하다
모두 '망하다'라는 뜻이다. go under는 배가 가라앉는 이미지를 떠올리자.

● **(You are) Busted!** 딱 걸렸어!
참고로 bust는 블랙잭 게임에서 망한 판을 지칭하는 말이다.

pattern 042

The company's fiscal year ends on ~.
회사는 ~월 말 법인입니다.

회사의 결산월을 나타내는 표현이다. 일반적으로 법인의 결산월은 12월 말이지만 업종의 특성에 따라 12월이 아닌 경우도 있다.

코어패턴   필요한 말을 넣어 패턴을 연습하세요.

1   **The company's fiscal year ends on** December 31.

2   **The company's fiscal year ends on** February 28.

3   **The company's fiscal year ends on** March 31.

4   **The company's fiscal year ends on** June 30.

5   **The company's fiscal year ends on** September 30.

1 회사는 12월 말 법인입니다.
2 회사는 2월 말 법인입니다.
3 회사는 3월 말 법인입니다.
4 회사는 6월 말 법인입니다.
5 회사는 9월 말 법인입니다.

실전대화   한국어 부분을 영어로 바꿔 말해보세요.

1   A   회사는 12월 말 법인입니다. Just like most of the companies in Korea.

     B   I see. I heard the company is planning to change its financial year soon.

A The company's fiscal year ends on December 31. 한국 대부분의 회사들처럼 말이죠.
B 그렇군요. 제가 듣기로는 회사가 조만간 사업연도를 바꿀 계획이 있다던데요.

2   A   I understand that the company issues their annual report in May. Why?

     B   회사는 3월 말 법인인데요, as its parent is a global Japanese Group.

A 회사가 연차보고서를 5월에 발행한다고 알고 있는데요. 왜 그런가요?
B The company's fiscal year ends on March 31. 모회사가 국제적 일본계 그룹이기 때문입니다.

---

extras

영어전달력
- **fiscal year / financial year / accounting period** 사업연도
  사업연도(회계기간)라는 뜻으로 다 같은 의미다.

- **calendar year** 역년
  역년(曆年: 1월 1일부터 12월 31일까지의 기간)

~ started at 1,000.

~는 1,000에서 시작했습니다.

주가, 환율 같은 수치는 하루에도 수차례 들쑥날쑥 변한다. 이때 변동이 발생하는 시작점을 표현해보자.

코어패턴　　필요한 말을 넣어 패턴을 연습하세요.

1　Today's stock price **started at 1,000.**

2　The offer price **started at 1,000.**

3　The auction **started at 1,000.**

4　The USD exchange rate **started at 1,000** today.

5　The order volume **started at 1,000** early this year.

1　오늘의 주가는 1,000에서 시작했습니다.
2　공모가는 1,000에서 시작했습니다.
3　경매는 1,000에서 시작했습니다.
4　USD 환율은 오늘 1,000에서 시작했습니다.
5　주문량은 올해 초 1,000에서 시작했습니다.

실전대화　　한국어 부분을 영어로 바꿔 말해보세요.

1　A　What's the USD exchange rate look like?

　　B　USD 환율은 오늘 1,000에서 시작했습니다. It closed at 1,010.

2　A　What was the stock price back in January?

　　B　주가는 올해 초 1,000에서 시작했습니다. Now it has nearly doubled.

A　USD 환율 상황은 어떤가요?
B　The USD exchange rate started at 1,000 today. 1,010에서 마감되었습니다.

A　1월의 주가는 얼마였나요?
B　The stock price started at 1,000 early this year. 지금은 거의 2배가 됐네요.

---

extras

영어전달력　● **start at / start from** ~에서/로부터 시작하다
　　두 표현은 굳이 따지자면 '~에서 시작했다'와 '~로부터 시작했다' 정도의 의미 차이가 있다. 하지만 시작하는 시점을 말할 때 어느 것을 써도 의미 전달에는 큰 차이가 없다. 발음이 좀더 편한 at으로 쓰는 것을 권한다.

The share price has ~ today.

주가가 오늘 ~했습니다.

오늘 주가의 움직임을 나타내는 표현이다.

코어패턴　　필요한 말을 넣어 패턴을 연습하세요.

1　**The share price has** gone up **today.**

2　**The share price has** gone down by 20 won **today.**

3　**The share price has** skyrocketed **today.**

4　**The share price has** plummeted **today.**

5　**The share price has** roller-coastered **today.**

1 주가가 오늘 상승했습니다.
2 주가가 오늘 20원 하락했습니다.
3 주가가 오늘 폭등했습니다.
4 주가가 오늘 폭락했습니다.
5 주가가 오늘 오르락내리락했습니다.

실전대화　　한국어 부분을 영어로 바꿔 말해보세요.

1　A　Any changes on the share price?

　　B　주가가 오늘 20원 상승했습니다.

2　A　You look upset. What's the matter?

　　B　주가가 오늘 폭락했습니다. I think it's because of the institutional selling.

A 주가에 변동이 있었나요?
B The share price has gone up by 20 won today.

A 표정이 안 좋아 보이네요. 무슨 일이에요?
B The share price has plummeted today. 아무래도 기관투자자들의 매도 때문인 것 같군요.

---

extras

영어전달력　　● **plummet** 폭락하다

경제 수치 관련해서 단골로 나오는 단어다. plummet은 낚시에서 쓰는 '납으로 된 추'를 뜻하기도 하는데, 낚시를 하면서 납으로 된 추를 달아놓은 듯 수직으로 가라앉는 이미지로 기억하자.

This is sales data by ~.

이것은 ~별 매출자료입니다.

회사의 가장 중요한 활동인 매출에 대한 자료는 다양한 형태로 준비하는 것이 일반적이다.

코어패턴 필요한 말을 넣어 패턴을 연습하세요.

1 **This is sales data by** month.

2 **This is sales data by** region.

3 **This is sales data by** customer type.

4 **This is sales data by** business segment.

5 **This is** daily **sales data** during December.

1 이는 월별 매출자료입니다.
2 이는 지역별 매출자료입니다.
3 이는 고객 유형별 매출자료입니다.
4 이는 사업 부문별 매출자료입니다.
5 이는 12월 중 일별 매출자료입니다.

실전대화 한국어 부분을 영어로 바꿔 말해보세요.

1 A Could you take a look at the handout provided?
이는 고객유형별 매출 자료입니다. Bigson and Donman are our biggest customers.
B How much did they order this year?

A 프린트물 봐주시겠어요? This is sales data by customer type. Bigson이랑 Donman이 저희 가장 큰 매출처입니다.
B 올해 주문을 그들이 얼마나 했나요?

2 A Let's move on to sales. 이는 월별 매출 자료입니다.
December sales reached its peak with 500 million.
B How come the November sales stayed at 100 million only? That's strange.

A 매출 얘기를 해보시죠. This is sales data by month. 12월 매출이 5억으로 최고점을 찍었습니다.
B 무슨 이유로 11월 매출은 1억밖에 안 되나요? 이상한데요.

---

extras

영어전달력

● **peak** 최고점
우리가 흔히 최고점이라는 의미로 말하는 '피크'가 영어의 peak이다. 한국어에서 '피크'라고 하다 보니 영어로 말할 때도 [피크]라고 2음절로 발음하는 경우가 있는데, 이렇게 하면 원어민은 거의 알아듣지 못한다. [피이크]에 가깝게 발음해보자. 비슷하게 milk도 2음절로 [밀크]라고 발음하면 전혀 알아듣지 못한다. [미일크]에 가깝게 발음해야 한다. 원활한 의사소통을 위해서 상대방이 이해할 수 있을 정도의 발음 규칙은 지키는 것이 좋다.

pattern 046

~ takes up ... of total sales.

~은 총매출의 …를 차지합니다.

매출에서 특정 제품이 차지하는 비중을 나타내는 표현이다.

코어패턴   필요한 말을 넣어 패턴을 연습하세요.

1 It **takes up** 10% **of total sales.**

2 This product **takes up** a quarter **of total sales.**

3 Our item **takes up** half **of total sales.**

4 Product Daebaki **takes up** the most **of total sales.**

5 Model K **takes up** 99% **of total sales** to Orange Mobile.

1 이것은 총매출의 10%를 차지합니다.
2 이 제품은 총매출의 4분의 1을 차지합니다.
3 저희 아이템은 총매출의 절반을 차지합니다.
4 Daebaki 제품은 총매출의 대부분을 차지합니다.
5 모델K는 대 오렌지 모바일 총매출의 99%를 차지합니다.

실전대화   한국어 부분을 영어로 바꿔 말해보세요.

1 A Which one takes up the most of our sales?

   B It's product Jalnam. 이것은 총매출의 2분의 1을 차지합니다.

2 A How big is the portion of product Daebaki?

   B 이 제품은 총매출의 60%를 차지합니다.

   A What about product Joongbaki?

A 저희 매출에서 가장 큰 비중을 차지하는 것은 무엇인가요?
B 제품 Jalnam입니다. It takes up a half of total sales.

A Daebaki 제품의 비중은 어느 정도인가요?
B This product takes up 60% of total sales.
A Joongbaki 제품은요?

---

extras

영어전달력   ● **take up / account for** 차지하다

take up 대신 account for를 써도 같은 의미지만, 좀더 쉬운 단어로 구성된 구동사 take up을 쓰자.

pattern 047

~ sales are in a(n) in(de)creasing tendency.

~ 매출이 증가(감소)하는 추세입니다.

매출의 증감 추세를 설명하는 표현이다.

코어패턴 필요한 말을 넣어 패턴을 연습하세요.

1 **Sales are in an increasing tendency.**

2 Daily **sales are in an increasing tendency.**

3 Monthly **sales are in an increasing tendency.**

4 Quarterly **sales are in a decreasing tendency.**

5 Annual **sales are in a decreasing tendency.**

1 매출이 증가하는 추세입니다.
2 일별 매출이 증가하는 추세입니다.
3 월별 매출이 증가하는 추세입니다.
4 분기 매출이 감소하는 추세입니다.
5 연간 매출이 감소하는 추세입니다.

실전대화 한국어 부분을 영어로 바꿔 말해보세요.

1 A Here are the sales figures. January 120, February 126 and March 150. 월별 매출이 증가하는 추세입니다.

   B Not bad. How are we doing month-to-date?

2 A The numbers of August plummeted to less than a half of what we did the previous month!

   B It's due to the contaminated egg crisis that hit the nation this summer. As you see on the screen, 9월 일별 매출은 증가하는 추세입니다. August was just an exception.

A 매출 수치 말씀드리겠습니다. 1월 120, 2월 126 그리고 3월 150입니다. Monthly sales are in an increasing tendency.
B 나쁜 실적은 아니네요. 월초부터 현재까지 상황은 어떤가요?

A 8월 숫자는 그 전달 저희가 한 것에 비해 절반 이하 수준으로 곤두박질쳤어요!
B 이는 이번 여름 전국을 강타한 오염 달걀 파동 때문입니다. 화면에 보시는 바와 같이, daily sales of September are in an increasing tendency. 8월은 예외적인 상황이었습니다.

---

extras

영어전달력 ● **MTD**(month-to-date) 월초부터의 누계

실전대화 1은 4월 중에 이루어지는 대화다. B의 대사에서 MTD는 '월초부터 오늘까지의 누계'를 뜻한다. 참고로 YTD는 year-to-date의 줄임말로 '연초부터 오늘까지의 누계'를 말한다.

pattern
048

~ sales have in(de)creased by ....

~의 매출이 …만큼 증가(감소)했습니다.

매출의 기간별 비교다. 특히 실무에서 많이 쓰는 YoY, QoQ, MoM를 활용한 패턴을 잘 익혀두자.

코어패턴   필요한 말을 넣어 패턴을 연습하세요.

1   Daily **sales have increased by** 5%.

2   Weekly **sales have increased by** 10%.

3   Annual **sales have decreased by** 20%.

4   4Q **sales have increased by** 5% YoY.

5   4Q **sales have increased by** 5% QoQ.

6   December **sales have increased by** 40% MoM.

1   일매출이 5% 증가했습니다.
2   주간매출이 10% 증가했습니다.
3   연매출이 20% 감소했습니다.
4   4분기 매출이 전(년)동기 대비 5%
     증가했습니다.
5   4분기 매출이 전 분기 대비 5%
     증가했습니다.
6   12월 매출이 전월 대비 40%
     증가했습니다.

실전대화   한국어 부분을 영어로 바꿔 말해보세요.

1   A 3분기 매출이 전 분기 대비 5% 증가하였습니다. Looks like it's due
       to the summer holiday season.

    B What about costs of goods sold?

     A 3Q sales have increased by 5%
        QoQ. 이는 여름 휴가 시즌 때문인
        것으로 보입니다.
     B 매출원가는 어떤가요?

2   A Do you have the numbers for July sales ready? What do
       they look like?

    B 7월 매출이 전년 대비 50% 증가했습니다.

    A Did we do that well? That's amazing!

     A 7월 매출 숫자 나왔나요? 어때요?
     B July sales have increased by
        50% YoY.
     A 저희가 그 정도로 잘했나요? 놀라운데요!

---

extras

영어전달력   ● ~대비(기간 표현)

손익 비교는 동일 기간 비교를 전제로 한다. 단, 월이나 분기를 비교하는 코어패턴 4, 5, 6번 같은 경우는 기간에 주의하자.

YoY: Year on Year = compared to the same period last year

QoQ: Quarter on Quarter = compared to the previous quarter

MoM: Month on Month = compared to the previous month

pattern 049

The portion of ~ is high, as ...
~의 비중이 높은 이유는…

전체 중 특정 항목의 비중이 높은 경우(예를 들어 1분기 매출 중 1월 매출의 비중이 높을 때) 이를 설명하는 패턴이다.

코어패턴 필요한 말을 넣어 패턴을 연습하세요.

1 **The portion of** product X **is high, as** ...

2 **The portion of** January sales **is high, as** ...

3 **The portion of** salaries in 4Q **is high, as** ...

4 **The portion of** loans past due **is high, as** ...

5 **The portion of** inventories held over 3 months **is quite high, as** ...

1 제품 X의 비중이 높은 이유는…
2 1월 매출의 비중이 높은 이유는…
3 4분기 급여의 비중이 높은 이유는…
4 연체채권의 비중이 높은 이유는…
5 3개월 초과 보유 재고의 비중이 꽤 높은 이유는…

실전대화 한국어 부분을 영어로 바꿔 말해보세요.

1 A How come the January sales take up 80% of total sales in the first quarter?

   B 1월 매출의 비중이 높은 이유는 the new regime announced a subsidy plan in December, leading many people to buy our products.

2 A The performance of product Makman is remarkable.

   B Makman 매출 비중이 높은 이유는 our major customer placed a large order to meet the demands of the Christmas season.

A 1분기 중 1월 매출이 전체매출의 80%를 차지하는 이유가 무엇인가요?
B The portion of January sales is high as, 새 정부가 12월에 보조금 계획을 발표해서 많은 사람이 저희 제품을 구입한 것입니다.

A 제품 Makman의 성과가 놀라운데요.
B The portion of Makman sales is high, as 저희 주요 고객이 크리스마스 시즌의 수요를 충족하기 위하여 대량 주문을 했기 때문입니다.

---

extras

영어전달력 ● 비중

비중을 나타내는 말은 어떤 것을 기준했느냐에 따라 여러 단어를 쓸 수 있는데, part는 일반적으로 말하는 '전체의 일부분'을 의미하고, portion은 세밀하게 계산된 전체의 일부분을 뜻한다. 그리고 proportion은 다른 부분과 비교한 부분을 말한다. 비즈니스에서는 그래프나 파이차트를 활용하여 설명하는 경우가 많기 때문에 정확하게 계산된 수치에서 부분을 뜻하는 portion을 쓰는 것이 좋다.

pattern 050

This amount has been computed by ~.

이 금액은 ~에 의해 산출되었습니다.

평가금액, 감정가액 등이 누구에 의해 산출되었는지를 말하는 표현이다.

코어패턴　필요한 말을 넣어 패턴을 연습하세요.

1 **This amount has been computed by** an independent third party.

2 **This amount has been computed by** appraisers.

3 **This amount has been computed by** insurance actuaries.

4 **This amount has been computed by** the top three bond rating agencies.

5 **This amount has been computed by** the internal goodwill expert.

1 이 금액은 독립적인 제3자에 의해 산출되었습니다.
2 이 금액은 감정평가사에 의해 산출되었습니다.
3 이 금액은 보험계리사에 의해 산출되었습니다.
4 이 금액은 3대 채권평가사에 의해 산출되었습니다.
5 이 금액은 내부 영업권 전문가에 의해 산출되었습니다.

실전대화　한국어 부분을 영어로 바꿔 말해보세요.

1 A Where does this figure come from?
　B 이 금액은 보험계리사에 의해 산출되었습니다. It means that it came from the actuarial valuation report.

2 A How are bonds valuated for NoJam Company?
　B 금액들은 3대 채권평가사에 의해 산출되었습니다. I'm pretty sure that this is the predominant industry practice.

A 이 수치는 어디에서 나온 거예요?
B This amount has been computed by insurance actuaries. 즉, 보험계리평가보고서상 금액이라는 뜻입니다.

A NoJam사의 채권평가는 어떤 식으로 이루어지고 있나요?
B Amounts have been computed by the top three bond rating agencies. 이 방법이 업계 대세라는 점은 확실히 말씀드릴 수 있어요.

---

extras

영어전달력　● 계산하다

compute는 주로 복잡한 것이 대상이고, calculate는 계산기(calculator)로 계산하는 상대적으로 단순한 것이 대상이다. computation과 calculation도 같은 맥락에서 이해하면 쉽다.

pattern 051

It was calculated by ~.

이는 ~하여 계산된 것입니다.

숫자가 계산되는 기술적인 과정(가산, 차감, 조정)을 말하는 표현이다.

코어패턴   필요한 말을 넣어 패턴을 연습하세요.

1 **It was calculated by** adding depreciation expenses.

2 **It was calculated by** adding non-operating assets.

3 **It was calculated by** deducting non-cash revenues.

4 **It was calculated by** adjusting changes in the net working capital.

5 **It was calculated by** subtracting capital expenditures from the EBITDA.

1 이는 감가상각비를 가산하여 계산된 것입니다.
2 이는 비영업용 자산을 가산하여 계산된 것입니다.
3 이는 현금 유입이 없는 수익을 차감하여 계산된 것입니다.
4 이는 순 운전자본증감액을 가감하여 계산된 것입니다.
5 이는 EBITDA에서 설비투자액을 차감하여 계산된 것입니다.

실전대화   한국어 부분을 영어로 바꿔 말해보세요.

1 A How did you come up with this number?
   B 이는 감가상각비를 가산하여 계산된 것입니다.

2 A What about the number in row 120?
   B 이는 현금 유입이 없는 수익을 차감하여 계산된 것입니다.

A 이 숫자 어떻게 해서 나온 것인가요?
B It was calculated by adding depreciation expenses.

A 120행에 있는 숫자는요?
B It was calculated by deducting non-cash revenues.

---

extras

영어전달력   ● **subtract / deduct** 차감하다
두 단어는 사실상 큰 차이가 없지만 subtract는 deduct 보다 산수(maths)의 느낌이 강한 단어다. 따라서 비즈니스 영어에서 자주 접하는 단어는 deduct일 것이다.

pattern 052

It has been adjusted into a ~ amount.
이는 ~금액으로 조정되었습니다.

숫자 관련 논의에서 숫자가 순액, 총액, 마이너스 등 특정한 형태로 조정된 경우 이를 설명하는 패턴이다.

코어패턴　필요한 말을 넣어 패턴을 연습하세요.

1　**It has been adjusted into a** net **amount.**

2　**It has been adjusted into a** gross **amount.**

3　**It has been adjusted into a** negative **amount.**

4　**It has been adjusted into a** before tax **amount.**

5　**It has been adjusted into an** annualized **amount.**

6　**It has been adjusted into a** normalized **amount.**

1 이는 순액 금액으로 조정되었습니다.
2 이는 총액 금액으로 조정되었습니다.
3 이는 마이너스 금액으로 조정되었습니다.
4 이는 세전 금액으로 조정되었습니다.
5 이는 연환산 금액으로 조정되었습니다.
6 이는 정상화된 금액으로 조정되었습니다.

실전대화　한국어 부분을 영어로 바꿔 말해보세요.

1　A It seems that the number on page 8 is in red with brackets.

　　B 이는 마이너스 금액으로 조정되었습니다. It's for disclosure purposes.

A 8페이지의 숫자가 괄호 안 빨간색으로 표시된 것 같은데요.
B It has been adjusted into a negative amount. 공시 목적이에요.

2　A How come the inventory amount on the report does not agree to the one on the BS?

　　B 보고서상 재고는 총액 금액으로 조정되었습니다.

A 보고서상 재고금액이 재무상태표 금액과 왜 불일치하나요?
B Inventory on the report has been adjusted into a gross amount.

---

extras

영어전달력

● **gross** 총액

'총액'을 뜻하지만 일상 대화에서는 '역겹다'는 의미로 disgusting과 비슷하게 쓰인다.

The meal we had at the new place last night was gross. 어제 저녁 먹은 식사는 끔찍했어요.

● **normalized income** 정상이익

'정상이익'의 의미로, 비경상손익이나 특별손익 등을 제거한 이익을 말한다.

Our policy (for ~) is ....

(~에 대한) 저희의 정책은 …입니다.

회사마다 회계 처리나 경비 등에 채택하고 있는 정책이 있다. 이와 같은 회사 내규를 언급하는 표현이다.

코어패턴　필요한 말을 넣어 패턴을 연습하세요.

1　**Our policy is** the EIR method.

2　**Our policy for** sales **is** to set a target every week.

3　**Our policy for** inventory **is** the lower of cost or market.

4　**Our policy for** depreciation **is** the straight-line method.

5　**Our policy for** corporate card **is** to submit a receipt online only.

1　저희의 정책은 유효이자율법입니다.
2　매출에 대한 저희의 정책은 매주 목표를 세우는 것입니다.
3　재고자산에 대한 저희의 정책은 저가법입니다.
4　감가상각에 대한 저희의 정책은 정액법입니다.
5　법인카드에 대한 저희의 정책은 온라인상으로만 영수증을 제출하는 것입니다.

실전대화　한국어 부분을 영어로 바꿔 말해보세요.

1　A How often do you set a target for sales?

　B 매출에 대한 저희의 정책은 매주 목표를 세우는 것입니다.

2　A What accounting policy do you have for fixed assets?

　B 감가상각에 대한 저희의 정책은 정액법입니다.

A 매출 목표는 얼마나 자주 세우시나요?
B Our policy for sales is to set a target every week.

A 고정자산에 대한 회계정책은 무엇인가요?
B Our policy for depreciation is the straight-line method.

---

extras

업무상식　● **EIR**(Effective Interest Rate) 유효이자율

pattern 054

Our credit line has ~.

저희 한도가 ~되었습니다.

회사의 인출 가능한 한도가 감소, 인상 혹은 유지되는 상황을 나타내보자.

코어패턴   필요한 말을 넣어 패턴을 연습하세요.

1   **Our credit line has** been drawn down.

2   **Our credit line has** been increased.

3   **Our credit line has** been the same for the last 3 years.

4   **Our credit line has** been drawn down from 300 million to 250.

5   **Our credit line has** been increased from 1 billion to 1.3.

1   저희 한도가 축소되었습니다.
2   저희 한도가 인상되었습니다.
3   저희 한도가 최근 3년 동안 유지되었습니다.
4   저희 한도가 3억에서 2억5천으로 축소되었습니다.
5   저희 한도가 10억에서 13억으로 인상되었습니다.

실전대화   한국어 부분을 영어로 바꿔 말해보세요.

1   A   Extra funds from the bank? Is this necessary?

   B   Yes, it is. 저희 한도가 인상되었습니다. It's a great opportunity for us to invest in our facilities.

2   A   What was that long phone call about?

   B   It was the K Bank. I'm afraid 저희 한도가 3억에서 2억5천으로 축소되었습니다. Need to talk to the president on this.

A   은행으로부터 추가 차입한다고요? 꼭 필요한가요?
B   네 그렇습니다. Our credit line has been increased. 저희 설비에 투자할 수 있는 아주 좋은 기회입니다.

A   전화통화가 꽤 길어졌는데요?
B   K은행이에요. 유감이지만 our credit line has been drawn down from 300 million to 250. 사장님이랑 얘기해야겠는데요.

pattern 055

The transfer limit ~ is ....

~ 이체 한도는 …입니다.

이체 한도를 나타내는 표현이다.

코어패턴 필요한 말을 넣어 패턴을 연습하세요.

1 **The transfer limit is** 100 million.

2 **The transfer limit** daily **is** 50 thousand euros.

3 **The transfer limit** daily **is** 100 billion Vietnamese dong.

4 **The transfer limit** per transaction **is** 10 million won.

5 **The transfer limit** per transaction **is** 100k US dollars.

1 이체 한도는 1억입니다.
2 일일 이체 한도는 5만 유로입니다.
3 일일 이체 한도는 1,000억 베트남 동입니다.
4 1회 이체 한도는 천만원입니다.
5 1회 이체 한도는 10만 USD입니다.

실전대화 한국어 부분을 영어로 바꿔 말해보세요.

1 A I need to transfer 200 million to Company Tangjin. 그런데 일일 이체 한도는 1억원인데요.

   B We have no other choice. 100 million today, and the other 100 million will go tomorrow.

2 A The 'Transfer limit has been exceeded.' message keeps popping up. Were there any other transfers today?

   B Not that I'm aware of. From what I've heard, 1회 이체한도는 20만입니다. Try again with an amount less than that.

A Tangjin사에 2억을 송금해야 하는데요. The transfer limit daily is 100 million won, by the way.
B 별다른 방법이 없는데요. 오늘 1억 그리고 내일 또 1억을 보내시죠.

A '이체 한도가 초과되었습니다.'라는 알림창이 계속 뜨네요. 오늘 다른 이체 건이 있었나요?
B 제가 알기로는 없습니다. 제가 듣기로는 the transfer limit per transaction is 200k. 그보다 적은 금액으로 해서 다시 한번 해보세요.

pattern 056

Please refer to ~ for details.
자세한 내역은 ~를 참조하세요.

어떤 사안에 대해 특정한 항목을 참조하라고 알리는 표현이다. 회의나 발표에서 시간적인 제약으로 일일이 설명하기 어려울 때 이렇게 말한다.

코어패턴 필요한 말을 넣어 패턴을 연습하세요.

1 **Please refer to** table 6.4 **for details.**

2 **Please refer to** chart C **for details.**

3 **Please refer to** the next page **for details.**

4 **Please refer to** para 37 **for details.**

5 **Please refer to** the appendix **for details.**

1 자세한 내역은 표 6.4를 참조하세요
2 자세한 내역은 차트 C를 참조하세요
3 자세한 내역은 다음 페이지를 참조하세요
4 자세한 내역은 37문단을 참조하세요
5 자세한 내역은 부록을 참조하세요

실전대화 한국어 부분을 영어로 바꿔 말해보세요.

1 A Could you explain more in detail about the assumptions used for valuation?

B We only have 1 more minute for the Q&A. 자세한 내역은 부록을 참조하세요.

A 밸류에이션상 이용된 가정들에 대해 보다 상세히 설명해주실 수 있나요?
B 질의응답 시간이 1분밖에 안 남았네요. Please refer to the appendix for details.

2 A That's how this process basically works. 자세한 내역은 표 8번을 참조하세요.

B One question. That picture on the background, does that mean anything?

A 이 과정의 기본적인 흐름을 말씀드렸습니다. Please refer to table No. 8 for details.
B 질문이 있습니다. 배경에 있는 사진에 어떤 특별한 의미가 있는 것인가요?

---

extras

영어전달력 ● **appendix / appendices의 발음**
appendix의 발음은 [어펜딕스]이고, 복수형 appendices는 [어펜디시스]이다. [어펜다이시스]로 읽지 않도록 주의하자. 비즈니스 영어에서 이 단어는 단수, 복수의 의미 차이가 거의 없다. 대화 중에 appendices를 듣는 경우도 많으니 어떻게 발음하는지 입으로 소리 내서 익혀두자.

pattern 057

This amendment is effective ~.

이 개정은 ~부터 적용됩니다.

업무를 할 때 적용되는 여러 기준, 규정, 규준 등이 개정이 되는 경우가 있다. 그 적용시기를 정확하게 말할 때 쓰는 패턴이다.

코어패턴　필요한 말을 넣어 패턴을 연습하세요.

1 **This amendment is effective** from August 1.

2 **This amendment is effective** from next Monday.

3 **This amendment is effective** from the beginning of the following year.

4 **This amendment is effective** for the financial year beginning on or after January 1, 2020.

5 **This amendment is effective** prospectively from the beginning of the following year.

1 이 개정은 8월 1일부터 적용됩니다.
2 이 개정은 다음 주 월요일부터 적용됩니다.
3 이 개정은 내년 초부터 적용됩니다.
4 이 개정은 2020년 1월 1일 이후 개시하는 회계연도부터 적용됩니다.
5 이 개정은 이듬해 초부터 전진적으로 적용됩니다.

실전대화　한국어 부분을 영어로 바꿔 말해보세요.

1 A Can you tell me the effective date of the amendment?

　B 이 개정은 2019년 7월 1일부터 적용됩니다.

2 A The amendments on corporate tax, do they have an impact on our closing for the current period?

　B Not yet. 이 개정은 2020년 1월 1일 이후 개시하는 회계연도부터 적용됩니다.

A 개정사항 적용개시일이 언제인지 알 수 있을까요?
B This amendment is effective from July 1, 2019.

A 법인세 개정사항이 이번 연도 저희 결산에 영향을 미치나요?
B 아직입니다. This amendment is effective for the financial year beginning on or after January 1, 2020.

pattern 058
I feel like ~.
~한 느낌이 들어요.

업무 중 감정적인 애로점이 있을 때 쓰는 표현이다.

코어패턴 필요한 말을 넣어 패턴을 연습하세요.

1 **I feel like** I'm stuck.

2 **I feel like** this isn't right.

3 **I feel like** we're missing the point here.

4 **I feel like** the figure is overstated.

5 **I feel like** there's a leap of logic in the valuation assumption.

1 헤매고 있는 느낌이 들어요
2 이건 아닌 것 같다는 느낌이 들어요
3 겉돌고 있는 느낌이 들어요
4 숫자가 과대계상되어 있는 느낌이 들어요
5 평가가정에 논리적 비약이 있는 느낌이 들어요

실전대화 한국어 부분을 영어로 바꿔 말해보세요.

1 A Hey, why are you so upset? Anything wrong?
   B I've been working on this hideous excel file and 이건 아닌 것 같다는 느낌이 들어요.

2 A Hi John. What brings you here?
   B We have been working on the disclaimer for the last two days and 왠지 겉도는 느낌이 들어요. We'd better start with the financial forecast instead.

A 표정이 왜 그런가요? 안 좋은 일 있어요?
B 이 끔찍한 엑셀 파일 작업 중인데요. I feel like this isn't right.

A John, 안녕하세요. 무슨 일로 오셨나요?
B 지난 이틀 동안 유의사항 작업을 해왔는데요. I feel like we're missing the point here. 대신 재무 추정을 시작하는 것이 좋을 것 같아요.

---

extras

영어전달력 ● 겉돌다

'겉돌다'의 사전적 의미는 ① '대화의 요점이 서로 잘 맞지 않다', ② '다른 사람과 잘 어울리지 못하고 따로 지내다'인데, 코어패턴 3에서는 1번을 의미한다. 만약 2번 의미로 겉돈다고 할 때는 I feel left out.(나 왕따인 것 같아.)라고 하겠지만, 비즈니스에서 이런 말은 쓸 일이 거의 없을 것이다.

pattern 059
~ is such a tedious task.
~는 완전히 노가다성 업무예요.

업무를 수행하다보면 단순 반복작업으로 시간과 체력을 써야 하는 일이 생긴다. 이럴 때 가벼운 푸념으로 쓸 수 있는 유용한 표현이다.

코어패턴 필요한 말을 넣어 패턴을 연습하세요.

1 Organizing vouchers **is such a tedious task.**

2 Offsetting AR and AP **is such a tedious task.**

3 Filling out travel expense reports **is such a tedious task.**

4 Preparing a consolidation worksheet **is such a tedious task.**

5 VAT filing on a regular basis **is such a tedious task.**

1 전표 정리는 완전히 노가다성 업무예요.
2 AR, AP 상계는 완전히 노가다성 업무예요.
3 출장 지출품의서 작성은 완전히 노가다성 업무예요.
4 연결정산표 작성은 완전히 노가다성 업무예요.
5 정기적인 부가가치세 신고는 완전히 노가다성 업무예요.

실전대화 한국어 부분을 영어로 바꿔 말해보세요.

1
A How are you today?

B Not that great. Ms. Kim left me with all these receipts. She wants them piled up in a binder attached to vouchers.

A Gosh. 전표 정리는 완전히 노가다성 업무예요. Keep it up though!

A 잘 지내시죠?
B 그다지요. 김대리님이 영수증 잔뜩 놓고 가셨네요. 전표에 첨부해 바인더에 철하라고 하시네요.
A 어이쿠. Organizing vouchers is such a tedious task. 수고하세요!

2
A Mr. Park wants you to call 100 customers and say hello to each one of them.

B What? You know, 거래처에 전화 돌리는 것은 완전히 노가다성 업무인데요.

A It is what it is. I'll give you a hand if I manage to get some spare time.

A 박과장님이 고객 100명한테 일일이 안부 전화하라고 하시는데요.
B 네? 아시잖아요 Calling customers is such a tedious task.
A 어쩔 수 없죠. 제가 틈이 나는 대로 짬짬이 도와드릴게요.

---

extras

영어전달력

● **This is pure labor!** 완전히 노가다예요!
하소연하듯 말하는 표현으로, pure labor 혹은 hard labor는 such a tedious task보다 더 강한 느낌을 준다.

● **accounting worksheet** 정산표
회계에서 자주 쓰는 정산표는 accounting worksheet이라고 한다. 그리고 연결정산표는 consolidation accounting worksheet인데, 단어가 길어서 accounting을 생략하고 consolidation worksheet이라고 부른다.

It doesn't look easy to come up with ~.

~를 산출하는 것은 쉽지 않아 보입니다.

특정 금액 등을 산출하는 데 어려움이 있다고 말하는 표현이다.

코어패턴 필요한 말을 넣어 패턴을 연습하세요.

1. **It doesn't look easy to come up with** ways to save taxes.

2. **It doesn't look easy to come up with** the exact AP amount.

3. **It doesn't look easy to come up with** deferred corporate taxes.

4. **It doesn't look easy to come up with** a fair value of hybrid securities.

5. **It doesn't look easy to come up with** a figure the CEO is looking for.

1. 절세방안을 산출하는 것은 쉽지 않아 보입니다.
2. 정확한 매입채무금액을 산출하는 것은 쉽지 않아 보입니다.
3. 이연법인세를 산출하는 것은 쉽지 않아 보입니다.
4. 혼합증권의 공정가치를 산출하는 것은 쉽지 않아 보입니다.
5. 회장님이 염두에 두고 있는 수치를 산출하는 것은 쉽지 않아 보입니다.

실전대화 한국어 부분을 영어로 바꿔 말해보세요.

1. A By manufacturing goods in China, labor costs can be reduced by at least 20%.

   B I see your point. But, I heard the Chinese government is imposing a lot of taxes on exported goods and 절세방안을 산출하는 것은 쉽지 않아 보입니다.

2. A Well, I think the CEO is absolutely determined to enter the new business and he needs some justification on his decision.

   B It is my job to come up with the right numbers for it and 회장님이 염두에 두고 있는 수치를 산출하는 것은 쉽지 않아 보입니다.

A 중국에서 물건을 제조함에 따라 인건비를 최소 20% 절감할 수 있습니다.
B 무슨 말씀하시려는지 알고 있습니다. 그런데 중국 정부가 수출물건에 대해 많은 세금을 부과한다고 들었는데요. It doesn't look easy to come up with ways to save taxes.

A 회장님께서 신사업 진출을 굳게 결심하신 것 같습니다. 회장님 결정에 따른 명분을 필요로 하시는 것 같아요.
B 그에 따른 적절한 숫자를 산출하는 것이 제 일인데요. It doesn't look easy to come up with a figure the CEO is looking for.

pattern 061
It'd be nearly impossible to ~.
~는 거의 불가능해보이는데요.

'하면 된다' 정신으로 밀어붙여, 되는 일이 있고 그렇지 않은 일이 있다. 더 이상 어찌해볼 수 없는 일을 하라고 시킬 때 흔히 쓰는 패턴이다.

코어패턴   필요한 말을 넣어 패턴을 연습하세요.

1   **It'd be nearly impossible to** change the numbers by now.

2   **It'd be nearly impossible to** put off the conference call.

3   **It'd be nearly impossible to** make any more updates on the report.

4   **It'd be nearly impossible to** leave office on time even next week.

5   **It'd be nearly impossible to** call off the board resolutions.

1 이제 와서 숫자를 뒤집는 것은 거의 불가능해보이는데요
2 컨퍼런스 콜을 미루는 것은 거의 불가능해보이는데요
3 추가로 보고서 업데이트하는 것은 거의 불가능해보이는데요
4 다음 주에도 정시퇴근은 거의 불가능해보이는데요
5 이사회의 결의사항을 철회하는 것은 거의 불가능해보이는데요

실전대화   한국어 부분을 영어로 바꿔 말해보세요.

1   A   Could we postpone the call with the LA Office? The meeting material isn't ready yet.

     B   Invitations were sent out 2 weeks ago and the schedule was confirmed this morning. 컨퍼런스 콜을 미루는 것은 거의 불가능해보이는데요.

2   A   I found a rounding difference on footnote No. 11.

     B   Let's just leave it. It doesn't look material. 이제 와서 숫자를 뒤집는 것은 거의 불가능해보이는데요. The financials are already disclosed.

A LA 사무소와의 전화를 미룰 수 있을까요? 회의 자료가 아직 준비가 안돼서요.
B 초대장은 2주 전에 발송이 되었고, 오늘 오전 일정이 확정되었습니다. It'd be nearly impossible to put off the conference call.

A 주석 11번에 단수차이가 있는데요
B 그냥 두는 것으로 하시죠. 중요해 보이지 않군요. It'd be nearly impossible to change the numbers by now. 재무제표 이미 공시됐어요.

---

extras

영어전달력

● **postpone (formal) / put off (informal)** 연기하다

어떤 일정을 연기한다고 할 때 postpone을 쓰면 좀더 공적인 느낌을 준다. 같은 의미지만 비격식적인 상황에서는 일반적으로 put off를 써서 말하는데, 업무와 관련된 일이 미뤄진 경우라도 동료들끼리하는 대화에서 '회의가 또 연기됐네.'라고 말한다면 put off를 쓰는 것이 좀더 자연스럽다. 다음 예문에서 확인하자.

The meeting was postponed to Friday. 회의가 금요일로 연기됐네요
She put off the date again. 그녀가 데이트를 또 미뤘네요

~ is just too hard to deal with.

~는 골칫덩이예요.

업무를 하면서 일 혹은 사람 때문에 머리가 지끈거리는 경험이 없는 사람이 있을까. 가까운 사람에게 하소연할 때 말할 수 있는 표현이다.

코어패턴 필요한 말을 넣어 패턴을 연습하세요.

1 The new program **is just too hard to deal with.**

2 The new software **is just too hard to deal with.**

3 This year's tax adjustments **are just too hard to deal with.**

4 The new hire who joined us last week **is just too hard to deal with.**

5 The people of ABC Corp. **are just too hard to deal with.**

1 새 프로그램은 골칫덩이예요.
2 이번에 교체한 소프트웨어는 골칫덩이예요.
3 올해 세무조정은 골칫덩이예요.
4 지난주 입사한 신입직원은 골칫덩이예요.
5 ABC사 사람들은 골칫덩이예요.

실전대화 한국어 부분을 영어로 바꿔 말해보세요.

1 A Could you have the data pulled out from the system?

   B Sure, but please allow me some time. 이번에 교체한 소프트웨어가 골칫덩이예요.

2 A Oh my Goodness, Dondalla 회사 사람들은 골칫덩이예요.

   B What's the matter?

   A They always ask too much of a discount and look for free gifts.

A 시스템에서 자료 뽑아주실 수 있어요?
B 물론이죠. 하지만 시간을 좀 주세요. The new software is just too hard to deal with.

A 맙소사. The people of Dondalla Company are just too hard to deal with.
B 무슨 일인데요?
A 항상 과도한 할인을 요구하고 공짜 선물을 기대해요.

pattern 063

~ is not my job.

~는 제 일이 아니에요.

주위에서 부탁하는 일을 다 떠안으면 회사에서 인정을 받을 순 있겠지만, 일에 파묻혀 건강을 포함한 소중한 것들을 잃을 수 있다. 경우에 따라서는 일을 적절하게 거절해보자.

코어패턴 필요한 말을 넣어 패턴을 연습하세요.

1 That **is not my job.**

2 Posting journal entries **is not my job.**

3 Budget planning **is not my job.**

4 Customer credit analysis **is not my job.**

5 Babysitting your teammates **is not my job.**

1 그것은 제 일이 아니에요
2 분개 입력은 제 일이 아니에요.
3 예산 계획 수립은 제 일이 아니에요
4 고객 신용 분석은 제 일이 아니에요
5 당신 팀원들 뒤치다꺼리하는 것은 제 일이 아니에요

실전대화 한국어 부분을 영어로 바꿔 말해보세요.

1 A Journal entry No. 27 should be corrected. The debit account needs to be changed to office equipment.

　 B 분개 입력은 제 일이 아니에요. I think you'd better talk to Jennifer on this.

A 분개 27번은 수정되어야 합니다. 차변 계정이 사무용 비품으로 바뀌어야 하네요.
B Posting journal entries is not my job. Jennifer랑 얘기 나누시는 게 좋겠네요.

2 A Paul comes in to our office every hour with some stupid questions. 당신 팀원을 뒤치다꺼리 하는 것은 제 일이 아니에요.

　 B Oh, sorry about that. I'll let him know and make sure it won't happen again.

A Paul이 매시간 우리 사무실에 와서 멍청한 질문을 해대고 있어요. Babysitting your teammate is not my job.
B 죄송합니다. 얘기해서 재발하지 않도록 하겠습니다.

---

extras

영어전달력

● **유사표현**
어떤 일이 내 일이 아니라고 말하는 표현은 다양하게 할 수 있다. 가장 쉽게는 ~ is not my job이라고 명확하게 말하면 되지만, 어떤 일에 책임 유무를 따지거나 내 담당이 아니라고 명확하게 말하고 싶을 때는, I'm not responsible for ~ 또는 I'm not the person working on ~을 써서 말하자.

● **plan** 계획 / **planning** 계획 수립과정
plan은 계획 그 자체, planning은 계획을 세우는 과정을 뜻한다. 따라서 예산 계획 수립을 budget planning establishment라고 하지 않고 budget planning이라고 한다.

● **babysit**
아이를 돌보다. 비즈니스 영어에서는 '누군가의 뒤치다꺼리를 하다'는 뜻의 은어로 쓰인다.

pattern 064

It was the ~ decision.
이는 ~가 내린 결정입니다.

어떤 사안이 본인이 아닌 다른 사람에 의해 이루어진 결정일 때 쓸 수 있는 패턴이다.

코어패턴 필요한 말을 넣어 패턴을 연습하세요.

1 **It was the** team leader's **decision.**

2 **It was the** department head's **decision.**

3 **It was the** president's **decision.**

4 **It was the** top management's **decision.**

5 **It was the** government's **decision.**

6 **It was the** majority **decision.**

1 이는 팀장님이 내린 결정입니다.
2 이는 부서장님이 내린 결정입니다.
3 이는 사장님이 내린 결정입니다.
4 이는 최고 경영진이 내린 결정입니다.
5 이는 정부가 내린 결정입니다.
6 이는 다수결로 내린 결정입니다.

실전대화 한국어 부분을 영어로 바꿔 말해보세요.

1 A Why is it that I have to take this training? I was not on the list in the first place.

B 이는 부서장님이 내린 결정입니다. Please complete the training within the time limit.

A 이 교육을 제가 왜 들어야 되나요? 애초에 저는 명단에 없었는데요.
B It was the department head's decision. 기한 내 교육을 수료해주세요.

2 A Could you tell me why I didn't make it to the final round of the interview?

B I have no idea, but one thing is for sure. 이는 심사위원들이 다수결로 내린 결정입니다.

A 면접 마지막 단계 직전에 제가 왜 떨어졌는지 알려주실 수 있을까요?
B 저도 모르겠습니다. 다만, 한 가지는 분명해요. It was the majority decision of the judges.

---

extras

영어전달력 ● 결정 관련 표현

'다수결로 결정하다'는 decide by majority라고 한다. 결정이 누구에 의해 내려졌는지 모르고, 결정한 사항을 전달해야 할 때는 Decisions have already been made.(이미 결정된 거예요.)라고 말하자.

pattern 065

Are you sure you really need ~?

~가 꼭 필요하신 건가요?

타 부서로부터 자료 제출을 요청받았는데 지나치게 많은 자료를 요구한다고 생각되는 경우가 있다. 꼭 필요한 자료인지를 상대방에게 재차 확인하는 질문이다.

코어패턴 필요한 말을 넣어 패턴을 연습하세요.

1 **Are you sure you really need** it?

2 **Are you sure you really need** the whole list?

3 **Are you sure you really need** that information?

4 **Are you sure you really need** the daily sales breakdown?

5 **Are you sure you really need** the individual payroll ledger?

1 이거 꼭 필요하신 건가요?
2 전체 리스트 꼭 필요하신 건가요?
3 그 자료 꼭 필요하신 건가요?
4 일별 매출 상세 꼭 필요하신 건가요?
5 개인별 급여 대장 꼭 필요하신 건가요?

실전대화 한국어 부분을 영어로 바꿔 말해보세요.

1 A Could you send me the file?

  B 이거 꼭 필요하신 건가요?

2 A Hi, this is John. I'm calling about the ledger I mentioned yesterday.

  B 개인별 급여 대장 꼭 필요하신 건가요? It's classified information.

A 파일 보내주실 수 있어요?
B Are you sure you really need it?

A 여보세요. John인데요. 어제 말씀드린 원장 관련 전화드렸습니다.
B Are you sure you really need the individual payroll ledger? 이것은 기밀정보예요.

---

extras

영어전달력
● **Are you sure ~?** 꼭 ~한가요?
Pattern 065는 공손한 표현과는 조금 거리가 있다. '나 약간 짜증나려고 하거든?' 같은 뉘앙스를 주고자 할 때 쓸 수 있는 표현이다.

pattern
066

~ is not deductible.

~는 비용인정을 못 받아요.

회사 내규상 비용인정을 해줄 수 없는 경우다.

코어패턴   필요한 말을 넣어 패턴을 연습하세요.

1   This **is not deductible.**

2   Golf club fees **are not deductible.**

3   Business gifts over 30,000 won **are not deductible.**

4   Documents with missing receipts **are not deductible.**

5   Meal expenses during the weekend **are not deductible.**

1 이것은 비용인정을 못 받아요.
2 골프클럽피는 비용인정을 못 받아요.
3 3만원 초과하는 거래처 선물은
  비용인정을 못 받아요.
4 영수증이 없는 전표는 비용인정을 못
  받아요.
5 주말 식대는 비용인정을 못 받아요.

실전대화   한국어 부분을 영어로 바꿔 말해보세요.

1   A   A proper receipt is missing on your voucher.
이것은 비용인정을 못 받아요.

    B   I'll prepare another one with the right receipt on it.
Thanks.

2   A   It looks like you were in a restaurant on Sunday.
I'm afraid 주말 식대는 비용인정을 못 받아요.

    B   What do you mean? They used to be deductible until
last month!

    A   The policy has changed.

A 제출하신 전표상 제대로 된 영수증이
  없네요. This is not deductible.
B 제대로 된 영수증 첨부해서 다시
  제출하겠습니다. 감사합니다.

A 일요일에 식사를 하신 것 같은데요.
  유감이지만 meal expenses during
  the weekend are not deductible.
B 무슨 말씀이신가요? 지난달까지는
  비용인정이 됐는데요.
A 정책이 바뀌었습니다.

This should be the job of ~, not mine.

이건 제가 아니라 ~가 해야 할 일이죠.

실무에서 역할과 책임을 정하는 회의(R&R 회의: Roles & Responsibility)에서 흔히 쓰는 표현이다. 과도한 업무를 떠안게 되는 상황을 방지할 때 자주 쓴다.

코어패턴 필요한 말을 넣어 패턴을 연습하세요.

1 **This should be the job of** someone else, **not mine.**

2 **This should be the job of** the agent, **not mine.**

3 **This should be the job of** the subcontractor, **not mine.**

4 **This should be the job of** the Strategic Planning Team, **not mine.**

5 **This should be the job of** the Cost Management Division, **not mine.**

1 이건 제가 아니라 다른 사람이 해야 할 일이죠.
2 이건 제가 아니라 대행사가 해야 할 일이죠.
3 이건 제가 아니라 하청업자가 해야 할 일이죠.
4 이건 제가 아니라 전략기획팀이 해야 할 일이죠.
5 이건 제가 아니라 원가 관리부서가 해야 할 일이죠.

실전대화 한국어 부분을 영어로 바꿔 말해보세요.

1 A Could you have a new file ready by Wednesday?
   B What do you mean? 이건 제가 아니라 대행사가 해야 할 일이죠.

2 A This is a new project plan and I want you to take the lead.
   B Well, 이건 제가 아니라 다른 사람이 해야 할 일이죠. You surely know how much work I'm doing these days.

1 A 수요일까지 새 파일 준비해주실 수 있나요?
  B 무슨 말씀이세요? This should be the job of the agent, not mine.
2 A 신규 프로젝트 계획인데요. 책임자 역할을 맡아주셨으면 합니다.
  B 글쎄요. This should be the job of someone else, not mine. 제가 요즘 얼마만큼 일하고 있는지 분명히 아시잖아요.

---

extras

영어전달력
● **agent** 대행사 / **developer** 시행사 / **constructor** 시공사

● **not ours** 저희가 아니라요
떠넘겨질 것 같은 일을 소속된 팀을 대변해서 막아야 하는 상황이라면 다음과 같이 말해보자.
This should be the job of another team, not ours. 이건 저희가 아니라 다른 팀이 해야 할 일이죠

pattern
068

Who's responsible for ~?

~에 대한 책임은 누가 지나요?

업무를 착수하고 진행할 때 그 책임 주체가 누구인지를 정하는 것은 매우 중요하다. 이를 명확히 하는 질문이다.

코어패턴 필요한 말을 넣어 패턴을 연습하세요.

1 **Who's responsible for** the project management?

2 **Who's responsible for** excessive costs?

3 **Who's responsible for** the delay in schedule?

4 **Who's responsible for** the failure of the contract?

5 **Who's responsible for** defectives above standard?

1 프로젝트 총괄에 대한 책임은 누가 지나요?
2 과도한 원가에 대한 책임은 누가 지나요?
3 일정 지연에 대한 책임은 누가 지나요?
4 계약 실패에 대한 책임은 누가 지나요?
5 기준 이상의 불량품에 대한 책임은 누가 지나요?

실전대화 한국어 부분을 영어로 바꿔 말해보세요.

1 A 프로젝트 총괄에 대한 책임은 누가 지나요?
   B Edward is the PM. He recently got promoted and is fired up for the new role.

A Who's responsible for the project management?
B 책임자는 Edward입니다. 최근 승진했고요. 새로운 역할에 대해 열정을 불태우고 있어요.

2 A 과도한 원가에 대한 책임은 누가 지나요?
   B The Cost Management Team, obviously. But, the Finance Team is also held accountable if costs go over 20% than what was planned.

A Who's responsible for excessive costs?
B 당연히 원가관리팀이죠. 그러나 계획된 것보다 원가가 20%를 초과하는 경우 재무팀에도 책임이 있습니다.

---

extras

영어전달력 ● **responsible / accountable** 책임이 있는, 설명할 의무가 있는

responsible은 일이 잘못되더라도 설명할 의무까지 부담하지 않지만, accountable은 설명할 의무는 있지만 책임의 소지는 분명하지 않다. 사전적 의미는 이렇게 다르지만, 실무에서는 책임을 지는 사람이 설명도 해야 하고 설명을 해야 하는 사람이 책임자인 경우가 일반적이므로 사실상 둘을 혼용할 수 있다. 단, 엄밀한 차이는 존재하므로 의미 전달을 명확히 해야 할 경우를 위해 알아두자.

pattern
069

I have no authority to ~.

저는 ~할 권한이 없어요.

특정한 사안이나 이슈에 대해 본인이 해결할 수 있는 권한이 없다고 말하는 표현이다.

코어패턴 필요한 말을 넣어 패턴을 연습하세요.

1 **I have no authority to** make a decision.

2 **I have no authority to** approve this journal entry.

3 **I have no authority to** sign the contract.

4 **I have no authority to** log in as an administrator.

5 **I have no authority to** access the screen you're talking about.

1 저는 결정할 권한이 없어요
2 저는 이 분개를 승인할 권한이 없어요.
3 저는 계약서에 서명할 권한이 없어요.
4 저는 관리자로 접속할 권한이 없어요.
5 저는 말씀하시는 화면을 조회할 권한이 없어요

실전대화 한국어 부분을 영어로 바꿔 말해보세요.

1 A Could you mark today's journal entries as 'acknowledged'?

   B Sorry. 저는 분개를 승인할 권한이 없어요. Talk to Peter.

2 A I think this number should be changed to 90. It will make a better representation of the financial status of the company.

   B 저는 결정할 권한이 없어요. Let's discuss it once Manager Choi is here with us.

A 오늘 분개들에 대해 '승인'으로 표시해주실 수 있어요?
B 미안합니다. I have no authority to approve journal entries. Peter한테 얘기하세요.

A 이 숫자가 90으로 바뀌는 것이 좋을 것 같아요. 그렇게 되면 회사 재무 상태가 보다 잘 나타날 것 같아요.
B I have no authority to make a decision. 최 매니저님 오시면 다시 얘기하시죠.

---

extras

영어전달력 ● decide / make a decision 결정하다

의미상의 차이는 없지만, 어감상의 차이가 있다. decide는 비교적 약한 느낌이고 make a decision은 보다 강한 어조로 들린다.

Please decide. 결정해주세요

Please make a decision. 결정을 내려주세요

pattern
070

Is it okay if I first work on ~, and then help you?

먼저 ~ 좀 하고 도와드려도 괜찮을까요?

급한 업무 중인데 누군가가 다른 일로 도와달라고 부탁하는 경우가 있다. 이때 단칼에 거절하는 것보다 일단 지금 하고 있는 일을 우선적으로 하고, 그 이후에 도와도 괜찮은지 묻는 표현이다.

코어패턴   필요한 말을 넣어 패턴을 연습하세요.

1   **Is it okay if I first work on** this, **and then help you?**

2   **Is it okay if I first work on** my part, **and then help you?**

3   **Is it okay if I first work on** closing entries, **and then help you?**

4   **Is it okay if I first work on** the valuation results, **and then help you?**

5   **Is it okay if I first work on** what the team chief told me to do, **and then help you?**

1 먼저 이것 좀 하고 도와드려도 괜찮을까요?
2 먼저 제가 맡은 부분 좀 하고 도와드려도 괜찮을까요?
3 먼저 마감 분개 좀 하고 도와드려도 괜찮을까요?
4 먼저 밸류에이션 결과치 좀 하고 도와드려도 괜찮을까요?
5 먼저 팀장님께서 부탁하신 일 좀 하고 도와드려도 괜찮을까요?

실전대화   한국어 부분을 영어로 바꿔 말해보세요.

1   A Could you give me a hand? I'm not too good with printers.

     B 먼저 이것 좀 하고 도와드려도 괜찮을까요?

A 저 좀 도와주실 수 있어요? 프린터 다루는데 제가 익숙하질 않아서요.
B Is it okay if I first work on this, and then help you?

2   A This is a quotation sent by one of our vendors. Could you go over it and see if the prices are reasonable?

     B 먼저 숫자 마감 좀 하고 도와드려도 괜찮을까요?

A 벤더사 중 한 곳으로부터 온 견적서인데요. 검토하고 가격이 적정한지 확인해주시겠어요?
B Is it okay if I first work on finalizing numbers, and then help you?

---

extras

업무상식   ● **journal entry** 분개
journal entries의 대표적인 4가지 유형은 Basic(기본분개), Reversing(역분개), Recurring(결산분개), Mass allocation(배분분개)이다.

pattern 071

Shall I begin with ~?

~부터 시작하면 될까요?

처리할 일이 여러 가지일 때는 가장 급하거나 중요한 일을 먼저 해야 한다. 업무의 우선순위를 상사나 동료에게 확인할 때 쓰는 패턴이다.

코어패턴   필요한 말을 넣어 패턴을 연습하세요.

1   **Shall I begin with** the file attached?

2   **Shall I begin with** the AR details?

3   **Shall I begin with** the daily cash balance?

4   **Shall I begin with** putting documents in?

5   **Shall I begin with** finding the voucher binder?

1 첨부파일부터 시작하면 될까요?
2 매출채권 명세서부터 시작하면 될까요?
3 일일현금수지표부터 시작하면 될까요?
4 전표 입력부터 시작하면 될까요?
5 증빙철 찾는 것부터 시작하면 될까요?

실전대화   한국어 부분을 영어로 바꿔 말해보세요.

1   A We have lots to do today. Please open up the email that I just sent you.

　　B Okay. 첨부파일부터 시작하면 될까요?

2   A What do you want me to do? 전표 입력부터 시작하면 될까요?

　　B Please download all the transaction data before you start with the documents.

A 오늘 해야 할 일이 많아요. 방금 보내드린 이메일 열어보세요.
B 네. Shall I begin with the file attached?

A 무슨 일 하면 될까요? Shall I begin with putting documents in?
B 전표 작업 시작하기 전에 모든 거래 데이터 다운받아 주세요.

pattern 072

I think ~ is the person for this job.
이 일에는 ~가 딱이에요.

특정 업무를 수행할 적임자를 정하거나 추천할 때 쓰는 패턴이다.

코어패턴 필요한 말을 넣어 패턴을 연습하세요

1 **I think** Sook-Jin **is the person for this job.**

2 **I think** James **is the person for this job.**

3 **I think** a new hire **is the person for this job.**

4 **I think** Mr. Kim at the agency **is the person for this job.**

5 **I think** Manager Song at the Planning Team **is the person for this job.**

1 이 일에는 숙진씨가 딱이에요
2 이 일에는 James가 딱이에요
3 이 일에는 신입사원이 딱이에요
4 이 일에는 대행사의 김과장이 딱이에요
5 이 일에는 기획팀의 송과장님이 딱이에요

실전대화 한국어 부분을 영어로 바꿔 말해보세요.

1 A Who's going to work on the company history?

   B That's a simple task. 이 일에는 신입사원이 딱이에요.

2 A Can you help me computing the accrual rate of this construction?

   B Could you reach out to Caroline? 이 일에는 Caroline이 딱이에요.

A 회사 연혁은 누가 맡는 것이 좋을까요?
B 그것은 단순한 작업이에요. I think a new hire is the person for this job.

A 이 공사 진행률 산정하는 것 도와주실 수 있어요?
B Caroline한테 연락해보시겠어요? I think Caroline is the person for this job.

pattern 073

~ is the expert on ....
~가 …의 전문가입니다.

파생상품, 영업권, 비상장주식과 같은 분야에 대해서는 전문가의 도움이 필요한 경우가 많다. 이때 어떤 사람이 그 분야의 전문가라고 말하는 표현이다.

코어패턴   필요한 말을 넣어 패턴을 연습하세요.

1   Sooyeon **is the expert on** derivatives.

2   TK **is the expert on** securities industry.

3   Minjae **is the expert on** valuation of non-listed stocks.

4   Katherine **is the expert on** year-end tax adjustments.

5   Yeji **is the expert on** transfer pricing adjustments.

> 1 수연씨가 파생상품의 전문가입니다.
> 2 TK씨가 증권업의 전문가입니다.
> 3 민재씨가 비상장주식 평가의 전문가입니다.
> 4 Katherine이 연말정산의 전문가입니다.
> 5 예지씨가 이전가격 조정의 전문가입니다.

실전대화   한국어 부분을 영어로 바꿔 말해보세요.

1   A   Is there anyone you can refer me to on this issue?
     B   Call Sooyeon at the Structured Finance Team. 수연씨가 파생상품의 전문가입니다.

2   A   I wonder whether the expenses paid for the company car is deductible.
     B   제가 듣기로는 Katherine이 연말정산의 전문가입니다. You want her number?

> A 이 이슈 관련 소개해주실 만한 분 있을까요?
> B 구조화 재무팀의 수연씨한테 전화해보세요. Sooyeon is the expert on derivatives.

> A 회사 차량에 지출된 비용이 공제 가능한지 궁금합니다.
> B I heard that Katherine is the expert on year-end tax adjustments. 번호 드릴까요?

---

extras

영어전달력   ● 전문가

전문가는 expert와 specialist라고 쓸 수 있다. expert는 어떤 분야에 정통한(excelled) 사람을 뜻하고 specialist는 어떤 분야를 전공한(specialized) 사람을 말한다. 실무에서는 큰 차이가 없지만, 사전적 의미 차이는 알아두자.

pattern 074

I was wondering if you could come up with ~.

~를 뽑아주실 수 있을까 해서요.

업무 대화에서 '뭐 좀 뽑아주세요.'라는 말을 많이 한다. 상대방에게 자료 등을 산출해달라고 부탁하는 완곡한 표현이다.

코어패턴 필요한 말을 넣어 패턴을 연습하세요.

1 **I was wondering if you could come up with** a quotation.

2 **I was wondering if you could come up with** a rough estimate.

3 **I was wondering if you could come up with** today's sales report.

4 **I was wondering if you could come up with** footnote no.5 of the financials.

5 **I was wondering if you could come up with** the allocation details on development costs.

1 주문 견적을 뽑아주실 수 있을까 해서요
2 대략적인 추정치를 뽑아주실 수 있을까 해서요
3 오늘 자 판매현황을 뽑아주실 수 있을까 해서요
4 재무제표 주석 5번을 뽑아주실 수 있을까 해서요
5 개발비 배분내역을 뽑아주실 수 있을까 해서요

실전대화 한국어 부분을 영어로 바꿔 말해보세요.

1 A Hi Michelle, how are you? 판매금액의 대략적인 추정치를 뽑아주실 수 있을까 해서요.

   B No problem. I'll be able to send you the file before I leave today.

2 A What are you working on at the moment? 그나저나 재무제표 주석 18번을 뽑아주실 수 있을까 해서요.

   B Oh, my bad. I totally forgot! Will get back to you with it this morning.

1 A Michelle 안녕하세요? I was wondering if you could come up with a rough estimate of the sales price.
B 그럼요. 오늘 퇴근 전까지 파일을 보내드릴 수 있을 것 같아요.

2 A 지금 무슨 일 하고 계세요? By the way, I was wondering if you could come up with footnote no. 18 of the financials.
B 이를 어째. 깜빡하고 있었네요. 오전 중으로 작성해서 다시 말씀드릴게요.

pattern 075

Could you take over (from) ~?
~를 맡아줄 수 있나요?

동료나 상사의 휴가 또는 퇴사로 인해 누군가가 업무 대리를 해야 하는 상황이 많다. take over+sth(업무를 맡다) 그리고 take over from+sb(누구를 대신해서 업무를 맡다) 형식으로 기억하자.

코어패턴 필요한 말을 넣어 패턴을 연습하세요.

1 **Could you take over** the project?

2 **Could you take over** chapter 3?

3 **Could you take over from** Ji-eun?

4 **Could you take over from** Mr. Nagari during his vacation?

5 **Could you take over from** your immediate boss as he'll be leaving soon?

1 프로젝트를 맡아줄 수 있나요?
2 3장을 맡아줄 수 있으세요?
3 지은씨의 일을 맡아줄 수 있나요?
4 Nagari씨의 휴가 때 그의 일을 맡아줄 수 있나요?
5 당신 직속 상사가 곧 퇴사할 텐데 그의 일을 맡아줄 수 있나요?

실전대화 한국어 부분을 영어로 바꿔 말해보세요.

1 A You are obviously more experienced in handling excel pivot tables than I am. 3장을 맡아줄 수 있나요? I'll work on chapter 4, instead.
   B Yeah, good idea. Guess that will save us some time.

A 엑셀 피벗 테이블을 다루는 데 있어서 분명 저보다 경험이 많으시군요. Could you take over chapter 3? 대신 제가 4장 작업을 할게요.
B 네 좋은 생각이네요. 그렇게 하면 시간 단축을 할 수 있을 것 같네요.

2 A I guess you already heard that Chulsoo is leaving.
   B Right. He just couldn't get bothered with all the amount of hard work.
   A With that being said, 철수씨가 퇴사하면 그의 일을 맡아줄 수 있나요?

A 철수씨 퇴사한다는 소식 이미 들으셨을 거예요.
B 네 힘든 일이 많아서 견디기 힘들어했던 것 같아요.
A 그래서 드리는 말씀인데요. Could you take over from Chulsoo when he quits?

---

extras

영어전달력 ● 이직하다

'이직하다'는 '직장을 옮기거나 바꾸다'라는 의미이기 때문에 move to another job이나 change jobs라고 생각하기 쉬운데, 의미는 통하지만 영어식 표현은 아니다. He left.나 He quit. 혹은 He resigned.라고 하는 것이 자연스럽다.

Why don't we refer this matter to ~?

이 일을 ~에 의뢰하는 것이 어떨까요?

업무의 성격에 따라 타 부서나 외부기관에 일을 의뢰해야 하는 경우에 쓰는 표현이다.

코어패턴 필요한 말을 넣어 패턴을 연습하세요.

1 **Why don't we refer this matter to** the Tax Division?

2 **Why don't we refer this matter to** the Legal Team?

3 **Why don't we refer this matter to** our accounting advisors?

4 **Why don't we refer this matter to** the IT Department?

5 **Why don't we refer this matter to** the holding company?

1 이 일을 세무과에 의뢰하는 것이 어떨까요?

2 이 일을 법무팀에 의뢰하는 것이 어떨까요?

3 이 일을 저희 회계 자문인에 의뢰하는 것이 어떨까요?

4 이 일을 IT부서에 의뢰하는 것이 어떨까요?

5 이 일을 지주회사에 의뢰하는 것이 어떨까요?

실전대화 한국어 부분을 영어로 바꿔 말해보세요.

1 A Does anyone know what this corporate tax receivable is about? We might have to claim a refund.

B I don't have a clue. 이 일을 세무과에 의뢰하는 것이 어떨까요?

2 A Even though some of the expenses could be expensed with their original accounts, they are initially recorded as provisional payments and reclassified. Could this be an issue in accounting?

B 이 일은 저희 회계 자문인에 의뢰하는 것이 어떨까요?

A 이 미수법인세 내용이 무엇인지 아시는 분 있어요? 경정청구를 해야 할 수도 있겠네요.

B 전혀 감이 안 오는데요. Why don't we refer this matter to the Tax Division?

A 본계정으로 바로 처리 가능함에도 불구하고 일부 비용이 최초로 가지급금으로 처리되어 대체되고 있습니다. 회계상 문제가 없을까요?

B Why don't we refer this matter to our accounting advisors?

---

extras

영어전달력 ● refer to

'참조하다'로 해석하는 경우가 많은데, 영영사전의 풀이를 찾아보면 refer A to B는 'A를 B에게 도움 얻으러 보내다(send).'이다. refer this matter는 this matter를 보내는(send) 것으로 생각하면 쉽다.
refer를 send 개념으로 이해해보자.

James referred me to you. = James가 나를 당신에게 보냈어요. = James의 소개로 연락드렸어요.

Did James refer you to me? = James가 당신을 나에게 보냈나요? = James의 소개로 연락하신 건가요?

pattern 077

How long will it take you (to) ~?
~하는 데 얼마나 걸리세요?

업무가 완료되기까지 소요되는 시간을 물을 때 쓰는 표현이다.

코어패턴 필요한 말을 넣어 패턴을 연습하세요.

1 **How long will it take you**?

2 **How long will it take you to** get this done?

3 **How long will it take you to** get to the bank?

4 **How long will it take you to** key in all the numbers?

5 **How long will it take you to** calculate the penalties?

1 얼마나 걸리세요?
2 이거 끝내는 데 얼마나 걸리세요?
3 은행 가는 데 얼마나 걸리세요?
4 숫자 전부 입력하는 데 얼마나 걸리세요?
5 가산세 계산하는 데 얼마나 걸리세요?

실전대화 한국어 부분을 영어로 바꿔 말해보세요.

1 A 가산세 계산하는 데 얼마나 걸리세요? The CFO is in a very bad mood about this and there should be no mistakes this time.

B I'm nearly finished. Let me double check and make sure there is nothing wrong with it this time.

A How long will it take you to calculate the penalties? 재무이사님이 이 건에 대해 매우 심기가 불편한 상태예요. 이번에는 실수가 없어야 합니다.
B 거의 다 했습니다. 다시 확인하고 이번에는 실수가 없도록 하겠습니다.

2 A Oops. The security card is somehow missing. Could you go to the bank down the street and get a new one?

B Sure.

A 거기까지 가는 데 얼마나 걸리세요?

A 앗, 보안카드가 왠지 안 보이네요. 길 아래 은행에 가서 새것으로 받아올 수 있나요?
B 네 알겠습니다.
A How long will it take you to get there?

---

extras

영어전달력 • nearly(목표 관련) / almost(목표 혹은 개념 관련)

nearly와 almost는 비슷한 의미로 쓸 수 있지만, 반드시 almost를 써야 하는 경우가 있다. 다음 문장을 보자. 첫 번째 문장은 목적지(there)라는 목표를, 두 번째 문장은 5시라는 목표를 말하고 있기 때문에 nearly와 almost 둘 다 쓸 수 있다. 하지만 세 번째 문장은 개념에 관련된 의미이므로 almost만 쓸 수 있다.

We're nearly/almost there. 저희 거의 다 왔어요.

It's nearly/almost 5 o'clock. 거의 5시예요.

He is almost like a brother to me. 그는 나와 거의 형제나 다름없어요.

pattern 078

I think it'd be good for ~ to ....

~가 …하는 것이 좋을 것 같아요.

어떤 사람이 특정 업무에 적합하다고 추천하는 의견을 나타내는 표현이다.

코어패턴 필요한 말을 넣어 패턴을 연습하세요.

1 **I think it'd be good for** me **to** work on it.

2 **I think it'd be good for** Claire **to** do the editing.

3 **I think it'd be good for** Rafael **to** go on a business trip.

4 **I think it'd be good for** Sun-mi **to** take the lead.

5 **I think it'd be good for** someone from the Legal Team **to** work on no.3.

1 제가 이것을 하는 것이 좋을 것 같아요.
2 Claire가 편집일을 하는 것이 좋을 것 같아요.
3 Rafael이 출장 가는 것이 좋을 것 같아요.
4 선미씨가 주도적 역할을 하는 것이 좋을 것 같아요.
5 법무팀의 누군가가 3번을 맡는 것이 좋을 것 같아요.

실전대화 한국어 부분을 영어로 바꿔 말해보세요.

1 A How are you going to finish off the monthly report? We are a day behind schedule.

 B Claire가 편집일을 하는 것이 좋을 것 같아요. Let me do the review.

2 A Any ideas on how to bring this project to the next level?

 B As item no.3 is all about legal liabilities, 법무팀의 누군가가 3번을 맡는 것이 좋은 것 같아요.

1 A 월간보고서 어떻게 마무리하실 예정인가요? 지금 일정보다 하루 늦은 상황이에요.
 B I think it'd be good for Claire to do the editing. 제가 검토할게요.

2 A 이 프로젝트를 다음 단계로 끌고 가기 위한 좋은 생각 있으신지요?
 B 3번 항목이 법적 채무에 관한 내용이므로, I think it'd be good for someone from the Legal Team to work on no.3.

---

extras

영어전달력 ● **take the lead** 주도하다

코어패턴 4번 문장은 업무 배분을 하면서 리더역할을 정할 때도 요긴하게 쓸 수 있는 패턴이다. 비슷한 표현으로 take the reins(말을 조종할 때처럼 고삐를 잡다)도 있다.

pattern 079

Could you make a call and ask ~?

전화해서 ~를 요청해주시겠어요?

업무를 진행하다보면 타 부서나 기관에 전화로 무언가를 요청해야 하는 일이 빈번하게 생긴다. 이 일을 다른 사람에게 부탁할 때 쓰는 패턴이다.

코어패턴 필요한 말을 넣어 패턴을 연습하세요

1 **Could you make a call and ask** for help?

2 **Could you make a call and ask** for a reply?

3 **Could you make a call and ask** for the payment?

4 **Could you make a call and ask** for a copy of the bankbook?

5 **Could you make a call and ask** to have the document approved?

6 **Could you make a call and ask** to have the voucher submitted?

7 **Could you make a call and ask** for an amended tax return?

1 전화해서 도움 요청해주시겠어요?
2 전화해서 답장 요청해주시겠어요?
3 전화해서 대금 지급 요청해주시겠어요?
4 전화해서 통장 복사본 요청해주시겠어요?
5 전화해서 문서 승인 요청해주시겠어요?
6 전화해서 전표 제출 요청해주시겠어요?
7 전화해서 세금 수정신고 요청해주시겠어요?

실전대화 한국어 부분을 영어로 바꿔 말해보세요

1 A Any response from Company Nangbi yet?

　B No. Guess they haven't read the email yet.

　A 전화해서 메일 답장 요청해주시겠어요?

A Nangbi사로부터 답장이 있었나요?
B 아뇨. 아직 이메일을 안 읽은 것 같아요.
A Could you make a call and ask for a reply?

2 A I can see that there are some credit card usages by the Marketing Team on the system, but their vouchers haven't been prepared yet.

　B Oh really? 전화해서 전표 제출 요청해주시겠어요? We only have 2 days before closing.

A 마케팅팀의 신용카드 사용내역이 시스템에 올라와 있는데요. 전표 제출은 아직 안된 상태입니다.
B 아 그런가요? Could you make a call and ask to have the vouchers submitted? 마감까지 이틀밖에 안 남았네요.

pattern 080

Send an email to ~ and cc ....

~한테 이메일 보내고, …를 참조로 넣어주세요.

업무 논의를 마무리하면서 누구한테 이메일 보내라는 지시를 할 때 쓰는 표현이다. 관련된 사람들을 참조에 넣는 것도 잊지 말자.

코어패턴 필요한 말을 넣어 패턴을 연습하세요.

1 **Send an email to** Gina **and cc** me.

2 **Send an email to** the customer **and cc** me.

3 **Send an email to** the president **and cc** Mr. Park.

4 **Send an email to** Cindy in HQ **and cc** everyone here.

5 **Send an email to** the Team leader **and cc** our members.

1 Gina한테 이메일 보내고, 저를 참조로 넣어주세요.
2 고객한테 이메일 보내고, 저를 참조로 넣어주세요.
3 사장님한테 이메일 보내고, 박상무님 참조로 넣어주세요.
4 본사 Cindy한테 이메일 보내고, 여기 전원 참조로 넣어주세요.
5 팀장님한테 이메일 보내고, 우리 팀원들 참조로 넣어주세요.

실전대화 한국어 부분을 영어로 바꿔 말해보세요.

1 A I think we're about done today. Shall we carry on on Wednesday?

   B Okay. But first, Chilchil한테 이메일 보내고, 저를 참조로 넣어주세요.

A 오늘은 이만해도 될 것 같은데요. 수요일에 계속할까요?
B 좋습니다. 다만 먼저, send an email to Chilchil and cc me.

2 A This looks very important. I think HQ needs to know about this.

   B You're absolutely right. 본사 Cindy한테 이메일 보내고, 여기 전원 참조로 넣어주세요.

   A Sure thing.

A 이거 매우 중요해보이네요. 본사에서도 이에 대해 알고 있어야 할 것 같아요.
B 전적으로 맞습니다. Send an email to Cindy in HQ and cc everyone here.
A 알겠습니다.

---

extras

영어전달력 ● **CC**(carbon copy) 참조
'카본 카피'라는 용어는 타자기에 카본지를 사용해서 작성한 복사본에서 유래했는데, 최근에는 전혀 사용되지 않는 의미라 굳이 기억할 필요는 없다. 일반적으로 비즈니스 영어에서 'cc 넣어주세요', '참조 넣어주세요'를 cc somebody라고 표현할 수 있으면 된다.

pattern 081

Could you arrange a meeting with ~?

~와 미팅 잡아주시겠어요?

특정한 사람, 부서, 단체 등과 회의 일정을 잡아야 하는 상황이다.

코어패턴 필요한 말을 넣어 패턴을 연습하세요.

1 **Could you arrange a meeting with** Ms. Hwang?

2 **Could you arrange a meeting with** Nallim Construction?

3 **Could you arrange a meeting with** the Tsingtao Office?

4 **Could you arrange a meeting with** Mr. Nagaski and his team?

5 **Could you arrange a meeting with** anyone at Quality Control?

1 황차장님과 미팅 잡아주시겠어요?
2 Nallim건설과 미팅 잡아주시겠어요?
3 칭다오 사무소와 미팅 잡아주시겠어요?
4 나가스키씨 및 그 팀원들과 미팅 잡아주시겠어요?
5 품질관리팀 아무나와 미팅 잡아주시겠어요?

실전대화 한국어 부분을 영어로 바꿔 말해보세요.

1 A The figures from China look like a big mess.
   B 칭다오 사무소와 미팅 잡아주시겠어요? I know they are coming to the city next week.

2 A We just can't continue like this. We're at the end of the road here. 품질관리팀과 미팅 잡아주시겠어요?
   B I'll call Hyun-jung and see when they're available.
   A Good.

A 중국에서 온 수치들 완전히 엉망인데요.
B Could you arrange a meeting with the Tsingtao Office? 다음 주 중에 입국하는 것으로 알고 있어요.

A 이 상태로는 계속할 수가 없습니다. 막다른 길에 왔네요. Could you arrange a meeting with Quality Control?
B 현정씨한테 전화해서 시간 언제 되는지 알아볼게요.
A 네.

pattern
082

I'm afraid the work needs to be done ~.

일을 ~ 해야 할 것 같은데요.

일이 특정한 상태 혹은 정해진 기한 내 등의 상황에서 수행/보완되어야 하는 경우 쓰는 표현이다.

코어패턴 필요한 말을 넣어 패턴을 연습하세요.

1 **I'm afraid the work needs to be done** all over again.

2 **I'm afraid the work needs to be done** from scratch.

3 **I'm afraid the work needs to be done** from scratch.

4 **I'm afraid the work needs to be done** more thoroughly.

5 **I'm afraid the work needs to be done** before you leave today.

1 일을 처음부터 다시 해야 할 것 같은데요.
2 일을 맨땅에 헤딩하면서 해야 할 것 같은데요.
3 일을 전기 자료 없이 해야 할 것 같은데요.
4 일을 더 철저하게 해야 할 것 같은데요.
5 일을 퇴근 전까지 해야 할 것 같은데요.

실전대화 한국어 부분을 영어로 바꿔 말해보세요.

1 A Gosh, what have you been doing? Didn't you know that the standard template completely changed?

   B Did it, really?

   A I'll send you the new template. 일을 처음부터 다시 해야 할 것 같은데요.

2 A Do you have any past data that I may refer to?

   B I'm trying my best to obtain some similar files that may help us. If this doesn't work out, 일을 맨땅에 헤딩하면서 해야 할 것 같은데요.

A 맙소사, 여태껏 무슨 일을 하신 거예요? 표준 양식이 완전히 바뀐 것 모르고 계셨나요?
B 정말인가요?
A 새 양식 보내드릴게요. I'm afraid the work needs to be done all over again.

A 제가 참조할 만한 과거 자료 가지고 계신 것 있습니까?
B 도움이 될 만한 유사 파일을 입수하기 위해 최선을 다하고 있습니다. 입수를 하지 못한다면, I'm afraid the work needs to be done from scratch.

---

extras

영어전달력   ● **from scratch** 바닥부터
scratch는 우리가 흔히 '기스'라고 말하는 '스크래치'다. from scratch는 '긁힌 자국 같은 아주 작은 것에서부터', 즉 '거의 아무것도 없는 상태에서'라는 뜻이 된다. from nothing과 같다고 생각할 수 있지만 이렇게 말하는 원어민은 없다. scratch를 아무 것도 아니라는 nothing의 개념으로 이해만 해두자.

pattern 083

~ should be the top priority.
~가 가장 우선되어야 합니다.

가장 우선적으로, 즉 1순위로 해야 할 일 혹은 가장 중요시해야 할 것을 정하는 데 쓰는 표현이다.

코어패턴 필요한 말을 넣어 패턴을 연습하세요.

1 Sales **should be the top priority.**

2 Understanding the business **should be the top priority.**

3 Explanation on the changes of the financials **should be the top priority.**

4 Negotiations for a reasonable price **should be the top priority.**

5 Assessing the collectibility of AR **should be the top priority.**

1 판매가 가장 우선되어야 합니다.
2 사업을 이해하는 것이 가장 우선되어야 합니다.
3 재무제표의 증감설명이 가장 우선되어야 합니다.
4 합리적 가격을 위한 협상이 가장 우선되어야 합니다.
5 채권의 회수가능성 평가가 가장 우선되어야 합니다.

실전대화 한국어 부분을 영어로 바꿔 말해보세요.

1 A Looks like there's a lot to do. What do you want me to do first?
  B 재무제표의 증감 설명이 가장 우선되어야 합니다.

2 A Could you give us a brief rundown on your company status?
  B Bearing in mind the distinct nature of this business, 사업을 이해하는 것이 가장 우선되어야 합니다.

A 해야 할 것이 많은 것 같은데요. 무엇을 가장 먼저 하면 될까요?
B Explanation on the changes of the financials should be the top priority.

A 회사 현 상황에 대해 간략히 설명해주실 수 있나요?
B 사업의 특수성을 고려했을 때, understanding the business should be the top priority.

---

extras

영어전달력 ● **prior to / before** 사전의, 이전의
prior to는 formal한 느낌이라 before를 쓰는 것이 일반적이다. prior to보다 더 많이 쓰이는 것은 priority로 '가장 앞에 오는', 즉 '최우선시 되는'이라는 뜻이다. priority는 일상에서 쉽게 쓰는 단어로, 노약자 임산부 등을 위한 우대석은 priority seat, 우선 탑승은 priority boarding, 짐에 부치는 우대 꼬리표는 priority tag라고 한다.

pattern
084

Let me know ~.
~하면 연락주세요.

부하직원에게 업무지시를 하고 난 후 적극적인 피드백을 유도하기 위한 표현이다.

코어패턴 필요한 말을 넣어 패턴을 연습하세요.

1 **Let me know**.

2 **Let me know** when you're done.

3 **Let me know** if you need anything else.

4 **Let me know** if it takes you any longer.

5 **Let me know** if you are stuck.

6 **Let me know** by the time the chief is in the office.

1 연락주세요
2 일 끝내시면 연락주세요
3 더 필요한 것 있으면 연락주세요
4 시간이 더 걸리면 연락주세요
5 하다가 모르시겠으면 연락주세요
6 사장님 사무실에 오실 때쯤 연락주세요

실전대화 한국어 부분을 영어로 바꿔 말해보세요.

1 A Is it okay if I let you see it by the day after tomorrow?

   B Yeah, that sounds fine. 시간이 더 걸리면 연락주세요.

2 A Here is the flash drive for you. Everything you are looking
     for will be in it. 더 필요한 것 있으면 연락주세요.

   B Very nice of you. Thanks.

A 내일 모레까지 해서 보여드려도
  괜찮을까요?
B 네. 그 정도면 충분할 것 같습니다.
  Let me know if it takes you any
  longer.
A 여기 USB 가져왔습니다. 보고싶으신
  것들 모두 들어 있을 거예요. Let me
  know if you need anything else.
B 배려해주셔서 감사드립니다.

---

extras

영어전달력

● **flash drive / memory stick** USB
한국에서 흔히 USB라고 부르는 저장장치의 정식명칭은 USB Flash Drive다. 대화할 때는 짧게 flash drive나
memory stick이라고 한다. USB라고만 하면 원어민들은 거의 알아 듣지 못한다.

pattern 085

Let me show you how (to) ~.

(~를) 어떻게 하는지 알려드릴게요.

상대방에게 업무를 어떻게 하는지 직접 보여줄 때 쓰는 표현이다.

코어패턴   필요한 말을 넣어 패턴을 연습하세요.

1   **Let me show you how**.

2   **Let me show you how** this works.

3   **Let me show you how to** upload a file on the DB.

4   **Let me show you how to** recover a deleted file.

5   **Let me show you how to** sign up for this website.

6   **Let me show you how to** prepare a voucher of which amount exceeds 500 dollars.

1   어떻게 하는지 알려드릴게요
2   이것을 어떻게 하는지 알려드릴게요
3   DB상 파일 업로드를 어떻게 하는지 알려드릴게요
4   지워진 파일 복구를 어떻게 하는지 알려드릴게요
5   이 사이트 회원가입을 어떻게 하는지 알려드릴게요
6   500불을 초과하는 전표 작성을 어떻게 하는지 알려드릴게요.

실전대화   한국어 부분을 영어로 바꿔 말해보세요.

1   A   I'm completely new to this database and I'm stuck with uploading my file.

    B   I've been working on this DB for a while. DB상 파일 업로드를 어떻게 하는지 알려드릴게요.

A   이 데이터베이스를 처음 접해보는데요. 제 파일 업로드를 어떻게 할지 모르겠어요.
B   이 데이터베이스에서 작업을 좀 한 적이 있어요. Let me show you how to upload a file on the DB.

2   A   Where can I find real-time market data?

    B   Log on to Bloomberg for it. Well, not a member yet? 회원가입을 어떻게 하는지 알려드릴게요.

A   실시간 시장 데이터를 어디에서 찾을 수 있을지요?
B   블룸버그에 로그인해보세요. 흠, 아직 회원이 아니세요? Let me show you how to sign up.

---

extras

영어전달력

● **show** 보이다
show는 기본적으로 어떤 것을 누군가에게 보여주는 것을 말한다. 다음 예문을 통해 뉘앙스가 어떻게 다른지 느껴보자. 첫 번째 문장은 몸으로 직접 보여준다는 의미를 나타내고, 두 번째 문장은 알려준다는 의미에 가깝다.
Let me show you how. 어떻게 하는지 보여드릴게요.
Let me show you. 보여드릴게요.

● **회원가입하다**
웹사이트에서 자주 보는 '회원가입'은 sign up이다. 한국어를 그대로 옮겨서 become a member라고 쓰는 것은 원어민들에게는 익숙하지 않은 어색한 표현이 된다.

pattern
086

How did you come up with ~?

~는 어떻게 해서 나온 거예요?

문서를 검토할 때 중간과정이 생략되거나 자세한 설명 없이 갑작스러운 숫자나 결과가 튀어나오는 경우가 있다. 이때 어떻게 해서 나온 것인지 이유를 묻는 말이다.

코어패턴   필요한 말을 넣어 패턴을 연습하세요.

1   **How did you come up with** it?

2   **How did you come up with** the number?

3   **How did you come up with** this figure?

4   **How did you come up with** the results?

5   **How did you come up with** the conclusion?

1 이거 어떻게 해서 나온 거예요?
2 숫자 어떻게 해서 나온 거예요?
3 이 수치 어떻게 해서 나온 거예요?
4 결과 어떻게 해서 나온 거예요?
5 결론 어떻게 해서 나온 거예요?

실전대화   한국어 부분을 영어로 바꿔 말해보세요.

1   A What is this on cell H121? 이 수치 어떻게 해서 나온 거예요?

    B Charles from the Insurance Business Team sent that number to me.

1 셀 H121에 이건 뭔가요? How did you come up with this figure?
2 보험사업팀의 Charles가 그 숫자를 저한테 보내줬어요.

2   A 이 결과 어떻게 해서 나온 거예요?

    B It's the sum of beginning and ending balance, divided by 2.

1 How did you come up with this result?
2 기초 잔액과 기말 잔액의 합을 2로 나눈 것입니다.

pattern
087

Why do ~ de(in)crease constantly?

~가 왜 지속적으로 감소(증가)하나요?

특정 항목이 지속적으로 증가 혹은 감소한다면 분명히 이유가 있다. 이때 쓸 수 있는 질문이다.

코어패턴 필요한 말을 넣어 패턴을 연습하세요.

1 **Why do** sales **decrease constantly?**

2 **Why does** the market share **decrease constantly?**

3 **Why do** salaries **increase constantly** from September?

4 **Why does** overhead **increase constantly** during the 2H?

5 **Why do** advertising expenses **increase constantly** from FY 18 through 20?

1 매출이 왜 지속적으로 감소하나요?
2 시장점유율이 왜 지속적으로 감소하나요?
3 급여가 왜 9월부터 지속적으로 증가하나요?
4 간접비가 왜 하반기에 지속적으로 증가하나요?
5 광고비가 왜 회계연도 18년부터 20년까지 지속적으로 증가하나요?

실전대화 한국어 부분을 영어로 바꿔 말해보세요.

1 A 매출이 왜 지속적으로 감소하나요?

   B It seems to be a combined effect of economic recession and fierce competition.

   A So, what are we going to do about it?

A Why do sales decrease constantly?
B 경기침체와 치열한 경쟁이 결합된 효과인 것 같습니다.
A 그래서 앞으로의 계획은 뭔가요?

2 A 급여가 왜 9월부터 지속적으로 증가하나요?

   B Three sales managers were hired from September until the year end. They are said to be top of the line.

A Why do salaries increase constantly from September?
B 9월부터 연말까지 세 명의 영업 매니저가 고용되었습니다. 그들은 최고 수준의 능력을 가지고 있다고 하네요.

pattern 088

It seems ~ is under(over)stated.
~가 과소(과대) 계상된 것 같은데요.

숫자를 검토할 때 과소/과대 계상된 것 같다고 생각될 때 쓰는 표현이다.

코어패턴　필요한 말을 넣어 패턴을 연습하세요.

1　**It seems** the cost **is understated.**
2　**It seems** the beta **is understated.**
3　**It seems** the liability **is understated**.
4　**It seems** the AR **is overstated.**
5　**It seems** the tax base **is overstated.**

1 원가가 과소계상된 것 같은데요
2 베타가 과소계상된 것 같은데요
3 부채가 과소계상된 것 같은데요
4 매출채권이 과대계상된 것 같은데요
5 과세표준이 과대계상된 것 같은데요

실전대화　한국어 부분을 영어로 바꿔 말해보세요.

1　A Where did you get the market interest rate from?
　　베타가 과소계상된 것 같은데요.
　　B Got it from an analyst report of major listed companies in Korea.

A 시장이자율 어디에서 구한 건가요? It seems the beta is understated.
B 한국 주요 상장사들의 분석보고서에서 가져왔는데요.

2　A Did you go over the tax filing?
　　B 네. 그런데 과세표준이 과대계상된 것 같은데요. At least one deductible is missing.

A 세무신고서 검토해보셨나요?
B Yes, but it seems the tax base is overstated. 공제항목 최소한 한 개는 누락됐는데요.

---

extras

영어전달력
● understate 과소계상 / overstate 과대계상
두 단어의 사전적 의미는 '축소해서 말하다, 과장하다'인데, 숫자와 함께 쓰였을 때는 과소/과대계상을 의미한다.

● beta 발음
한국어에서 '베타'라고 말하듯 영어로 [베타]라고 발음하면 보통 알아듣지 못한다. 미국식으로는 [베이라], 영국식으로는 [비이타]라고 해야 한다. 사전에서 발음을 직접 들어보는 것을 권한다.

pattern
089

Could you explain ~?

~를 설명해줄 수 있나요?

대화 중 상대방이 하는 말이 이해되지 않을 때 보다 상세한 설명을 요청하는 표현이다.

코어패턴 필요한 말을 넣어 패턴을 연습하세요.

1 **Could you explain** more in detail?

2 **Could you explain** using the T-account?

3 **Could you explain** using a table?

4 **Could you explain** using a chart?

5 **Could you explain** on the white-board?

1 더 상세히 설명해줄 수 있나요?
2 T 계정 그려서 설명해줄 수 있나요?
3 표 그려서 설명해줄 수 있나요?
4 차트 그려서 설명해줄 수 있나요?
5 화이트보드에서 설명해줄 수 있나요?

실전대화 한국어 부분을 영어로 바꿔 말해보세요.

1 A Does anyone have any questions?

B 가격 결정에 대해 더 상세히 설명해줄 수 있나요?

A 질문 있으세요?
B Could you explain more in detail about the pricing decision?

2 A I can't figure out the changes of retirement benefit liabilities. T 계정 그려서 설명해줄 수 있나요?

B Sure. Let me get a piece of paper.

A 퇴직급여충당부채의 변동을 계산해 낼 수가 없어요. Could you explain using the T-account?
B 네. 종이 좀 가지고 올게요.

pattern 090

What are the main conditions of ~?

~의 주요 조건이 뭔가요?

새로운 거래나 계약의 전반적인 주요 조건을 파악하고자 할 때 자주 하는 질문이다.

코어패턴 필요한 말을 넣어 패턴을 연습하세요.

1 **What are the main conditions of** this deal?

2 **What are the main conditions of** the new contract?

3 **What are the main conditions of** the purchase?

4 **What are the main conditions of** the M&A?

5 **What are the main conditions of** the negotiation?

1 이 거래의 주요 조건이 뭔가요?
2 새 계약의 주요 조건이 뭔가요?
3 구입의 주요 조건이 뭔가요?
4 합병의 주요 조건이 뭔가요?
5 협상의 주요 조건이 뭔가요?

실전대화 한국어 부분을 영어로 바꿔 말해보세요.

1 A As you may have seen on the papers, there was a big investment in Vietnam. 이 거래의 주요 조건이 뭔가요?

   B 10% of whatever operating income made is to be paid to the local community.

2 A I heard that the contract with Joopok Real Estate Partners has been renewed but completely changed. 새 계약의 주요 조건이 뭔가요?

   B They wanted a raise in rent by 50% and sales commission of 20% which was outrageous. Sadly enough, we had no choice but to comply.

A 신문에서 보셨을 수도 있겠지만 베트남에 큰 투자가 이루어졌네요. What are the main conditions of this deal?
B 달성한 영업이익의 10%를 지역사회에 지급하는 조건입니다.

A 듣기로는 Joopok부동산파트너스와의 계약이 연장되면서 완전히 수정됐다고 하던데요. What are the main conditions of the new contract?
B 50%의 임차료 인상 및 20%의 판매수수료를 요구했습니다. 미친 거죠. 안타깝게도 저희는 이에 따를 수밖에 없었습니다.

---

extras

영어전달력 ● mad / crazy / nuts / insane / outrageous 미친(잘못된)

모두 '미친'을 뜻하는 같은 말이다. 비즈니스 상황에서는 사람을 향해서는 거의 쓸 일이 없지만 어떤 결정이나 이슈가 잘못 되어가는 상황을 두고는 쓸 수 있다.

May I have a look at ~?

~를 볼 수 있을까요?

업무 내용을 검토할 때 관련된 자료를 보여달라고 부탁하는 표현으로 실무에서 매우 자주 쓴다.

코어패턴 필요한 말을 넣어 패턴을 연습하세요.

1 **May I have a look at** it?

2 **May I have a look at** the capture screen?

3 **May I have a look at** the source document?

4 **May I have a look at** the original bankbook?

5 **May I have a look at** the 2016 tax filing?

6 **May I have a look at** the purchase order?

7 **May I have a look at** the stock certificate?

1 그것 좀 볼 수 있을까요?
2 캡처화면 볼 수 있을까요?
3 원시 증빙 볼 수 있을까요?
4 통장 실물 볼 수 있을까요?
5 2016년 세무신고철 볼 수 있을까요?
6 주문서 볼 수 있을까요?
7 주식 증서 볼 수 있을까요?

실전대화 한국어 부분을 영어로 바꿔 말해보세요.

1 A The image attached on the email is blurred and I can't see the exact number on it. 통장 실물을 볼 수 있을까요?

　B No problem. I'll have it with me when I get downstairs later.

A 이메일에 첨부된 이미지가 흐릿해서 정확한 숫자가 안 보여요. May I have a look at the original bankbook?
B 그럼요. 이따 아래층에 내려갈 때 가지고 갈게요.

2 A The supplier just called and told me that they shipped 700 components. I thought we ordered 800. 주문서 볼 수 있을까요?

　B I think it was Sarah who made the order. I'll talk to her and get it for you.

A 공급자가 방금 전화해서 부품 700개 선적했다고 하는데요. 제 기억으로는 저희 800개 주문했던 것 같은데요. May I have a look at the purchase order?
B 주문서를 넣은 것은 Sarah였던 것 같은데요. 얘기하고 가져다 드릴게요.

---

extras

영어전달력 ● original / real 실물

흔히 '실물'이라는 말은 영어로 어떻게 옮길까? real thing이나 actual thing이라고 말하는 경우가 있는데, 이는 어색한 표현이다. 영어로 '실물'은 'original + 해당명사'가 적합한 표현이다.

How did you check ~?

~를 어떻게 확인했나요?

특정 사안을 어떻게 확인했는지 과정을 묻는 말이다.

코어패턴 필요한 말을 넣어 패턴을 연습하세요.

1 **How did you check** the future cash flow estimate?

2 **How did you check** the accuracy of the accounting worksheet?

3 **How did you check** the foreign tax credit amount?

4 **How did you check** the overall state of the footnote package?

5 **How did you check** that the tax adjustments are done properly?

1 미래현금흐름 추정을 어떻게 확인했나요?
2 정산표의 정확성을 어떻게 확인했나요?
3 외국납부세액공제 금액을 어떻게 확인했나요?
4 주석패키지의 전반적 상태를 어떻게 확인했나요?
5 세무조정이 제대로 됐는지를 어떻게 확인했나요?

실전대화 한국어 부분을 영어로 바꿔 말해보세요.

1 A 미래현금흐름 추정을 어떻게 확인했나요?

B The future cash flow is based on the business plan the company has provided and the average annual growth rate is set at 5% and is deemed to be reasonable.

A How did you check the future cash flow estimate?
B 미래현금흐름은 회사 측이 제공한 사업계획에 기초하고 있습니다. 연평균성장률은 5%로 설정되어 있고 이는 합리적이라 판단됩니다.

2 A 주석패키지의 전반적 상태를 어떻게 확인했나요?

B I made sure that most of the results on the footnotes tied out to numbers on the financials.

A How did you check the overall state of the footnote package?
B 주석 대부분의 결과가 재무제표 숫자와 일치함을 확인하였습니다.

pattern 093

Is ~ deducted (from this)?

(이것에) ~가 차감되어 있나요?

어떤 금액이 차감됐는지 묻는 말이다. 특정 금액에 대해 논의할 때, 그 금액에 다른 항목이 차감되거나 가산됐는지 반드시 상대방에게 확인해야 실수를 방지할 수 있다.

코어패턴 필요한 말을 넣어 패턴을 연습하세요.

1 **Is** the corporate tax expense **deducted?**

2 **Is** the depreciation **deducted?**

3 **Is** the non-operating liability **deducted?**

4 **Is** the interest expense **deducted from this?**

5 **Is** the CAPEX **deducted from this?**

1 법인세 비용이 차감되어 있나요?
2 감가상각비가 차감되어 있나요?
3 비영업부채가 차감되어 있나요?
4 이것에 이자 비용이 차감되어 있나요?
5 이것에 자본적 지출이 차감되어 있나요?

실전대화 한국어 부분을 영어로 바꿔 말해보세요

1 A For the calculation of taxable income, 법인세 비용이 차감되어 있나요?

   B No, it's a before tax amount.

A 과세소득 계산 말인데요. Is the corporate tax expense deducted?
B 아니요. 세전 금액이에요.

2 A For the total liability, 이것에 비영업부채가 차감되어 있나요?

   B Yes, it is. It was just the accrued interest that was identified as non-operating liability, by the way.

A 부채 총계 말인데요. Is the non-operating liability deducted from this?
B 네, 차감되어 있습니다. 참고로 미지급 이자만이 비영업부채로 확인되었습니다.

---

extras

영어전달력

● **take out** 차감하다

deduct 대신 구동사 take out를 써서 Is ~ taken out from this?라고 해도 같은 의미다.

● **non-operating liability** 비영업부채

영업활동과 직접적인 관련이 없는 부채로 미지급배당금, 유동성장기부채 등이 여기 속한다.

pattern
094

Is ~ included (in this)?

(이것에) ~가 포함되어 있나요?

어떤 금액이 가산됐는지 묻는 말이다. 특정 금액에 대해 논의할 때, 그 금액에 다른 항목이 차감되거나 가산됐는지 반드시 상대방에게 확인해야 실수를 방지할 수 있다.

코어패턴 필요한 말을 넣어 패턴을 연습하세요.

1 **Is** the VAT **included?**

2 **Is** the transaction fee **included?**

3 **Is** the extraordinary gain **included?**

4 **Is** any petty cash **included in this?**

5 **Is** the entertainment expense **included in this?**

1 부가가치세가 포함되어 있나요?
2 거래 비용이 포함되어 있나요?
3 특별이익이 포함되어 있나요?
4 이것에 약간의 소액 현금이라도 포함되어 있나요?
5 이것에 접대비가 포함되어 있나요?

실전대화 한국어 부분을 영어로 바꿔 말해보세요.

1 A On the final price proposed to the client, 부가가치세가 포함되어 있나요?

   B Yes, the final price was 110 million won, including VAT.

A 고객에게 제시한 최종가격 말인데요. Is the VAT included?
B 네. 최종가격은 부가가치세 포함해서 1억 1천만원이었습니다.

2 A For the acquisition cost of the stocks, 이것에 거래 비용이 포함되어 있나요?

   B No, the transaction fee has already been expensed.

A 주식의 취득원가 말인데요. Is the transaction fee included in this?
B 아닙니다. 거래 비용은 이미 비용화 되었습니다.

---

extras

영어전달력 ● 부가세 포함

incl.은 including 또는 inclusive의 약어다. 마지막 l 옆에 작은 i가 숨어 있는 이미지로 기억하자. '부가세 포함'은 여러 가지 방법으로 표기할 수 있다. incl.의 위치도 VAT 앞뒤로 자유롭게 쓸 수 있다. incl. VAT라고 쓰면 including VAT를 의미하고, VAT incl.이라고 쓰면 VAT inclusive가 된다. 줄여 쓰지 않을 때는 VAT included라고 쓰면 된다.

pattern 095

There's a rounding difference between ~.

~ 간 단수차이가 있어요.

주석, 보고자료 등을 작성할 때는 숫자를 천이나 백만 단위로 조정하는데, 이때 대부분 단수차이가 발생한다. 이를 조정하는 상황이다.

코어패턴   필요한 말을 넣어 패턴을 연습하세요.

1 **There's a rounding difference between** p.3 and 20.

2 **There's a rounding difference between** the BS and p.10.

3 **There's a rounding difference between** the PL and the total amount in the report.

4 **There's a rounding difference between** the CF sheet and the details on p. 50.

5 **There's a rounding difference between** the executive summary and the appendix.

1 3페이지와 20페이지 간 단수차이가 있어요.
2 BS와 10페이지 간 단수차이가 있어요
3 PL과 보고서 총합계 간 단수차이가 있어요
4 현금흐름 시트와 50페이지 내역 간 단수차이가 있어요
5 경영진을 위한 요약과 부록 간 단수차이가 있어요

실전대화   한국어 부분을 영어로 바꿔 말해보세요

1 A BS와 10페이지 간 단수차이가 있어요.
   B Got you.

2 A 7페이지와 21페이지 간 단수차이가 있어요. Which number should be fixed?
   B Let me see. The number on page 7 should be fixed as it agrees to the CF statements. I'll have the number on page 21 adjusted. Thanks.

A There's a rounding difference between the BS and p.10.
B 알겠습니다.

A There's a rounding difference between p.7 and 21. 어떤 숫자를 고정시켜야 되나요?
B 제가 한번 볼게요. 7페이지 숫자가 현금흐름표와 일치하므로 이것을 고정시켜야 되네요. 21페이지 숫자를 조정하도록 하겠습니다. 감사합니다.

What grade is ~ in?

~의 등급은 무엇인가요?

고객, 신용, 재고 등 등급이 부여되는 항목이 있다. 이때 등급을 확인하는 질문이다.

코어패턴 필요한 말을 넣어 패턴을 연습하세요.

1 **What grade is** it **in?**

2 **What grade is** the customer **in?**

3 **What grade is** this bond **in?**

4 **What grade is** that loan **in?**

5 **What grade is** the purchased inventory **in?**

1 이것의 등급은 무엇인가요?
2 고객의 등급은 무엇인가요?
3 이 채권의 등급은 무엇인가요?
4 그 대출채권의 등급은 무엇인가요?
5 매입한 재고의 등급은 무엇인가요?

실전대화 한국어 부분을 영어로 바꿔 말해보세요.

1 A Remember the 5 million USD loan to the Hangbool
   Corporation? 그 대출채권의 등급은 무엇인가요?

  B It's ranked on grade 2. They did pretty good on the credit
   score and managed to move up one grade.

2 A Company Pisic placed an order and they are asking
   for a 30% discount. I'm not sure whether it's acceptable.

  B How big is the order? 그리고 고객의 등급은 무엇인가요?

A 행불사로 나간 5백만 달러 대출채권
  기억하시나요? What grade is that
  loan in?

B 2등급에 위치해 있습니다. 회사가
  신용점수를 잘 받아서 한 등급 상향
  조정되었습니다.

A Pisic사로부터 주문이 한 건
  들어왔는데요. 30% 할인을 요구하고
  있습니다. 이것이 수용 가능할지
  모르겠네요.

B 얼마만큼 주문했나요? And what
  grade is the customer in?

pattern 097

Is an early termination possible ~?

~ 경우 조기 종료가 가능한가요?

계약은 만기까지 지속될 것으로 예상하고 체결하지만, 지속 불가능한 상황일 때는 조기 종료될 수도 있다.

코어패턴   필요한 말을 넣어 패턴을 연습하세요.

1   **Is an early termination possible** in case of a natural disaster?

2   **Is an early termination possible** if the down payment is not performed?

3   **Is an early termination possible** if the landlord breaks the contract?

4   **Is an early termination possible** if the counterparty keeps failing to pay?

5   **Is an early termination possible** if the stock price decreases by more than 30%?

1   천재지변인 경우 조기 종료가 가능한가요?
2   착수금이 미입금된 경우 조기 종료가 가능한가요?
3   건물주의 계약불이행이 있는 경우 조기 종료가 가능한가요?
4   상대방이 계속해서 대금지급을 미루는 경우 조기 종료가 가능한가요?
5   주가가 30% 초과하여 하락하는 경우 조기 종료가 가능한가요?

실전대화   한국어 부분을 영어로 바꿔 말해보세요.

1   A   Do you have any questions?
    B   착수금이 미입금된 경우 조기 종료가 가능한가요?

2   A   As long as the stock price stays above 70% of the standard price, a big profit can be made.
    B   What if the price falls below 70% of the standard price? 주가가 30% 초과하여 하락하는 경우 조기 종료가 가능한가요?

A   질문 있나요?
B   Is an early termination possible if the down payment is not performed?

A   주가가 기준가격의 70%를 초과한 수준에 머문다면, 큰 이익을 얻을 수 있습니다.
B   주가가 만약 기준가격의 70% 초과하여 하락한다면요? Is an early termination possible if the stock price decreases by more than 30%?

---

extras

영어전달력   • **down(initial) payment** 계약금(착수금)

한국에서 통상 계약금이라고 말하는 것은 down payment다. 계약금을 영어로 contract amount라고 하지 않도록 주의하자. 계약금(착수금)은 down(initial) payment, 1차 중도금은 second payment, 2차 중도금은 third payment, 잔금은 balance(final) payment다.

Is this a recurring or a non-recurring ~?

이 ~는 경상적인가요 비경상적인가요?

사건이나 거래의 경상적/비경상적 여부에 따라 분류, 회계 처리, 보고여부가 달라질 수 있다.

코어패턴   필요한 말을 넣어 패턴을 연습하세요.

1   **Is this a recurring or a non-recurring** event?

2   **Is this a recurring or a non-recurring** cost?

3   **Is this a recurring or a non-recurring** withdrawal?

4   **Is this a recurring or a non-recurring** purchase order?

5   **Is this a recurring or a non-recurring** accounting treatment?

1 이 사건은 경상적인가요 비경상적인가요?

2 이 원가는 경상적인가요 비경상적인가요?

3 이 출금은 경상적인가요 비경상적인가요?

4 이 매입주문은 경상적인가요 비경상적인가요?

5 이 회계 처리는 경상적인가요 비경상적인가요?

실전대화   한국어 부분을 영어로 바꿔 말해보세요.

1   A There are 3 withdrawals. First one in May, second one in August, and the third one in November. 이 출금은 경상적인가요 비경상적인가요?

    B This is a recurring withdrawal. We promised to pay the fees every three months starting this May.

1 3건의 출금이 있는데요. 첫 번째는 5월에, 두 번째는 8월, 그리고 세 번째는 11월에 있네요. Is this a recurring or a non-recurring withdrawal?

이는 경상적인 출금이에요. 올해 5월부터 매 3개월마다 수수료를 지급하기로 했습니다.

2   A I see 'Moving expenses' on the detailed PL. 이 비용은 경상적인가요 비경상적인가요?

    B It's a non-recurring expense. We moved our office from Jongro to Gangnam in summer and this is very unlikely to occur again.

2 상세 손익계산서에 '이사 비용'이 보이는데요. Is this a recurring or a non-recurring expense?

비경상적 비용입니다. 이번 여름에 저희 사무실이 종로에서 강남으로 이사했습니다. 이사를 다시 갈 가능성은 거의 없어요.

pattern 099

Isn't there a need to ~?
~할 필요가 있지 않을까요?

업무논의를 할 때 추가적인 업무 수행의 필요성이 있는지 의문을 제기하는 질문이다.

코어패턴　필요한 말을 넣어 패턴을 연습하세요.

1　**Isn't there a need to** sell our shares?

2　**Isn't there a need to** account for an allowance?

3　**Isn't there a need to** increase the rate?

4　**Isn't there a need to** apply the equity method?

5　**Isn't there a need to** call the IT Department for advice?

1　저희 주식을 매각할 필요가 있지 않을까요?
2　충당금을 계상할 필요가 있지 않을까요?
3　비율을 증가시킬 필요가 있지 않을까요?
4　지분법을 적용할 필요가 있지 않을까요?
5　조언을 위해 IT부서에 전화할 필요가 있지 않을까요?

실전대화　한국어 부분을 영어로 바꿔 말해보세요.

1　A The stock price for Haek Mang Company has been gradually decreasing for the last three months.
　B 저희 주식을 매각할 필요가 있지 않을까요?

A Haek Mang사 주가가 최근 3개월 동안 완만하게 감소하고 있습니다.
B Isn't there a need to sell our shares?

2　A By having acquired additional shares, the stake we have for Company Shinbal has come close to 20%. 19.5 to be exact.
　B 지분법을 적용할 필요가 있지 않을까요? Do you have the minutes of the board meeting?

A 추가 주식을 취득하여 저희가 보유하고 있는 Shinbal사 지분이 20%에 근접하였습니다. 정확히 말하면 19.5% 입니다.
B Isn't there a need to apply the equity method? 이사회 의사록 가지고 계신지요?

---

extras

영어전달력　● **Board Meeting** 이사회

이사회는 영어로 Board of directors meeting이다. 하지만 이걸 여러 번 말해야 하는 상황에서는 다 발음하려면 너무 길다. 일반적으로 of directors를 생략하고 board meeting이라고만 해도 통한다. 이사회의사록도 마찬가지로 Minutes of the board meeting이라고 해도 무방하다.

Are there any specific instructions for/to ~?

~ 에 대한 구체적인 지침이 있나요?

까다롭고 복잡한 업무를 맡았을 때 좀더 수월하게 하도록 만들어진 구체적인 지침이 있는지 묻는 말이다.

코어패턴　필요한 말을 넣어 패턴을 연습하세요.

1 **Are there any specific instructions for** expense forecasting?

2 **Are there any specific instructions for** NRV testing?

3 **Are there any specific instructions to** identify the brand value?

4 **Are there any specific instructions to** withhold taxes on non-residents?

5 **Are there any specific instructions to** have software accounted for as intangible assets?

1 비용 추정에 대한 구체적인 지침이 있나요?
2 순실현가치 테스팅에 대한 구체적인 지침이 있나요?
3 브랜드가치를 식별하기에 대한 구체적인 지침이 있나요?
4 비거주자 원천징수에 대한 구체적인 지침이 있나요?
5 소프트웨어를 무형자산으로 계상하기에 대한 구체적인 지침이 있나요?

실전대화　한국어 부분을 영어로 바꿔 말해보세요.

1 A I'm working on the expenses now and 기타비용 추정에 대한 구체적인 지침이 있나요? Any tips from the subsidiary or any general trend?

B There were no tips from the subsidiary. Other expenses are generally assumed to increase by the inflation rate.

2 A 비거주자 원천징수에 대한 구체적인 지침이 있나요?

B You may go through the 'Tax Guide for Foreign Taxpayers in Korea', issued by the National Tax Service.

A 현재 비용 부분 작업하고 있는데요. Are there any specific instructions for other expense forecasting? 자회사로부터의 조언 혹은 대세 방법 같은 것이 있을까요?
B 자회사로부터의 조언은 없었습니다. 기타비용은 일반적으로 물가상승률만큼 상승하는 것으로 가정합니다.

A Are there any specific instructions to withhold taxes on non-residents?
B 국세청에서 발행한 '외국인 세무 상담 사례집'에서 찾아보시죠.

---

extras

영어전달력
● **instruction** 지침 / **guideline** 길잡이
instruction은 상세한 '지침', guideline은 이보다는 다소 범위가 넓고 일반적인 '길잡이'로 의미의 차이가 있다.

● **NRV testing**(Net Realizable Value testing) 순실현가능가치 테스트
순실현가능가치 테스트는 재고자산 평가와 관련해서 이루어지는 일이다.

pattern
101

What items are still ~?
여전히 ~한 건으로는 또 뭐가 있나요?

업무 검토의 마지막 단계에서는 여전히 미해결된 건이나 이슈 등을 챙기는 것이 중요하다.

코어패턴 필요한 말을 넣어 패턴을 연습하세요.

1 **What items are still** open?

2 **What items are still** left open?

3 **What items are still** to be discussed?

4 **What items are still** under discussion?

5 **What items are still** left to be dealt with?

1 아직 미해결인 건으로는 또 뭐가 있나요?
2 여전히 미해결로 남아있는 건으로는 또 뭐가 있나요?
3 여전히 협의해야 할 건으로는 또 뭐가 있나요?
4 여전히 논의 중인 건으로는 또 뭐가 있나요?
5 여전히 다뤄야 할 건으로는 또 뭐가 있나요?

실전대화 한국어 부분을 영어로 바꿔 말해보세요.

1 A 미해결로 남아있는 건으로는 또 뭐가 있나요?

   B The impairment of golf membership and the distinction between liquid and non-liquid assets.

A What items are still left open?
B 골프회원권 손상이랑 유동/비유동자산 구분이요.

2 A Great to see that a decision has been made! You may change issue no.3 as closed.

   B 여전히 다뤄야 할 건으로는 또 뭐가 있나요?

A 결정이 내려져서 다행이네요! 이슈 3번을 종결로 바꿔주세요.
B What items are still left to be dealt with?

---

extras

영어전달력 ● **open item (pending item)** 미해결 건 / **closed item** 종결 건

● **What items are still left open?** 여전히 남은 건 뭔가요?
left를 쓰면 '왜 안 건드리고 방치해 놓았냐'는 강한 어조의 표현이 된다. 특히 미해결 건을 다루고 있는 중대한 상황에서는 이렇게 강한 표현을 쓰는 것이 감정을 전달하는 데 효과적일 때가 있다.

사무실 일상

pattern 102
Hi! This is ~ (from) ....

여보세요? 저는 …의 ~입니다.

전화를 거는 쪽이든 받는 쪽이든 가장 무난하게 쓸 수 있는 패턴이다. 본인의 이름과 소속을 상대방에게 전달하자.

코어패턴　필요한 말을 넣어 패턴을 연습하세요.

1　**Hi! This is** Minho Lee **from** the Accounting Team.

2　**Hi! This is** Stan **from** the Finance Division.

3　**Hi! This is** Rebecca **from** the Tax Headquarters.

4　**Hi! This is** Katie, Finance Admin.

5　**Hi! This is** Maria, Gwanghwamun Office.

1 여보세요? 저는 회계팀 이민호입니다.
2 여보세요? 저는 재무부 Stan입니다.
3 여보세요? 저는 세무본부 Rebecca입니다.
4 여보세요? 저는 재경부 Katie입니다.
5 여보세요? 저는 광화문 사무실의 Maria입니다.

실전대화　한국어 부분을 영어로 바꿔 말해보세요.

1　A 여보세요? 저는 재무부 정현입니다. May I talk to Caroline, please?

　　B Hello, Mr. Chung. Hold on a second.

2　A Hello! This is Jung-hwa from the HQ Office. I'm calling about the note you sent me this morning.

　　B 여보세요? 저는 회계팀 이민호입니다. What seems to be the issue with the note?

A Hi! This is Hyun Chung from the Finance Division. Caroline과 통화할 수 있을까요?
B 정현생님, 안녕하세요. 잠시만 기다리세요.

A 여보세요. 본부의 정화입니다. 오전에 보내주신 메모 관련해서 전화드렸어요.
B Hi! This is Minho Lee, Accounting Team. 메모에 잘못된 점이라도 있나요?

pattern 103

I'm calling about(to) ~.

~관련(하려고) 전화드렸는데요.

전화를 걸 때, 인사말 다음에 바로 어떤 일로 전화를 했는지 용건을 말하는 표현이다.

코어패턴 필요한 말을 넣어 패턴을 연습하세요.

1 **I'm calling about** the office notice.

2 **I'm calling about** the mail you sent me.

3 **I'm calling to** check if the money is received.

4 **I'm calling to** confirm our meeting tomorrow.

5 **I'm calling about** the voucher I received last night.

6 **I'm calling about** the deal slip that has been turned down.

1 사내 공지 메일 관련 전화드렸는데요
2 보내주신 메일 관련 전화드렸는데요
3 입금 확인하려고 전화드렸는데요
4 내일 미팅 약속 확인차 전화드렸는데요
5 어제 저녁 받은 전표 관련 전화드렸는데요
6 반려된 전표 관련 전화드렸는데요

실전대화 한국어 부분을 영어로 바꿔 말해보세요.

1 A Hello, this is Jane, Finance. How can I help you today?

　B Hi, this is Don from Seoul Desk. 사내 공지 메일 관련 전화드렸는데요.

A 여보세요. 재무의 Jane입니다. 무엇을 도와드릴까요?
B 여보세요. 서울 사무소의 Don입니다. I'm calling about the office notice.

2 A Hi! This is Jun-yong from Marketing Division 5. 반려된 전표 관련 전화드렸는데요.

　B Oh, I see. I'm afraid the receipt attached did not agree to what was on it. Could you please revise?

A 여보세요? 마케팅 5본부의 준용입니다. I'm calling about the deal slip that has been turned down.
B 아 네. 첨부되어 있는 영수증이 내용과 안 맞더라고요. 다시 확인해주시겠어요?

pattern 104

Could you put me through to ~?

~로 연결해주실 수 있을까요?

사무적인 통화 중에 '이 사람과 얘기할 내용이 아닌데?'라고 생각되는 경우가 있다. 통화 도중 다른 사람을 바꿔 달라고 하거나 특정 부서로 연결해 달라고 할 때 쓰는 표현이다.

코어패턴 필요한 말을 넣어 패턴을 연습하세요.

1 **Could you put me through to** the HR Office?

2 **Could you put me through to** the general manager?

3 **Could you put me through to** the AR/AP manager?

4 **Could you put me through to** someone handling payroll?

5 **Could you put me through to** an IT expert, then?

1 인사부로 연결해주실 수 있을까요?
2 총괄 책임자로 연결해주실 수 있을까요?
3 채권채무 담당자로 연결해주실 수 있을까요?
4 급여 담당자로 연결해주실 수 있을까요?
5 그렇다면 IT 전문가로 연결해주실 수 있을까요?

실전대화 한국어 부분을 영어로 바꿔 말해보세요.

1 A I don't think I can answer that question for you, sir.
   B Whom should I talk to then? 총괄 책임자로 연결해주실 수 있을까요?

2 A Well, I need to discuss my payroll in general, not about my corporate card. 급여팀으로 연결해주실 수 있을까요?
   B Ok. I'll connect you to Haein in HR.

A 제가 답변할 수 있는 사항은 아니라고 생각됩니다.
B 그렇다면 누구와 통화하면 되나요? Could you put me through to the general manager?

A 제 법인카드가 아닌 제 전반적인 급여에 대해 상의를 드리고 싶은데요. Could you put me through to the payroll team?
B 네, 인사부 해인씨에게 연결해 드리겠습니다.

---

extras

영어전달력

● **May I speak to ~?** ~와 통화할

처음부터 통화할 사람을 안다면, 'OO와 통화할 수 있을까요?'라는 뜻으로 May I speak to ~?라고 바로 시작할 수 있다. 위에 제시한 패턴은 통화를 하는 중에 '다른 사람을 바꿔달라'는 상황에 적절하게 쓸 수 있는 표현이다.

pattern 105

He(she) is ~.

~대리(과장, 부장 등)님 ~인데요.

자리에 없는 누군가를 찾는 전화를 받을 수 있다. 한국에서는 찾는 사람의 직위 따라 'OO대리님, OO과장님 자리에 없는데요' 라고 하지만 영어로 말할 때는 그 사람의 성별에 따라 He 또는 She를 쓰자.

코어패턴 필요한 말을 넣어 패턴을 연습하세요.

1 **He is** not here.

2 **He is** not in the office.

3 **She is** on training today.

4 **She is** on vacation until next week.

5 **She** has already left for the day.

1 대리님 자리에 없는데요
2 과장님 부재중인데요
3 부장님 오늘 교육 중인데요
4 주임님 다음 주까지 휴가인데요
5 사장님 이미 퇴근했는데요

실전대화 한국어 부분을 영어로 바꿔 말해보세요.

1 A Hello, this is Sadam Mustafa Abdul Jazeeri. May I talk to Hye-young?

  B 차장님 자리에 없는데요. What did you say your name was?

2 A Hi, Youngsoon! This is Andy from Logistics. Could you put me through to Choonam?

  B 과장님 이번 주 교육 중이에요. You'd better call again next Monday.

  A Okay, thanks.

A 여보세요. 저는 Sadam Mustafa Abdul Jazeeri입니다. 혜영씨와 통화할 수 있을까요?
B She is not here. 성함이 어떻게 된다고 하셨죠?

A 영순씨 안녕하세요. 물류팀의 Andy입니다. 춘남씨에게 연결해주시겠어요?
B He is on training this week. 다음 주 월요일에 전화하시는 것이 좋겠어요.
A 네. 감사합니다.

pattern 106

I just sent ~.

~를 방금 보냈어요.

거래처에 이메일, 세금계산서, 퀵, 택배, 보고서 등을 보내는 일이 자주 있다. 이때 자주 쓰는 패턴이다.

코어패턴   필요한 말을 넣어 패턴을 연습하세요.

1   **I just sent** the tax invoice.

2   **I just sent** an email to James.

3   **I just sent** the draft to the client.

4   **I just sent** the document by express delivery service.

5   **I just sent** the reports by courier service, payment on delivery.

1 세금계산서 방금 보냈어요.
2 James한테 이메일 방금 보냈어요.
3 고객한테 초안 방금 보냈어요.
4 서류 퀵서비스로 방금 보냈어요.
5 보고서들을 택배 착불로 방금 보냈어요.

실전대화   한국어 부분을 영어로 바꿔 말해보세요.

1   A   What happened to the report?

     B   고객한테 초안 방금 보냈어요.

2   A   James mailed me this morning and he wants to have a look at the estimate.

     B   I was on the cc list. David한테 이메일 방금 보냈어요.

A 보고서 어떻게 됐죠?
B I just sent the draft to the client.

A James가 오전에 메일 보냈네요. 견적서 받아보고 싶어하던데요.
B 저도 참조 목록에 있었습니다. I just sent an email to David.

---

extras

영어전달력

● **express delivery service**
'퀵서비스'는 한국에서만 쓰는 표현이다. 영어로는 express delivery service가 맞다.

● **courier service / door-to-door service / home-delivery service**
한국의 '택배'와 같은 개념이다.

● **payment on delivery / cash on delivery**
'착불', 즉 받는 쪽에서 배송비를 지불하는 것을 말한다.

pattern 107

I haven't received ~ (from ...) yet.
(…로부터) ~가 아직 안 왔어요.

업무상 급한 이메일이나 물건, 서류 등을 받아야 하는 경우가 있다. 기다리는 것이 왔는지 물었을 때 아직 받지 못했다고 답하는 패턴이다.

코어패턴　필요한 말을 넣어 패턴을 연습하세요.

1　**I haven't received** an email **yet.**

2　**I haven't received** a parcel **yet.**

3　**I haven't received** the goods **from** the supplier **yet.**

4　**I haven't received** a reply on the tax invoice **from** Cedric **yet.**

5　**I haven't received** any news of money transfer **from** the customer **yet.**

1. 이메일 아직 안 왔어요
2. 택배가 아직 안 왔어요
3. 공급사로부터 물건이 아직 안 왔어요
4. Cedric으로부터 세금계산서 회신이 아직 안 왔어요
5. 고객으로부터 입금했다는 소식이 아직 안 왔어요

실전대화　한국어 부분을 영어로 바꿔 말해보세요.

1　A Did you get the email from Janet?

　B 아뇨. 그녀로부터 이메일이 아직 안 왔어요.

2　A 공급사로부터 물건이 아직 안 왔어요. They are supposed to be here in the warehouse by now.

　B Mr. Choi called 10 minutes ago and said that about a one-day delay is expected due to problems in freight services.

1. A Janet한테 이메일 왔나요?
   B No, I haven't received an email from her yet.
2. A I haven't received the goods from the supplier yet. 지금쯤 여기 창고에 물건이 있어야 되는데 말이죠.
   B 10분 전에 최과장님한테 전화왔는데요. 운송업체 문제로 인해 약 하루 정도 늦어질 것이라 하네요.

pattern 108

I need to go through ~.

~를 찾아봐야겠는데요.

요청사항이 들어와서 시간을 벌고자 할 때 써보자. '~를 뒤져봐야겠는데요.'라는 말에 들어맞는 표현이다.

코어패턴 필요한 말을 넣어 패턴을 연습하세요.

1   **I need to go through** my desk.

2   **I need to go through** my mailbox.

3   **I need to go through** the backup server.

4   **I need to go through** the document boxes.

5   **I need to go through** my hard drive at home.

1 제 책상을 찾아봐야겠는데요.
2 제 메일함을 찾아봐야겠는데요.
3 백업 서버를 찾아봐야겠는데요.
4 서류 상자들을 찾아봐야겠는데요.
5 집에 있는 제 하드를 찾아봐야겠는데요.

실전대화 한국어 부분을 영어로 바꿔 말해보세요.

1   A Do you remember when the last mail on sexual harassment training was at?

    B It was ages ago! 제 메일함을 찾아봐야겠는데요.

A 성희롱 교육 관련 마지막 메일이 언제 왔는지 기억하시나요?
B 그거 한참 전인데요! I need to go through my mailbox.

2   A Hi, I was wondering if you have any files on the presentation you did a couple of months ago to the management. Could you give me a hand?

    B I'd love to. But, 집에 있는 제 하드를 찾아봐야겠는데요.

    A Very nice of you. Appreciate it!

A 안녕하세요. 몇 달 전 경영진에 하신 발표 관련 파일 가지고 계신 것 있으신가 해서요. 도와주실 수 있으신지요?
B 기꺼이 도와 드려야죠. 하지만, I need to go through my hard drive at home.
A 친절에 감사합니다. 정말 감사해요!

pattern 109

The deadline (for ~) is ....

(~) 마감이 … 이에요.

모든 일에는 기한이 있다. 마감이나 기한을 알릴 때 쓰는 표현이다.

코어패턴 필요한 말을 넣어 패턴을 연습하세요.

1 **The deadline is** this Friday.

2 **The deadline is** just around the corner.

3 **The deadline for** revised journal entries **is** tomorrow.

4 **The deadline for** electronic disclosure **is** 6 pm today.

5 **The deadline for** budget planning **is** the fifth business day from the beginning of each month.

1 마감이 이번 주 금요일이에요.
2 마감이 코앞이에요.
3 수정분개 마감이 내일이에요.
4 전자 공시 마감이 오늘 오후 6시에요.
5 예산 계획수립 마감이 매월 초 5 영업일이에요.

실전대화 한국어 부분을 영어로 바꿔 말해보세요.

1 A You're still working on the cash flow statements?
     전자 공시 마감이 오늘 오후 6시예요.

   B I'm fully aware of that. I was just doing a final re-check.

2 A You know what? I was on six business trips this month and spent a lot with my credit card.

   B 마감이 코앞인 것 모르세요? You'd better hurry.

A 아직도 현금흐름표 하고 계세요? The deadline for electronic disclosure is 6 pm today.
B 그 점 잘 알고 있습니다. 최종 점검을 하고 있었을 뿐이에요.

A 그거 알아요? 이번 달 저 출장을 여섯 번 다녀왔고 제 신용카드로 이것저것 많이 결제했어요.
B Can't you see the deadline is just around the corner? 서두르세요.

pattern 110

Overtime is an everyday life, because (of) ~.

~ 때문에 요새 맨날 야근이에요.

야근이 일상이 되는 상황은 누구도 원하지 않을 것이다. 그러나 일의 성격에 따라 야근을 밥 먹듯 하게 되는 처지가 될 수 있는데 이때 푸념하듯 쓰는 표현이다.

코어패턴　필요한 말을 넣어 패턴을 연습하세요.

1　**Overtime is an everyday life, because of** the tax audit.

2　**Overtime is an everyday life, because of** the roadshow material.

3　**Overtime is an everyday life, because** one of my staff suddenly left.

4　**Overtime is an everyday life, because of** taking over a job from my boss.

5　**Overtime is an everyday life, because of** handing over my job to my colleagues.

1　세무조사 때문에 요새 맨날 야근이에요.
2　로드쇼 자료 작성 때문에 요새 맨날 야근이에요.
3　직원 한 명 급퇴사 때문에 요새 맨날 야근이에요.
4　상사로부터 업무 인수하는 것 때문에 요새 맨날 야근이에요.
5　동료들에게 업무 인계하는 것 때문에 요새 맨날 야근이에요.

실전대화　한국어 부분을 영어로 바꿔 말해보세요.

1　A Who are these people on the third floor? I saw you come and go many times to where those people are at.

　B These guys are from the NTS. 세무조사 때문에 요새 맨날 야근이에요.

A 3층에 있는 사람들 누구예요? 그 사람들 있는 곳에 자주 들락날락하는 것 봤는데요.
B 국세청에서 나온 사람들입니다. Overtime is an everyday life, because of the tax audit.

2　A You are leaving very late these days. What's the matter?

　B 상사로부터 업무 인수하는 것 때문에 요새 맨날 야근이에요.

A 요새 퇴근이 많이 늦군요. 무슨 일이세요?
B Overtime is an everyday life, because of taking over a job from my boss.

---

extras

영어전달력　● 업무 인수인계

영어에는 '업무 인수인계'라는 명사가 없다. takeover는 '업무인수인계'보다 '합병'을 뜻하는 것이 일반적이다. 그리고 '업무 인수인계'라고 하지 않고 '인수'와 '인계' 중 해당되는 것을 말한다.

Because of taking over a new job from ~ ~로부터 업무인수 때문에
Because of handing over my job to ~ ~에게 업무인계 때문에

pattern
111

~ looks difficult.
~가 어려울 것 같은데요.

직장생활이란 어려운 것 투성이다. 기한 내에, 또는 궁극적으로 어떤 일이 이루어지기 어려울 때 써보자.

코어패턴 필요한 말을 넣어 패턴을 연습하세요.

1 Reaching a conclusion **looks difficult.**

2 Leaving on time today **looks difficult.**

3 VAT filing within this week **looks difficult.**

4 Having the material ready before 3PM **looks difficult.**

5 Completing the consolidation package this month **looks difficult.**

1 결론 도달이 어려울 것 같은데요
2 오늘 정시퇴근이 어려울 것 같은데요
3 이번 주 내로 부가세 신고가 어려울 것 같은데요
4 오후 3시 이전 자료 준비가 어려울 것 같은데요
5 이번 달에 연결 패키지 완성이 어려울 것 같은데요

실전대화 한국어 부분을 영어로 바꿔 말해보세요.

1 A 이번 주 내로 부가세 신고가 어려울 것 같은데요. Looks like the CEO reporting needs to be done first.

   B Sounds right. Hopefully, we'll be able to finish off the VAT before next Thursday, at the latest.

A VAT filing within this week looks difficult. 회장님 보고를 먼저 해야 할 것 같아요.
B 맞습니다. 늦어도 다음 주 목요일 전까지 부가세를 다 끝낼 수 있기를 바랄게요.

2 A My manager wants me to work on the FS review today. 오늘 정시퇴근이 어려울 것 같아요.

   B Oh, poor thing! We may go out for a drink sometime next week, then.

A 매니저님이 오늘 저한테 재무제표 검토를 하라고 하시네요. Leaving on time today looks difficult.
B 안됐네요! 그렇다면 다음 주 중 하루에 한잔하러 가도록 하시죠.

---

extras

영어전달력 ● **leave** 퇴근하다
영어로 퇴근한다고 말할 때는 동사 leave를 쓴다. 굳이 leave the office나 leave work처럼 뒤에 office나 work를 덧붙이지 않아도 충분히 통한다. '철수씨 퇴근했어요.'는 Chulsoo left for the day.라고 하면 그만이다. 참고로 '퇴사'도 leave를 쓴다.

I have no clue ~.

(~할지) 막막합니다.

업무를 언제, 누구와 시작해야 하는지, 어떻게 접근할지 전혀 감이 오지 않을 때 하소연하는 표현이다.

코어패턴   필요한 말을 넣어 패턴을 연습하세요.

1   **I have no clue**.

2   **I have no clue** what to do.

3   **I have no clue** how to start.

4   **I have no clue** how to handle the issue.

5   **I have no clue** whom I should talk to.

1 막막합니다.
2 무엇을 해야 할지 막막합니다.
3 어떻게 시작해야 할지 막막합니다.
4 어떻게 이슈를 다뤄야 할지 막막합니다.
5 누구와 상의해야 할지 막막합니다.

실전대화   한국어 부분을 영어로 바꿔 말해보세요.

1   A Everything alright with you? You look tired.

   B Honestly, I'm concerned on the report drafting. 어떻게
      시작해야 할지 막막합니다.

A 괜찮으신가요? 피곤해보이시네요.
B 솔직히 말씀드리면 보고서 초안 작성
   때문에 걱정입니다. I have no clue
   how to start.

2   A My boss wants me to come up with some weird tables
      and graphs that she doesn't even understand. 누구와
      상의해야 할지 막막합니다.

   B What about reaching out to Lee Bak Sa? I understand he
      holds a degree in statistics.

A 제 상사분은 저한테 이상한 표랑 그래프
   그려보라고 하는데요. 그분 본인조차도
   이해하지 못해요. I have no clue
   whom I should talk to.
B 이박사씨한테 연락해보는 것은
   어떨까요? 통계학 학위를 가지고
   계시다고 알고 있어요.

pattern
113

It's hard to get hold of ~.

~와 연락이 잘 안 되네요.

업무를 진행하기 위해 누군가와 연락을 해야 되는데 연락이 잘 안 되는 상황을 설명하는 표현이다.

코어패턴   필요한 말을 넣어 패턴을 연습하세요.

1   **It's hard to get hold of** him.

2   **It's hard to get hold of** the landlord.

3   **It's hard to get hold of** the tax agent.

4   **It's hard to get hold of** Amy in the Planning Team.

5   **It's hard to get hold of** anyone in Baram Company.

1 그와 연락이 잘 안 되네요.
2 건물주와 연락이 잘 안 되네요.
3 세무대리인과 연락이 잘 안 되네요.
4 기획팀의 Amy와 연락이 잘 안 되네요.
5 Baram사의 그 누구와도 연락이 잘 안 되네요.

실전대화   한국어 부분을 영어로 바꿔 말해보세요.

1   A   Did you reach out to Ho-jun? We need some answers.

     B   그와 연락이 잘 안 되네요. I think he's avoiding us.

2   A   5 million won to Baram Company is still outstanding. What did they say on this?

     B   바람사 그 누구와도 연락이 잘 안 되네요. This doesn't look good.

A 호준씨한테 연락하셨나요? 답변이 필요한데요
B It's hard to get hold of him. 저희를 피하는 것 같아요.

A Baram사에 대해 5백만원이 아직 미회수 상태군요. 이에 대해 뭐라고 하던가요?
B It's hard to get hold of anyone in Baram. 조짐이 안 좋아요.

There's a report coming up and ~.

보고가 있어서 ~합니다.

직장인에게 있어 보고는 피할 수 없는 시험과 같다. 중요한 보고가 잡혀 있을 때 쓰는 패턴이다.

코어패턴 필요한 말을 넣어 패턴을 연습하세요.

1　**There's a report coming up and** I'm doing overtime.

2　**There's a report coming up and** I should be working overtime for the time being.

3　**There's a report coming up and** we're ordering food.

4　**There's a report coming up and** everyone in our team is working even during the lunch break.

5　**There's a report coming up and** I have no choice but to pull all-nighters.

1 　보고가 있어서 저 야근합니다.
2 　보고가 있어서 당분간 야근해야 합니다.
3 　보고가 있어서 식사를 시켜 먹으려고요.
4 　보고가 있어서 저희 팀원 전원이 점심시간에도 일하고 있어요.
5 　보고가 있어서 철야할 수밖에 없습니다.

실전대화 한국어 부분을 영어로 바꿔 말해보세요.

1　A Hey Kevin, got any plans for tonight? Found a cozy place around here and we should check this place out!

　　B 미안해요. 보고가 있어서 당분간 야근해야 해요.

2　A How have you been? I can hardly see you in the cafeteria.

　　B 보고가 있어서 식사를 시켜 먹고 있어요. That's why you can't see me there these days.

A Kevin, 오늘 밤 선약 있어요? 주변에 아늑한 맛집을 발견했는데 같이 가시죠!
B Sorry. There's a report coming up and I should be working overtime for the time being.

A 잘 지내셨어요? 요새 구내식당에서 뵙기 어렵네요.
B There's a report coming up and we're ordering food. 그래서 요새 제가 거기서 안 보이는 거예요.

---

extras

영어전달력

● 선약

'선약'을 previous engagement로 쓰는 것은 콩글리시다. 선약이 있다면 I have other plans.라고 하면 충분하다. 약속을 말할 때 appointment를 쓰면 원어민들은 대게 병원 약속을 떠올린다. 친구와 만나는 약속은 좀더 가벼운 느낌의 plan 정도가 적당하다.

● 맛집

'맛집'을 Tasty place라고 하는 것은 콩글리시다. '맛집'에 딱 떨어지는 명사형을 찾는 것보다 This is a famous place. This is the place to go. This place is a must visit. 등으로 영어답게 표현하는 것이 좋다.

pattern 115

I have a ~ meeting to attend.
~ 회의가 있어서요.

참석해야 할 회의가 있을 때 쓰는 표현이다. 다양한 회의의 종류에 대해서도 익혀 두자.

코어패턴   필요한 말을 넣어 패턴을 연습하세요.

1   **I have a meeting to attend.**

2   **I have a** team **meeting to attend.**

3   **I have an** ad hoc **meeting to attend.**

4   **I have a** brainstorming **meeting to attend** in the morning.

5   **I have a** monthly progress **meeting to attend** in the afternoon.

6   **I have a** weekly business report **meeting to attend** at two o'clock.

1   회의가 있어서요.
2   팀 회의가 있어서요.
3   긴급 회의가 있어서요.
4   오전에 아이디어 회의가 있어서요.
5   오후에 월간진척 회의가 있어서요.
6   2시에 주간업무보고 회의가 있어서요.

실전대화   한국어 부분을 영어로 바꿔 말해보세요.

1   A Could you come and see me at 3 today?

  B 미안합니다. 회의가 있어서요. Is 5 o'clock alright for you?

2   A Can you give me a hand for about an hour tomorrow morning?

  B 오전에 아이디어 회의가 있어서요. I think it will take at least three hours. You know what our chief is like.

  A Oh, I see. Let me find someone else who can help me out.

A 오늘 3시에 제 자리로 와 주실 수 있나요?
B Sorry, I have a meeting to attend. 5시 괜찮으세요?

A 내일 오전 약 한 시간 정도 저 도와줄 수 있어요?
B I have a brainstorming meeting to attend in the morning. 제 생각에 최소 3시간은 걸릴 것 같은데요. 저희 사장님 어떤 분인지 아시잖아요.
A 아 그렇군요. 도와주실 다른 분 찾아볼게요.

---

extras

영어전달력   ● **ad hoc** 즉석
라틴어로 '즉석'이라는 뜻이다. ad hoc meeting은 즉석 회의, 즉 긴급 회의를 뜻한다. 참고로 한국어로 '아이디어 미팅'은 영어로는 brainstorming meeting이다. idea meeting은 콩클리쉬 표현으로 원어민은 알아듣지 못한다. monthly progress(status) meeting은 '월간진척(현황)회의'인데, '진척회의'나 '현황회의'는 실무에서 같은 의미로 쓰인다.

pattern 116

By the way, I ~.

참고로 저는 ~입니다.

업무를 하다보면 양해를 구해야 할 때가 있다. 본인의 일정이나 상황, 개인적 성향 등을 말하는 패턴이다.

코어패턴   필요한 말을 넣어 패턴을 연습하세요

1 **By the way, I** have other plans tonight.

2 **By the way, I** have an appointment with my dentist on Saturday.

3 **By the way, I**'m not much of a drinker.

4 **By the way, I**'m not too confident with my Powerpoint skills.

5 **By the way, I**'m new to this type of work.

6 **By the way, I**'m already done with my work.

1 참고로 저는 저녁에 선약이 있습니다.
2 참고로 저는 토요일에 치과 약속이 있습니다.
3 참고로 저는 술을 잘 못 마십니다.
4 참고로 저는 파워포인트를 잘하진 못합니다.
5 참고로 저는 이런 일을 처음 해봅니다.
6 참고로 저는 제 일은 다 완료했습니다.

실전대화   한국어 부분을 영어로 바꿔 말해보세요

1   A Remember Mr. Bang, Director from Pilmang Corporations? He's coming to see me tonight and we'll be having dinner. Would you like to join us?

    B I surely do remember him. He was such a nice guy. 그런데 저는 저녁에 선약이 있습니다.

A Pilmang사의 방이사님 기억하시나요? 오늘밤 저를 만나러 오시기로 해서 식사를 할 예정인데 같이 가실래요?
B 누군지 분명히 기억하고 있습니다. 아주 좋으신 분이었죠. By the way, I have other plans tonight.

2   A Sorry to tell you guys, but we have to work in the weekend to get this done. What if we show up on Saturday morning at 10?

    B 참고로 저는 토요일 오전에 치과 약속이 있습니다.

    A Okay. Let's meet up at 1PM, then. It's going to be a long day, I'm afraid.

A 여러분들에게 미안한 얘기입니다만 이 일을 끝내기 위해 주말에 일을 해야만 합니다. 토요일 아침 10시에 출근하는 것이 어떨까요?
B By the way, I have an appointment with my dentist on Saturday morning.
A 네. 그러면 1시에 모이는 것으로 하시죠. 그날 퇴근 일찍 하긴 어려울 거예요.

---

extras

영어전달력   ● 잘 못해요

'잘한다', '못한다'라는 말을 영어로 할 때 한국인들은 good at이나 poor at을 떠올린다. 하지만 영어에서는 이런 표현보다는 I'm not much of a drinker.(술 잘 못해요.)처럼 명사형으로 말하거나 I am not too confident with my Powerpoint skills.(저 파워포인트 잘 못해요.)를 자주 쓴다. 영어식 표현을 쓸 수 있도록 하자.

pattern 117

Could you please sign ~?

~에 서명해주시겠어요?

문서에 서명을 받을 때 쓰는 패턴이다.

코어패턴　필요한 말을 넣어 패턴을 연습하세요

1　**Could you please sign** here?

2　**Could you please sign** on the top right?

3　**Could you please sign** at the bottom?

4　**Could you please sign** the final draft of the report?

5　**Could you please sign** on the online DB?

6　**Could you please sign** the minutes of the board meeting?

1　여기에 서명해주시겠어요?
2　우측 상단에 서명해주시겠어요?
3　하단에 서명해주시겠어요?
4　보고서 최종 드래프트에 서명해주시겠어요?
5　온라인 DB상에 서명해주시겠어요?
6　이사회 의사록에 서명해주시겠어요?

실전대화　한국어 부분을 영어로 바꿔 말해보세요.

1　A　Oh, Josh! Here you were. 여기에 서명해주시겠어요?

　　B　What is this about? Am I the right person to sign it?

2　A　Hello, Ms. Johnson. This is Harry from Accounting. I'm calling about the request I submitted a couple days ago. 온라인 DB상에 서명해주시겠어요?

　　B　I think I missed the notice. Hmm, I can see your request now. I'll sign within minutes.

A　Josh! 여기에 계셨군요. Could you please sign here?
B　이거 무슨 내용이에요? 제가 서명하는 것이 맞나요?

A　Johnson씨 안녕하세요. 회계의 Harry입니다. 며칠 전 제가 제출한 요청서 관련 전화드렸습니다. Could you please sign on the online DB?
B　제가 알림을 못 본 것 같군요. 이제 요청서 보이네요. 몇 분 이내로 서명하겠습니다.

---

extras

영어전달력

● **May I have your signature ~?** 서명해주시겠어요?

이렇게 말하면 좀더 격식 있는 표현이 된다. 우리가 흔히 말하는 '싸인'은 콩글리시로, '서명'을 뜻하는 명사는 signature다. 참고로 유명인으로부터 받는 사인은 autograph다.

I got an autograph from Michael Jordan! 나 마이클 조던한테서 사인받았어!

● **sign off** (최종) 결재를 받다

sign은 일반적인 서명을 받는 것이라면 sign off는 최종결정권자의 서명을 받는 것을 말한다.

The CEO has just signed off the contract and we're ready to share this with our counterparty. CEO께서 계약서에 최종 서명을 하셨고 저희는 상대쪽에 이것을 공유할 예정입니다.

PART 2
재무
(자금/투자/IR)

Part 2에서는 자금, 투자, IR 등 재무와 관련된 업무에서
자주 쓰는 영어패턴 108개를 뽑았습니다.
재무 관련 표현에서는 투자와 IR 업무에서
회사의 안정성과 발전 가능성을 어필하고
강점을 부각시키는 동시에,
단점은 극복할 도전과제로 표현할 수 있어야 합니다.

I 자금

입출금 관리에서는 현금 및 계좌 관리, 채권채무 관리 업무에 초
점을 맞춘 영어패턴을 정리하였습니다. 자금조달 및 운용에서는
금융기관 등으로부터 자금을 조달하고 이를 운용하는 데 자주 쓰
는 패턴을 뽑았습니다. 환율, 외화환산, 외화운용 관련 패턴은 외
환 관리 편에서 다룹니다.

1 입출금 관리
2 자금조달 및 운용
3 외환 관리

II 투자 및 가치평가 ①_회사와 산업의 이해

투자에 있어서는 회사와 산업의 구조를 이해하는 것이 무엇보다 우선입니다. 일반현황 편에서는 회사의 연혁, 주주구성, 지분구조, 최근 감사의견, 최근 실적 등의 기본 현황 파악에 필요한 표현을 실었습니다. 또한 시장 전망, 사업의 주요 전략과 수익원에 관한 업무에 필요한 표현은 사업개요 편에서 다룹니다. 매출 및 구매 편에서는 주요 고객, 납품처, 설비 투자 등 관련 패턴들을 정리하였습니다. 산업분석 및 회사의 강점·약점·기회·위협 분석(SWOT Analysis) 등을 통하여 회사의 경쟁력을 분석하는 데 활용되는 패턴은 경쟁력 분석 편에서 다루겠습니다.

1 일반현황
2 사업개요
3 매출 및 구매
4 경쟁력 분석

III 투자 및 가치평가 ②_가치평가(Valuation)

Valuation은 한국어로 '가치평가'라고 하지만 실무에서는 영어 그대로 '밸류에이션'이라는 용어를 더 많이 사용합니다. 밸류에이션의 기본전제를 설명할 때 주로 등장하는 개념인 할인율, 주요 가정, 투입변수 등 관련 패턴을 먼저 연습해봅시다. 매출 및 원가를 추정(forecast)하는 데 있어서 주로 사용되는 패턴은 매출 및 원가 편에 정리했습니다. 판매관리비, 수수료 등 주로 기타 제비용 관련 패턴은 기타조정 편에서 배울 수 있습니다. 밸류에이션의 결론을 형성하는 단계에서 주로 쓰이는 패턴 형식이 있습니다. 결론 부분에서 다루겠습니다.

1 기본전제
2 매출 및 원가
3 기타조정
4 결론

IV IR(Investor Relations)

투자자와의 관계를 긍정적으로 지속해나갈 수 있도록 대응하는 커뮤니케이션과 회사의 신뢰도를 높이는 경영공시를 하는 데 있어서 필요한 영어표현을 배우겠습니다. 투자자를 대할 때 주가 관련 보고, 실적 보고, 회사에 대한 전반적 현황 소개를 할 수 있는 패턴들을 정리하였습니다. 법정공시나 이사회/주주총회 결의 등 경영공시에 관련된 패턴도 익혀봅시다.

1 투자자 대응
2 경영공시

자금

입출금 관리

자금조달 및 운용

외환 관리

pattern 118

~ have been deposited to ....

~가 …에 입금되었습니다.

돈이 입금됐을 때, 계좌와 입금 금액을 알려주는 표현이다.

코어패턴   필요한 말을 넣어 패턴을 연습하세요.

1 300 dollars **have been deposited.**

2 2 million HK dollars **have been deposited.**

3 500 million won **have been deposited to** the account.

4 The entire AR **have been deposited to** the H Bank account.

5 1 billion won in cheque **have been deposited to** our 101 account.

1 300불이 입금되었습니다.
2 2백만 홍콩 달러가 입금되었습니다.
3 5억원이 계좌에 입금되었습니다.
4 외상매출금 전부가 H은행계좌에 입금되었습니다.
5 수표로 10억원이 저희 101번 계좌에 입금되었습니다.

실전대화   한국어 부분을 영어로 바꿔 말해보세요.

1 A Did the customer transfer the money?
   B 네. 5억원이 입금되었습니다.

2 A Any response from ABC Corp.?
   B 4,000불이 K은행 계좌에 입금되었습니다. This is weird. Let me make a call.

A 고객이 돈을 이체했나요?
B Yes, 500 million won have been deposited.

A ABC사로부터 연락 있었나요?
B 4,000 dollars have been deposited to the K Bank account. 이상하군요. 전화해볼게요.

---

extras

영어전달력   ● **deposited to ~** ~에 입금했다 / **paid out from ~** ~로부터 출금했다

'입금'은 deposited to ~이고, '출금'은 paid out from ~이다. 그래서 'ABC은행계좌로부터 출금되다'라는 말은 paid out from the ABC Bank account라고 한다.

pattern 119

I see the money is in the account, but ~.

계좌에 입금이 됐는데요, ~합니다.

입금이 확인됐지만 다른 문제가 있을 때 문제를 제기하는 표현이다.

코어패턴 필요한 말을 넣어 패턴을 연습하세요.

1 **I see the money is in the account, but** do not know from whom.

2 **I see the money is in the account, but** have no idea what it's about.

3 **I see the money is in the account, but** am stuck with the corresponding account.

4 **I see the money is in the account, but** it's 5 million won less than what we asked for.

5 **I see the money is in the account, but** it has been rounded down to the nearest thousand.

1 계좌에 입금이 됐는데요, 입금자가 누구인지 모르겠어요.
2 계좌에 입금이 됐는데요, 적요를 알 수가 없네요.
3 계좌에 입금이 됐는데요, 상대계정을 뭐로 해야 할지 모르겠어요.
4 계좌에 입금이 됐는데요, 저희가 요청한 것보다 5백만원이 덜 입금됐어요.
5 계좌에 입금이 됐는데요, 1000원 단위에서 절사되어 있네요.

실전대화 한국어 부분을 영어로 바꿔 말해보세요

1 A We need to have 70,000 transferred by Abdul. Do we have that amount in the account?

B 계좌에 입금이 됐는데요, 입금자가 누구인지 모르겠어요. It has no name on it.

2 A Did you check the account?

B 입금이 됐는데요, 저희가 요청한 것보다 5백만원이 덜 입금됐어요.

A How come? Call Ms. Smith right away.

A Abdul한테서 70,000을 송금받아야 하는데요. 계좌에 그 금액 들어왔나요?
B I see the money is in the account, but do not know from whom. 이름이 안 적혀 있어요.

A 계좌 확인하셨나요?
B I see the money is in the account, but it's 5 million won less than what we asked for.
A 왜 그렇죠? Smith씨한테 바로 전화해주세요.

pattern
120

A lot of ~ has been claimed.
~가 많이 청구되었습니다.

월결산에서 특정 항목의 현금 지출이 많다고 말할 때 쓰는 표현이다.

코어패턴 필요한 말을 넣어 패턴을 연습하세요.

1   **A lot of** overtime pay **has been claimed.**

2   **A lot of** per diem **has been claimed.**

3   **A lot of** AP **has been claimed this month.**

4   **A lot of** service fees **have been claimed this quarter.**

5   **A lot of** electricity expenses **have been claimed this year.**

1 야근수당이 많이 청구되었습니다.
2 출장비가 많이 청구되었습니다.
3 외상매입금이 이번 달 많이 청구되었습니다.
4 용역수수료가 이번 분기에 많이 청구되었습니다.
5 전기료가 올해 많이 청구되었습니다.

실전대화 한국어 부분을 영어로 바꿔 말해보세요.

1   A How come our internal expenditures have increased so much?

    B 야근수당이 이번 달 많이 청구되었습니다. A new product is about to be launched and the Marketing Team people are working their butts off.

2   A 용역수수료가 이번 분기 많이 청구되었습니다. Law and accounting firms have sent us their bills.

    B How much were they each?

A 내부 지출이 왜 이렇게 많이 증가했나요?
B A lot of overtime has been claimed this month. 신제품 출시가 임박해서 마케팅팀 사람들이 뼈빠지게 일하고 있어요.

A A lot of service fees have been claimed this quarter. 법무법인과 회계법인에서 청구서를 보내왔어요.
B 각각 얼마였나요?

---

extras

영어전달력

● 야근 / 특근
야근은 밤에, 특근은 정규근무시간 외(주말 등)에 일하는 것을 뜻한다. 야근, 특근을 영어에서는 따로 구분하지 않고, 정규근무시간보다 '오바'해서 근무했다는 개념으로 overtime이라 한다. 즉, 야근, 특근 모두 영어로는 overtime이라고 하는 것이 맞다.

● 출장비
per diem은 라틴어로 per day를 뜻한다. 출장을 갔을 때 숙박, 식사, 교통비 등 '하루 동안' 쓰는 비용이라는 의미로, '출장비'를 per diem이라고 쓴다.

The credit line amounts to ~.

인출한도는 ~입니다.

마이너스 계좌는 인출한도가 있다. 그 인출한도가 얼마인지 말하는 표현이다.

코어패턴 필요한 말을 넣어 패턴을 연습하세요.

1 **The credit line amounts to** 10 billion Korean won.

2 **The credit line amounts to** 5 million US dollars.

3 **The credit line amounts to** 200 million Japanese yen.

4 **The credit line** of this account **amounts to** 300 thousand Chinese yuan.

5 **The credit line** for all of our accounts **amounts to** 100 thousand Euros.

1 인출한도는 100억원입니다.
2 인출한도는 5백만 미국 달러입니다.
3 인출한도는 2억 엔입니다.
4 이 계좌의 인출한도는 30만 위안입니다.
5 저희 모든 계좌의 인출한도는 10만 유로입니다.

실전대화 한국어 부분을 영어로 바꿔 말해보세요.

1 A 인출한도는 30만 위안입니다. Do you think it's enough?

   B Good, that's more than enough. W Bank has also offered us the cheapest interest. Let's go with it.

2 A What is the balance of the overdraft account?

   B The current balance is 480 thousand, whereas 인출한도는 5십만 미국 달러입니다. which means we're nearly full.

A The credit line is 300 thousand yuan. 이 정도면 충분해보이나요?
B 좋습니다. 그 정도면 충분하고도 남습니다. W은행이 또한 가장 저렴한 이율을 제시했네요. 이걸로 진행하시죠.

A 마이너스 계좌의 잔액이 얼마예요?
B 현재 잔액은 48만인데 the credit line amounts to 500 thousand US dollars. 즉, 한도가 거의 찬 상태입니다.

---

extras

영어전달력 ● Yen 엔 / Yuan 위안

엔화와 위안화의 발음이 헷갈리는 경우가 많다. 두 발음의 특징을 살펴보면 Yen은 [옌]에 가깝게 발음되고, Yuan은 [유안]으로 '안'에 강세를 주어 발음한다.

pattern 122

Costs for ~ have been cut.

~ 비용이 절감되었습니다.

일반적으로 지출이 감소한 것은 비용을 절감했기 때문이다. 특정 비용이 절감되었다고 말해보자.

코어패턴 필요한 말을 넣어 패턴을 연습하세요.

1 **Costs have been cut.**

2 **Costs for** advertising **have been cut.**

3 **Costs for** personnel **have been cut.**

4 **Costs for** marketing **have been cut.**

5 **Costs for** lease **have been cut.**

1 비용이 절감되었습니다.
2 광고 비용이 절감되었습니다.
3 인건비가 절감되었습니다.
4 마케팅 비용이 절감되었습니다.
5 리스 비용이 절감되었습니다.

실전대화 한국어 부분을 영어로 바꿔 말해보세요

1 A How come our expenditures declined?
   B Due to overall recession, 광고 비용이 절감되었습니다.

A 저희 지출이 왜 감소했나요?
B 전반적인 불황으로, costs for advertising have been cut.

2 A Why did the expenses decrease by 25% in 2016?
   B 마케팅 비용이 절감되었기 때문입니다. More than 20% of our sales force were laid off back then.

A 2016년에 비용이 25% 정도 감소한 이유가 무엇인가요?
B It's because costs for marketing have been cut. 영업인력 20% 이상이 당시 회사를 그만두었어요.

ⓔⓧⓣⓡⓐⓢ

영어전달력 ● 불황 / 호황

'불황'은 recession이다. 경제가 뒤로(re) 가는(cede) 이미지를 떠올리면 된다. '경제 불황'의 의미로 economic recession이라고도 한다. 반대로 '호황'은 economic boom이라고 말한다.

pattern
123

This ~ is due ....

이 ~의 만기는 …입니다.

채권, 예치금 등의 만기를 나타내는 표현이다.

코어패턴 필요한 말을 넣어 패턴을 연습하세요.

1 **This** AR **is due** Friday.

2 **This** deposit **is due** in August.

3 **This** option **is due** November 2019.

4 **This** bond **is due** in two weeks.

5 **This** HTM **is due** May 9th, 2026.

1 이 매출채권의 만기는 금요일입니다.
2 이 예치금의 만기는 8월입니다.
3 이 옵션의 만기는 2019년 11월입니다.
4 이 채권의 만기는 2주 후입니다.
5 이 만기보유증권의 만기는 2026년 5월 9일입니다.

실전대화 한국어 부분을 영어로 바꿔 말해보세요.

1 A When are we supposed to have the payment by from PP Chemicals?

   B 이 매출채권의 만기는 이번 주 금요일입니다.

2 A I'd like to mention that 이 채권의 만기는 2주 후입니다. Therefore, we need to have the principal ready.

   B I see. Looks like we have to find another bank for the principal.

A PP화학으로부터 대금을 언제까지 받기로 했나요?
B This AR is due Friday this week.

A 제가 말씀드리고 싶은 것은 this bond is due in two weeks. 따라서 원금을 준비해 놓아야 할 것 같습니다.
B 네 그렇군요. 원금 준비를 위해 다른 은행을 찾아봐야겠네요.

---

extras

영어전달력
● **due** 만기

due의 기본 의미는 '기간이 다 된, 예정되어 있는'이다. 여기서는 '만기'를 뜻하는데, 위의 문장에서처럼 만기의 정확한 시점인 날짜나 시기를 언급할 때는 보통 'due + 요일 or 날짜' 형식으로 쓴다. on이나 in을 써도 틀리지는 않지만 일반적으로 전치사는 생략된다.

● **HTM** 만기보유증권

Held-to-Maturity의 약자로, 만기보유증권을 말한다.

pattern
124

Was an invoice issued to ~?

~에게 계산서 발급이 됐나요?

대금을 청구할 때 계산서 발급여부를 확인하는 질문이다.

코어패턴 필요한 말을 넣어 패턴을 연습하세요.

1 **Was an invoice issued**?

2 **Was an invoice issued to** S Electronics?

3 **Was an invoice issued to** Dooman Construction?

4 **Was an invoice issued to** the customer?

5 **Was an invoice issued to** the client?

1 계산서 발급이 됐나요?
2 S전자에 계산서 발급이 됐나요?
3 두만건설에 계산서 발급이 됐나요?
4 고객에게 계산서 발급이 됐나요?
5 고객에게 계산서 발급이 됐나요?

실전대화 한국어 부분을 영어로 바꿔 말해보세요.

1 A Hi, this is Jun-yong. I'm calling about an invoice. 두만건설에 계산서 발급이 됐나요?

B Let me check. Yes, it was issued this Monday.

2 A Regarding the monthly closing, S전자에 계산서 발급이 됐나요?

B No, I'm afraid not. I was busy doing something else.

A Please have one issued right away and give them a call once you're done.

A 여보세요? 준용인데요. 계산서 때문에 연락드렸습니다. Was an invoice issued to Dooman Construction?
B 확인해볼게요. 네, 이번 주 월요일에 발급되었습니다.

A 월말 결산 관련, was an invoiced issued to S Electronics?
B 아직 못했네요. 다른 것 하느라 바빴어요.
A 바로 하나 발급해주시고요, 발급되면 전화해주세요.

pattern
125

For uncollected loans, we should ~.

미회수 채권 관련, ~를 해야 할 것 같습니다.

미회수 채권을 회수하기 위한 방안을 제안하는 상황에서 쓰는 표현이다.

코어패턴 필요한 말을 넣어 패턴을 연습하세요.

1   **For uncollected loans, we should** look for a debt collector.

2   **For uncollected loans, we should** seize the real estate.

3   **For uncollected loans, we should** foreclose them on the house.

4   **For uncollected loans, we should** send a certified mail to the landlord.

5   **For uncollected loans, we should** sell the real estate by public auction.

1   미회수 채권 관련, 채권 추심 의뢰를 해야 할 것 같습니다.
2   미회수 채권 관련, 부동산 압류를 해야 할 것 같습니다.
3   미회수 채권 관련, 주택에 대해 담보권 실행을 해야 할 것 같습니다.
4   미회수 채권 관련, 집주인에게 내용증명 송부를 해야 할 것 같습니다.
5   미회수 채권 관련, 부동산을 공매 처분를 해야 할 것 같습니다.

실전대화 한국어 부분을 영어로 바꿔 말해보세요.

1   A What are we going to do?
    B 미회수 채권 관련 채권 추심 의뢰를 해야 할 것 같습니다.

2   A 미회수 채권 관련, 공장에 대해 담보권 실행을 해야 할 것 같습니다.
    B Is the factory in whole pledged as collateral?

A 어떻게 하면 좋을까요?
B For uncollected loans, we should look for a debt collector.

A For uncollected loans, we should foreclose them on the factory.
B 공장이 통째로 담보로 제공이 되어 있나요?

---

extras

영어전달력

● foreclose + 채권 + on the 담보물

'채권 관련 담보물에 대한 권리를 실행하다'는 이 공식으로 기억하면 된다. 이 공식이 복잡하다면 아래 예문을 머릿속에 담아두고, 한국어 해석을 함께 익혀두자.

The bank foreclosed the mortgage / on the house.
은행이 대출금에 대해 권리를 실행했다. / 집을 담보로 잡아서.

pattern 126

~ has been collected and ... stays outstanding.

~는 회수했고 …는 미회수 상태입니다.

채권의 회수/미회수 금액을 나타내는 표현이다.

코어패턴 필요한 말을 넣어 패턴을 연습하세요.

1 1 million **has been collected and** 5 million **stays outstanding.**

2 AR from BMW **has been collected and** AR from KIA **stays outstanding.**

3 Loans to K Corp. **have been collected and** loans to X Corp. **stay outstanding.**

4 All intermediate payments **have been collected and** only the final payment **stays outstanding.**

5 2 million **has been paid and** 8 million **stays outstanding.**

1 1백만은 회수했고, 5백만은 미회수 상태입니다.
2 BMW 외상매출은 회수했고, KIA 외상매출은 미회수 상태입니다.
3 K사 대여금은 회수했고, X사 대여금은 미회수 상태입니다.
4 중도금 전액은 회수했고, 잔금만 미회수 상태입니다.
5 2백만은 지급을 했고, 8백만은 미지급 상태입니다.

실전대화 한국어 부분을 영어로 바꿔 말해보세요.

1 A Has everything been collected?
　B I'm afraid not. 1백만은 회수했고, 5백만은 미회수 상태입니다.

2 A It seems the final payment is still outstanding. I just got a call.
　B You're right. 단지 5천 지급을 했고, 3천은 미지급 상태입니다.

A 전부 회수됐나요?
B 아닙니다. 1 million has been collected and 5 million stays outstanding.

A 잔금 지급이 아직 안 됐나봐요. 방금 전화 왔네요.
B 맞습니다. Only 5,000 has been paid and 3,000 stays outstanding.

---

extras

영어전달력 ● **outstanding** 미회수 상태인

'뛰어난'이라는 뜻이다. 일반적으로 영어에서는 '다른 것과 비교해서 밖에 나와 있음', 즉 '눈에 띌 정도로 훌륭하다'는 의미로 많이 쓰인다. 반면 자금 실무에서는 주로 '다른 것과 비교해서 잔액 등이 죽지 않고 밖에 나와 있음'의 의미로 '미회수, 미지급, 미처리 상태'를 의미한다.

pattern 127

I tried to reach out, but ~.

연락해봤는데 ~.

거래처와 연락이 잘 안 되는 상황에서 쓰는 표현이다.

코어패턴 필요한 말을 넣어 패턴을 연습하세요.

1 **I tried to reach out, but** no one's answering the phone.

2 **I tried to reach out, but** there was no reply on the email.

3 **I tried to reach out, but** I heard the CEO is not coming to work these days.

4 **I tried to reach out, but** this company is said to have gone out of business.

5 **I tried to reach out, but** it is said that the landlord is nowhere to be seen.

1 연락해봤는데 아무도 전화를 안 받아요
2 연락해봤는데 이메일 답장이 없어요
3 연락해봤는데 대표이사가 요즘 출근 안 한다네요
4 연락해봤는데 이 회사 폐업했다는데요
5 연락해봤는데 집주인을 찾을 수가 없다는데요

실전대화 한국어 부분을 영어로 바꿔 말해보세요.

1 A Did you manage to get hold of Jung-eun?

   B 연락해봤는데 전화를 안 받아요.

2 A Regarding the AR on MukTui Company, 연락해봤는데 이 회사 폐업했다는데요.

   B Oh my God. A lot of money is at stake here.

A 정은씨 연락 되나요?
B I tried to reach out, but he's not answering the phone.

A MukTui사 매출채권 관련, I tried to reach out, but this company is said to have gone out of business.
B 이런. 거기에 걸린 돈이 꽤 큰데 큰일이네요.

pattern 128

How much did ~ claim for ...?

~가 …에 대해 얼마를 청구했나요?

거래처나 타 부서에서 청구한 금액이 있을 때 이를 확인하는 질문이다.

코어패턴 필요한 말을 넣어 패턴을 연습하세요.

1 **How much did** the supplier **claim?**

2 **How much did** the vendor **claim for** the products?

3 **How much did** Mr. Evans **claim for** the accommodation?

4 **How much did** the lawyers **claim for** the legal letter?

5 **How much did** the customer **claim for** the damage?

1 공급자가 얼마를 청구했나요?
2 벤더사가 제품에 대해 얼마를 청구했나요?
3 Evans씨가 숙소에 대해 얼마를 청구했나요?
4 변호사들이 법률 서한에 대해 얼마를 청구했나요?
5 고객이 손해에 대해 얼마를 청구했나요?

실전대화 한국어 부분을 영어로 바꿔 말해보세요.

1
 A There's the invoice for the products arrived this morning.
 B 공급자가 얼마를 청구했나요?
 A 8 grand.

A 오늘 아침 도착한 제품에 대한 계산서 여기 있습니다.
B How much did the supplier claim?
A 8천이요.

2
 A 변호사들이 법률 서한에 대해 얼마를 청구했나요?
 B 40,000 dollars.
 A That's outrageous! It can't be that much.

A How much did the lawyers claim for the legal letter?
B 4만 달러요.
A 미친 거 아니에요? 그 정도로 많이 나올 수가 없는데요.

---

extras

영어전달력 ● grand = thousand

구어체에서 쓰는 비격식 표현으로 '천(thousand)'을 의미한다. 하지만 이를 문서상에 글자로 쓰지는 않도록 주의하자.

pattern 129

Which ~ offers the cheapest loan?

대출금리가 가장 싼 ~은 어디인가요?

차입을 할 때 가장 싼 금리를 제공하는 곳을 묻는 말이다.

코어패턴　필요한 말을 넣어 패턴을 연습하세요.

1　**Which** bank **offers the cheapest loan?**

2　**Which** savings bank **offers the cheapest loan?**

3　**Which** loan company **offers the cheapest loan?**

4　**Which** insurance company **offers the cheapest loan?**

5　**Which** capital company **offers the cheapest loan?**

1 대출금리가 가장 싼 은행은 어디인가요?
2 대출금리가 가장 싼 저축은행은 어디인가요?
3 대출금리가 가장 싼 대부업체는 어디인가요?
4 대출금리가 가장 싼 보험사는 어디인가요?
5 대출금리가 가장 싼 캐피탈사는 어디인가요?

실전대화　한국어 부분을 영어로 바꿔 말해보세요.

1　A 대출금리가 가장 싼 저축은행은 어디인가요?

　　B It's the Midnight Savings Bank, with an interest rate of 5%.

2　A Could you do me a favor?

　　B Sure. Go ahead.

　　A Could you do a research on 대출금리가 가장 싼 은행이 어디인가요?

A Which savings bank offers the cheapest loan?
B 5%의 이자율을 제시하는 미드나잇저축은행입니다.

A 부탁 하나 할 수 있을까요?
B 물론입니다. 말씀하세요.
A 조사 부탁드릴게요. Which bank offers the cheapest loan?

---

extras

영어전달력　● **cheapest loan** 최저금리 대출

'금리가 가장 싼 대출'을 말할 때 loan with the lowest interest rate이라 해도 되지만 표현이 너무 길다. 간단히 cheapest loan이라고 해도 충분히 알아들을 수 있고 의미 전달도 간결하다.

pattern 130

It has a ~ interest rate of ...%.

이자율은 ~ …% 입니다.

이자율의 종류와 수준을 나타내는 표현이다.

코어패턴   필요한 말을 넣어 패턴을 연습하세요.

1   **It has an interest rate of** 2.3%.

2   **It has a** fixed **interest rate of** 5%.

3   **It has a** floating **interest rate of** CD+2%.

4   **It has a** floating **interest rate of** 3-month Libor+1%.

5   **It has a** variable **interest rate of** USD 1Y Libor+0.5%.

1 이자율은 2.3%입니다.
2 이자율은 고정 5%입니다.
3 이자율은 변동 CD+2%입니다.
4 이자율은 변동 3개월 Libor+1%입니다.
5 이자율은 변동 USD 1년 Libor+0.5%
    입니다.

실전대화   한국어 부분을 영어로 바꿔 말해보세요.

1   A On the loans to employees, what is the interest rate?

    B 이자율은 0.8%입니다. Very low, indeed.

2   A What is the interest rate of the borrowing from W Bank?

    B 이자율은 변동 3개월 Libor+1%입니다.

1 A 직원대여금 관련, 이자율이 얼마인가요?
  B It has an interest rate of 0.8%.
    무척 낮죠.

2 A W은행으로부터의 차입금 이자율은
    얼마인가요?
  B It has a floating interest rate of
    3-month Libor+1%.

---

extras

영어전달력   ● **floating / variable** 변동의
둘은 같은 의미로, 이자율과 관련해서 쓸 때 '고정'이 아닌 '변동'을 의미한다.

pattern 131

We are mostly financed by ~.

저희는 자금조달을 주로 ~로 하고 있습니다.

회사의 주된 자금조달 방법을 나타내는 표현이다.

코어패턴 필요한 말을 넣어 패턴을 연습하세요.

1 **We are mostly financed by** bank loans.

2 **We are mostly financed by** crowdfunding.

3 **We are mostly financed by** issuing new shares.

4 **We are mostly financed by** debentures issued for the public.

5 **We are mostly financed by** issuing convertible bonds.

1 저희는 자금조달을 주로 은행차입금으로 하고 있습니다.
2 저희는 자금조달을 주로 크라우드 펀딩으로 하고 있습니다.
3 저희는 자금조달을 주로 증자로 하고 있습니다.
4 저희는 자금조달을 주로 대중을 상대로 한 사채발행으로 하고 있습니다.
5 저희는 자금조달을 주로 전환사채 발행으로 하고 있습니다.

실전대화 한국어 부분을 영어로 바꿔 말해보세요.

1 A How do you raise funds?

B 저희는 자금조달을 주로 은행차입금으로 하고 있습니다.

2 A How have you been financed so far and what are the future plans?

B As we're a start-up company, 저희는 자금조달을 주로 크라우드 펀딩으로 하고 있습니다. We're planning to be financed by issuing new shares within 3 years.

A 자금 조달을 어떻게 하세요?
B We are mostly financed by bank loans.

A 여태 어떻게 자금 조달을 했고, 관련 향후 계획은 무엇인가요?
B 스타트업 회사인 관계로, we are mostly financed by crowdfunding. 3년 이내 증자로 자금조달 하는 것을 목표로 하고 있습니다.

---

extras

영어전달력 ● **crowdfunding** 크라우드 펀딩

종종 [클라우드 펀딩]이라고 잘못 발음해서 구름(cloud) 펀딩으로 오해하는 경우가 있다. crowdfunding은 '군중펀딩'이라는 의미로 [크라우드 펀딩]이라고 발음해야 맞다.

pattern
132

Extra cash was invested into ~.

여유자금을 ~에 넣어두었어요.

여유자금이 있을 때 이를 보통예금 통장에 두지 않고, 짧은 기간이라도 금융상품에 넣어두는 것이 이득이다. 여유자금의 투자처를 나타내는 표현이다.

코어패턴 필요한 말을 넣어 패턴을 연습하세요.

1 **Extra cash was invested into** MMDA.

2 **Extra cash was invested into** installment savings.

3 **Extra cash was invested into** free installment savings.

4 **Extra cash was invested into** 1-year time deposits.

5 **Extra cash was invested into** call money.

1 여유자금을 MMDA에 넣어두었어요
2 여유자금을 정기적금에 넣어두었어요
3 여유자금을 자유불입식적금에
   넣어두었어요
4 여유자금을 1년 정기예금에
   넣어두었어요
5 여유자금을 콜머니에 넣어두었어요.

실전대화 한국어 부분을 영어로 바꿔 말해보세요.

1 A We managed to sell some land last year and
      여유자금을 정기예금에 넣어두었어요.

   B On what period are they?

   A They are all on a one-year period.

2 A Could you give us a rundown on the management of
      extra cash during the first quarter?

   B 여유자금을 자유불입식적금에 넣어두었어요. It only lasted a
      couple of weeks, though. It was then invested into
      capital expenditures.

A 작년에 토지 일부를 팔게 되었고, extra
   cash was invested into time
   deposits.
B 기간은 어떻게 되나요?
A 모두 1년짜리예요.

A 1분기 동안의 여유자금 관리에 대한
   설명을 해주시겠어요?
B Extra cash was invested into
   free installment savings. 단지 몇 주
   동안이긴 했지만요. 그 이후에는 자본적
   지출에 투자되었습니다.

pattern 133

The funds raised are ~ higher than ....

자금유치는 …보다 ~ 높습니다.

증자, 차입 등을 통해 자금을 유치한 경우, 실제 유치금액과 예상한 금액을 비교하는 표현이다.

코어패턴 필요한 말을 넣어 패턴을 연습하세요.

1 **The funds raised are higher than** planned.

2 **The funds raised are** 5% **higher than** the estimate.

3 **The funds raised are** 70 thousand **lower than** the budget.

4 **The funds raised are** far **higher than** what was expected.

5 **The funds raised are** slightly **lower than** what was asked for.

1 자금유치는 계획된 것보다 높습니다.
2 자금유치는 추정치보다 5% 높습니다.
3 자금유치는 예산보다 7만 낮습니다.
4 자금유치는 예상된 것보다 훨씬 높습니다.
5 자금유치는 요구된 것보다 소폭 낮습니다.

실전대화 한국어 부분을 영어로 바꿔 말해보세요.

1 A How did we do on the funding?

B 자금유치는 계획된 것보다 높습니다.
We accomplished about 500 thousand dollars.

2 A I heard we're falling short of the budget.

B 자금유치는 예산보다 10만 정도 낮습니다.

A 자금 유치 실적이 어느 정도였나요?
B The funds raised are higher than planned. 50만 달러 정도를 달성했습니다.

A 예산 달성을 못했다고 들었는데요.
B The funds raised are 100 thousand lower than the budget.

---

extras

영어전달력 ● **attract funds / raise funds** 자금을 조달하다
두 표현은 같은 말로 '자금을 조달하다'라는 뜻인데, 일반적으로 원어민들은 raise funds를 더 많이 쓴다.

pattern
134

~ have been provided as collateral.
~가 담보로 제공되었습니다.

자금을 차입하기 위해서는 은행 등의 채권자에게 담보를 제공하는 것이 일반적이다.

코어패턴 필요한 말을 넣어 패턴을 연습하세요.

1 Inventory **has been provided as collateral.**

2 Machinery **has been provided as collateral.**

3 Land **has been provided as collateral** to the creditor.

4 Deposits **have been provided as collateral** to the bank.

5 Vehicles **have been provided as collateral** to Company ABC.

1 재고가 담보로 제공되었습니다.
2 기계장치가 담보로 제공되었습니다.
3 채권자에게 토지가 담보로 제공되었습니다.
4 은행에 예금이 담보로 제공되었습니다.
5 ABC사에 차량운반구가 담보로 제공되었습니다.

실전대화 한국어 부분을 영어로 바꿔 말해보세요.

1 A The bank must have asked for something in return.
   B You're right. 기계장치가 담보로 제공되었습니다.

2 A Borrowings from Company ABC? What are these about?
   B The borrowings were used to purchase extra products. 따라서 그 제품들이 담보로 제공되었습니다.

1 A 은행이 분명 대가로 무언가를 요구했을 텐데요.
   B 맞습니다. Machinery has been provided as collateral.

2 A ABC사로부터의 차입금이요? 이것은 무슨 내용인가요?
   B 여유 제품을 구입하기 위해 차입금이 사용되었습니다. Therefore, those products have been provided as collateral.

pattern
135

The bank ~ our credit line.

은행에서 한도를 ~하네요.

회사의 신용점수 등에 따라 은행에서 한도를 조정하는 상황이다.

코어패턴 필요한 말을 넣어 패턴을 연습하세요.

1 **The bank** drew down **our credit line.**

2 **The bank** is said to maintain **our credit line.**

3 **The bank** is proposing an increase in **our credit line.**

4 **The bank** is insisting on a drawdown in **our credit line.**

5 **The bank** plans to adjust **our credit line** depending on our credit score.

1 은행에서 한도를 축소했어요
2 은행에서 한도를 유지하겠다고 하네요
3 은행에서 한도를 늘려주겠다고 하네요
4 은행에서 한도를 축소하겠다고 하네요
5 은행에서 한도를 저희 신용점수에 맞춰 조정하겠다고 하네요

실전대화 한국어 부분을 영어로 바꿔 말해보세요.

1 A The overdraft is due next month and I got a call from the K Bank. 은행에서 한도를 늘려주겠다고 하네요.
   B Really? That's not bad news, is it?

2 A I have bad news for you. I got an email from the C Bank.
   B Go ahead.
   A 은행에서 한도를 축소하겠다고 하네요. Guess it's because we turned down their offer to have them registered as our corporate card business partner.

A 마이너스 통장이 다음달 만기인데 K은행에서 걸려온 전화를 받았습니다. The bank is proposing an increase in our credit line.
B 그래요? 나쁜 소식은 아닌 거죠?

A 안 좋은 소식이 있습니다. C은행으로부터 이메일을 받았어요.
B 말씀하시지요.
A The bank is insisting on a drawdown in our credit line. 아마도 저희 법인카드 사업자로서 등록해달라는 제안을 거부한 것 때문인 것 같아요.

---

extras

영어전달력

● **credit line / credit limit** 한도
실무에서는 같은 의미로 쓰인다.

● 한도 축소 / 한도 증액
'한도 축소'는 credit line drawdown이라고 한 단어처럼 기억하는 것이 좋다. 한도를 끌어(draw) 내리는(down) 이미지로 기억하자. 이때 cut, reduction, decrease, shrinkage, diminution(diminish의 명사형) 등의 단어를 사용하면 안된다. '한도 증액'은 credit line increase이다.

~ is required for a limit increase.

한도증액을 하려면 ~가 필요해요.

한도 증액을 위해 요구되는 사항을 알리는 표현이다.

코어패턴 필요한 말을 넣어 패턴을 연습하세요.

1 A business license **is required for a limit increase.**

2 A credit reference **is required for a limit increase.**

3 A high credit score **is required for a limit increase.**

4 An actual visit to the bank **is required for a limit increase.**

5 A security card authentication **is required for a limit increase.**

> 1 한도 증액을 하려면 사업자등록증이 필요해요
> 2 한도 증액을 하려면 신용조회가 필요해요
> 3 한도 증액을 하려면 높은 신용점수가 필요해요
> 4 한도 증액을 하려면 은행 직접 방문이 필요해요
> 5 한도 증액을 하려면 보안카드 인증이 필요해요

실전대화 한국어 부분을 영어로 바꿔 말해보세요.

1 A Currently our limit is 500 million and it'd be better to have it increased up to a billion.

   B Yeah, right. 하지만 한도 증액을 하려면 높은 신용점수가 필요해요. What can we do to get high scores?

2 A Is there a way we can get a limit increase?

   B 한도 증액을 하려면 은행 직접 방문이 필요해요. Shall I make an appointment?

> A 현재 저희 한도는 5억인데 10억으로 증액을 하는 것이 유리해보입니다.
> B 네 맞습니다. But, a high credit score is required for a limit increase. 높은 점수를 얻기 위해 저희가 무엇을 할 수 있을까요?
>
> A 한도 증액을 받기 위한 방법이 있을까요?
> B An actual visit to the bank is required for a limit increase. 약속을 잡아볼까요?

---

extras

영어전달력   ● **SMS 인증 / OTP 인증**

'SMS 인증'은 SMS(Short Message Service) authentication

'OTP 인증'은 OTP(One-Time-Password) authentication

● **credit reference 신용조회**

'신용조회'를 뜻한다. 이와 관련된 '신용조회기관'은 Credit Reference Agency이다. 한국에서는 주로 '신용평가기관'이라고 부른다.

pattern 137

We should apply for an interest rate cut, as ~.

~로 인해 금리인하를 신청하는 것이 좋을 것 같습니다.

금리 인하 신청 요건이 충족된다고 판단될 때 제안하는 표현이다.

코어패턴 필요한 말을 넣어 패턴을 연습하세요.

1 **We should apply for an interest rate cut, as** our bond rating increased.

2 **We should apply for an interest rate cut, as** we managed to get a patent.

3 **We should apply for an interest rate cut, as** our financial status improved.

4 **We should apply for an interest rate cut, as** we managed to get a technology certification.

5 **We should apply for an interest rate cut, as** we have provided collateral.

1 저희 채권 등급 상승으로 인해 금리인하를 신청하는 것이 좋을 것 같습니다.
2 특허취득으로 인해 금리인하를 신청하는 것이 좋을 것 같습니다.
3 재무상태 개선으로 인해 금리인하를 신청하는 것이 좋을 것 같습니다.
4 기술인증 취득으로 인해 금리인하를 신청하는 것이 좋을 것 같습니다.
5 담보 제공으로 인해 금리인하를 신청하는 것이 좋을 것 같습니다.

실전대화 한국어 부분을 영어로 바꿔 말해보세요.

1 A The patent has finally been approved! Congratulations!

B Thanks! By the way, 특허취득으로 인해 금리인하를 신청하는 것이 좋을 것 같습니다.

2 A Were you looking for me?

B Right. 3년 연속 재무상태 개선으로 인해 금리인하를 신청하는 것이 좋을 것 같습니다. I want you to take the lead, is that okay?

A I'd be more than happy to. I'll see what I can do and get back to you.

1 A 특허가 결국 승인이 되었군요. 축하드립니다!
B 감사합니다. 그나저나, we should apply for an interest rate cut, as we managed to get a patent.

2 A 저 찾으셨다면서요?
B 네 맞습니다. We should apply for an interest rate cut, as our financial status improved for 3 consecutive years. 이 일을 주도적으로 맡아서 해주셨으면 좋겠는데요, 괜찮을까요?
A 기꺼이 하도록 하겠습니다. 할 수 있는 것 해보고 다시 말씀드리도록 하겠습니다.

pattern 138

Figures have been translated into ~.

수치들은 ~로 환산되었습니다.

수치가 특정한 환율로 환산되었다고 말하는 표현이다.

코어패턴 필요한 말을 넣어 패턴을 연습하세요.

1 **Figures have been translated into** Korean won.

2 **Figures have been translated into** US dollars.

3 **Figures have been translated into** thousands of Korean won.

4 **Figures have been translated** from US dollars **into** Korean won.

5 **Figures have been translated** from local currency **into** Euros.

1 수치들은 원화로 환산되었습니다.
2 수치들은 미국달러로 환산되었습니다.
3 수치들은 원화 천 단위로 환산되었습니다.
4 수치들은 미국달러에서 원화로 환산되었습니다.
5 수치들은 현지통화에서 유로로 환산되었습니다.

실전대화 한국어 부분을 영어로 바꿔 말해보세요.

1 A Are all figures on the accounting worksheet in Korean won?

   B 수치들은 원화로 환산된 것으로 알고 있습니다. Is there anything wrong?

   A I'm afraid so. Take a look at column F. They are still in US dollars.

2 A Just obtained the financials of Swiss Corp. 수치들은 현지통화에서 유로로 환산되었습니다.

   B Right. We need to have them translated into Korean won then.

A 정산표상 모든 수치가 원화로 되어 있나요?
B I understand that figures have been translated into Korean won. 잘못된 것이 있나요?
A 그런 것 같군요. F열 한번 보세요. 여전히 미국달러인데요.

A 방금 전 Swiss사의 재무제표를 입수하였습니다. Figures have been translated from local currency into Euros.
B 알겠습니다. 그렇다면 원화로 환산을 해야겠네요.

---

extras

영어전달력 ● 숫자 / 수치

figure와 number는 어떻게 다를까? 한국어로 number는 '숫자', figure는 '수치'를 의미한다. 특히 figure는 '계산되어 나온 값'인 '수치'를 의미하기 때문에 위 문장에서 '환산되어 나온 값'이라는 의미로 figure를 쓰는 것이 보다 자연스럽다.

pattern 139

Translations are done using the ~ exchange rate.

환산은 ~ 환율로 된 것입니다.

외화환산 시 적용된 환율의 종류를 나타내는 표현이다.

코어패턴 필요한 말을 넣어 패턴을 연습하세요.

1 **Translations are done using the** closing **exchange rate.**

2 **Translations are done using the** basic **exchange rate.**

3 **Translations are done using the** 2017 average **exchange rate.**

4 **Translations** into Korean won **are done using the** historical **exchange rate.**

5 **Translations are done using the** opening **exchange rate** of KH Bank.

1 환산은 기말환율로 된 것입니다.
2 환산은 매매기준환율로 된 것입니다.
3 환산은 2017년 평균환율로 된 것입니다.
4 원화로의 환산은 역사적 환율로 된 것입니다.
5 환산은 KH은행의 최초고시환율로 된 것입니다.

실전대화 한국어 부분을 영어로 바꿔 말해보세요.

1 A What exchange rate is used?
  B 환산은 12월 31일자 기말환율로 된 것입니다.

2 A Is it the average exchange rate that is used for foreign currency translation?
  B No, it isn't. 환산은 KH은행의 최초고시환율로 된 것입니다. That's the industry practice.

A 어떤 환율이 적용된 것인가요?
B Translations are done using the closing exchange rate as of December 31.

A 외화환산에 사용된 환율은 평균환율인가요?
B 아닙니다. Translations are done using the opening exchange rate of KH Bank. 이게 업계 관행이에요.

---

extras

영어전달력 ● 최초고시환율

실무적으로 자주 사용되는 표현이다. 하루 중 수시로 변하는 것이 환율인데, 환산의 기준이 되는 환율은 한국에서는 최초고시환율이기 때문이다. 이를 영어로 말할 때는 '고시'라는 의미는 생략하고 opening exchange rate이라고 한다. '최초'라는 의미 때문에 opening 대신 initial이나 original 같은 단어를 쓰지 않도록 주의하자.

pattern 140

The exchange rate has ~.

환율이 ~했습니다.

환율의 움직임 관련 표현이다.

코어패턴 필요한 말을 넣어 패턴을 연습하세요

1 **The exchange rate has** increased.

2 **The exchange rate has** decreased by 7 won.

3 **The exchange rate has** been stable this week.

4 **The exchange rate has** roller-coastered for the last 2 weeks.

5 **The exchange rate has** fluctuated between 170 and 200.

1 환율이 증가했습니다.
2 환율이 7원만큼 감소했습니다.
3 환율이 이번 주 안정적이었습니다.
4 환율이 지난 2주 동안 널뛰기를 했습니다.
5 환율이 170과 200 사이에서 변동했습니다.

실전대화 한국어 부분을 영어로 바꿔 말해보세요.

1 A How did the exchange rate change today?
   B 환율이 2.5원만큼 감소했습니다.

2 A What does the exchange rate look like recently?
   B 환율이 지난 2주 동안 널뛰기를 했습니다. We have prepared 3 strategies to counter that.

A 오늘 환율 변동이 어떤가요?
B The exchange rate has decreased by 2.5 won.

A 최근 환율 움직임이 어떤가요?
B The exchange rate has roller-coastered for the last 2 weeks. 이에 대비하여 3개의 전략을 준비해 두었습니다.

Due to the in(de)crease in the ~ exchange rate,

~ 환율 상승(하락)으로 인하여,

'특정 환율의 상승/하락 영향으로'라고 말문을 열 때 쓰는 표현이다.

코어패턴 필요한 말을 넣어 패턴을 연습하세요.

1 **Due to the increase in the** US dolllar **exchange rate,**

2 **Due to the increase in the** bid **exchange rate,**

3 **Due to the increase in the** Chinese yuan **exchange rate,**

4 **Due to the decrease in the** Japanese yen **exchange rate,**

5 **Due to the** drastic **decrease in the** ask **exchange rate,**

1 미국 달러환율 상승으로 인하여
2 매입환율 상승으로 인하여
3 위안환율 상승으로 인하여
4 엔화환율 하락으로 인하여
5 매도환율의 갑작스런 하락으로 인하여

실전대화 한국어 부분을 영어로 바꿔 말해보세요

1 A How come the gains on foreign currency translation have increased this much?

B 미국 달러환율 상승으로 인하여, they have also increased. We have a large position on foreign loans.

A 외화환산이익이 이 정도로 증가한 이유가 뭔가요?
B Due to the increase in the US dollar exchange rate, 외화환산이익이 증가하였습니다. 저희는 외화대출을 많이 보유하고 있습니다.

2 A What happened to the Chinese market?

B 위안환율의 갑작스런 상승으로 인하여, more people are inclined to invest in Chinese assets.

A 중국시장에 무슨 일이 일어난 것인가요?
B Due to the drastic increase in the Chinese yuan exchange rate, 점차 많은 사람들이 중국 자산에 투자하는 추세입니다.

---

extras

영어전달력

- **increase in the US dollar exchange rate** 미국 달러 환율 상승
- **appreciation of US dollar** 미국 달러 평가절상
- **depreciation of Korean won** 원화 평가절하

위의 세 개념은 연계해서 기억해두는 것이 좋다.

pattern
142

The exchange rate closed at ~.

환율은 ~에 마감되었습니다.

마감 환율이 얼마였는지 알리는 표현이다.

코어패턴 필요한 말을 넣어 패턴을 연습하세요.

1 **The exchange rate closed at** 1,100 won per US dollar.

2 **The exchange rate closed at** 1,250 won per Euro.

3 **The exchange rate closed at** 171 won per Chinese yuan yesterday.

4 **The exchange rate closed at** 1,028.52 won per 100 Japanese yen today.

5 **The exchange rate closed at** 890.32 won per Australian dollar as of December 31.

1 환율은 1,100원/달러에 마감되었습니다.
2 환율은 1,250원/유로에 마감되었습니다.
3 어제 환율은 171원/위안에 마감되었습니다.
4 오늘 환율은 1028.52원/엔에 마감되었습니다.
5 12월 31일자 환율은 890.32원/호주 달러에 마감되었습니다.

실전대화 한국어 부분을 영어로 바꿔 말해보세요.

1 A 오늘 환율은 1,123.7원/달러에 마감되었습니다.
       An increase of 20 won compared to the previous day.
   B How does the North Korean missile launch affect the Korean won exchange rate? Do we have any historical data?

A The exchange rate closed at 1,123.7 won per US dollar today. 전일 대비 20원 증가하였습니다.
B 북한의 미사일 발사가 한국 원화 환율에 어떤 영향을 미치나요? 역사적 자료가 있을까요?

2 A 환율은 171.01원/위안에 마감되었습니다. It has been mostly increasing for the last 3 months.
   B The government announcement to deploy additional THAAD missile launchers could be a factor.

A The exchange rate closed at 171.01 won per Chinese yuan. 최근 3개월 동안 대부분의 경우 증가했는데 말이죠.
B 추가적 사드 미사일 발사장치를 배치하기로 한 정부 발표가 요인일 수 있겠네요.

---

extras

영어전달력 ● 숫자 읽기

영어에서 숫자를 읽을 때는 기본적으로 2개씩 끊어 읽는다. 3자리 숫자는 1+2로 읽는다.

1632 = sixteen thirty-two (○). one thousand six hundred and thirty two (×) (이렇게 읽을 시간 없다)

320 = three twenty (○). three hundred and twenty (×) (이렇게 읽을 시간 없다)

자금 > 외환 관리

pattern 143

As FX rates are volatile, we'd better ~.

환율이 불안정한 관계로 ~해야 할 것 같아요.

환율이 불안정한 경우 취할 수 있는 조치를 말하는 표현이다.

코어패턴　필요한 말을 넣어 패턴을 연습하세요.

1　**As FX rates are volatile, we'd better** open a foreign currency account.

2　**As FX rates are volatile, we'd better** reduce the size of FX transactions.

3　**As FX rates are volatile, we'd better** make a currency forward contract.

4　**As FX rates are volatile, we'd better** buy a currency option.

5　**As FX rates are volatile, we'd better** make a currency swap contract with K Bank.

1　환율이 불안정한 관계로 외화계좌를 개설해야 할 것 같아요.
2　환율이 불안정한 관계로 외화거래 비중을 감소시켜야 할 것 같아요.
3　환율이 불안정한 관계로 불안정한 관계로 통화선도 계약을 체결해야 할 것 같아요.
4　환율이 불안정한 관계로 통화옵션을 매입해야 할 것 같아요.
5　환율이 불안정한 관계로 K은행과 통화스왑 계약을 체결해야 할 것 같아요.

실전대화　한국어 부분을 영어로 바꿔 말해보세요.

1　A The FX rate has fluctuated between 1,100 and 1,200 this week.
　　B 환율이 불안정한 관계로 미국 달러 계좌를 개설해야 할 것 같아요.

2　A The FX rate has roller-coastered between 110 and 130 this month.
　　B 환율이 불안정한 관계로 외화거래 비중을 감소시켜야 할 것 같아요.

A 이번 주 환율이 1,100과 1,200 사이에서 변동했습니다.
B As FX rates are volatile, we'd better open a US dollar account.

A 이번 달 환율이 110과 130 사이에서 널뛰기를 했습니다.
B As FX rates are volatile, we'd better reduce the size of FX transactions.

---

extras

영어전달력　● FX

foreign exchange의 줄임말이다. 실무적으로 자주 쓰이는 말이니 기억해두자.

투자 및 가치평가①
회사와 산업에 대한 이해

일반현황

pattern 144　The company was founded -. 회사는 ~에 설립되었습니다.
pattern 145　The company is made up of -. 회사는 ~로 구성되어 있습니다.
pattern 146　The major shareholder is -. 대주주는 ~입니다.
pattern 147　The company is a -% owned subsidiary of .... 회사는 …의 ~% 자회사입니다.
pattern 148　Corporate A is a - listed company. A사는 ~상장사입니다.
pattern 149　The financials have been audited by -. 재무제표는 ~의 감사를 받았습니다.
pattern 150　The audit opinion was -. 감사의견은 ~이었습니다.
pattern 151　- has been chosen as .... ~가 …로 선정되었습니다.
pattern 152　The site serves as -. 현장은 ~의 기능을 하고 있습니다.
pattern 153　The company is the tenant, and the landlord is -. 회사는 세입자이고, 건물주는 ~입니다.
pattern 154　The company is in litigation with -. 회사는 ~와 소송 중인데요.
pattern 155　Corporate P has -. P사는 ~되었습니다.

사업개요

pattern 156　The market outlook seems -. 시장의 전망은 ~일 것으로 보입니다.
pattern 157　- is a leading manufacturer of .... ~는 선두적인 … 제조업체입니다.
pattern 158　The company focuses on -. 회사는 ~에 집중하고 있습니다.
pattern 159　The cash cow of this business is -. 이 사업의 주요 수익원은 ~입니다.
pattern 160　The company entered into a - agreement. 회사는 ~ 계약을 체결하였습니다.
pattern 161　Products are made -. 제품은 ~ 제조되고 있습니다.
pattern 162　The - hasn't been great. ~이 안 좋은 상황이었습니다.

매출 및 구매

pattern 163　The company supplies its products to -. 회사는 ~에 납품하고 있습니다.
pattern 164　Major customers (for -) include .... (~의) 주요 고객에는 …가 있습니다.
pattern 165　The company won new - business. 회사는 ~ 계약을 따냈습니다.
pattern 166　The company invested in capex -. 회사는 ~ 자본적 지출 투자를 하였습니다.
pattern 167　- was acquired by winning a bid. ~는 경매로 취득한 것입니다.

경쟁력 분석

pattern 168　- is a saturated market. ~시장은 포화상태입니다.
pattern 169　There's still a gap in the - market. ~시장에는 아직 충분히 기회가 있어요.
pattern 170　Our main competitors are -. 저희의 주요 경쟁자는 ~입니다.
pattern 171　Our strength is -. 저희의 강점은 ~입니다.
pattern 172　Our weakness, if any, is -. 저희의 약점은 만약에 있다면 ~입니다.
pattern 173　Our opportunity is -. 저희의 기회는 ~입니다.
pattern 174　One threat we're facing is -. 저희가 직면한 위협 중 하나는 ~입니다.
pattern 175　The major driver of growth is -. 주요 성장 동력은 ~입니다.
pattern 176　The improvement comes from -. 개선은 ~에 기인합니다.
pattern 177　The growth is due to -. 성장은 ~ 때문입니다.
pattern 178　Increase in productivity is expected due to -. ~로 인한 생산성 향상이 기대됩니다.
pattern 179　The company is sued for -. 회사는 ~ 소송을 당한 상태입니다.
pattern 180　The company is not doing great due to -. ~로 인하여 회사의 실적이 안 좋습니다.

**pattern
144**

The company was founded ~.

회사는 ~에 설립되었습니다.

회사의 설립시기를 나타내는 표현이다.

코어패턴   필요한 말을 넣어 패턴을 연습하세요.

1   **The company was founded** in 1912.

2   **The company was founded** in the 1960's.

3   **The company was founded** early this year.

4   **The company was founded** shortly after the Korean
     War.

5   **The company was founded** during the Roh Moo-hyun
     regime.

1   회사는 1912년에 설립되었습니다.
2   회사는 1960년대에 설립되었습니다.
3   회사는 올해 초에 설립되었습니다.
4   회사는 6.25 전쟁 직후에
    설립되었습니다.
5   회사는 노무현 정권 시절에
    설립되었습니다.

실전대화   한국어 부분을 영어로 바꿔 말해보세요.

1   A   How old is the company?

     B   회사는 1980년에 설립되었습니다.

     A   That's nearly 40 years. What a history!

2   A   When was SamSam Company founded?

     B   회사는 올해 초에 설립되었습니다.

A   회사 몇 년 됐어요?
B   The company was founded in
    1980.
A   거의 40년 됐네요. 역사가 꽤 깁네요!

A   삼삼 회사는 언제 설립되었나요?
B   The company was founded early
    this year.

pattern 145

The company is made up of ~.

회사는 ~로 구성되어 있습니다.

회사의 조직형태, 규모를 나타내는 표현이다.

코어패턴 필요한 말을 넣어 패턴을 연습하세요.

1 **The company is made up of** three segments.
2 **The company is made up of** dozens of sales forces.
3 **The company is made up of** about 500 site offices.
4 **The company is made up of** around 3,000 employees.
5 **The company is made up of** 5 divisions and 9 teams.

1 회사는 3개의 부문으로 구성되어 있습니다.
2 회사는 다수의 영업 조직으로 구성되어 있습니다.
3 회사는 약 500개의 현장사무소로 구성되어 있습니다.
4 회사는 약 3,000명의 임직원으로 구성되어 있습니다.
5 회사는 5개의 부서와 9개의 팀으로 구성되어 있습니다.

실전대화 한국어 부분을 영어로 바꿔 말해보세요.

1 A What does the structure look like?
   B 회사는 10개의 팀으로 구성되어 있습니다.

2 A How many site offices does the company have?
   B 회사는 약 500개의 현장사무소로 구성되어 있습니다. They can be found pretty much anywhere in the country.

A 구조가 어떻게 되나요?
B The company is made up of 10 teams.

A 회사 현장사무소가 몇 개인가요?
B The company is made up of about 500 site offices. 나라 어디를 가더라도 찾을 수 있어요.

pattern 146

The major shareholder is ~.

대주주는 ~입니다.

회사의 주인은 지분을 보유하고 있는 주주라고 할 수 있다. 가장 많은 지분을 보유하고 있는 사람이나 기관, 즉 대주주가 누구인지 말하는 표현이다.

코어패턴 필요한 말을 넣어 패턴을 연습하세요.

1 **The major shareholder is** the CEO.

2 **The major shareholder is** Big Brother Holdings.

3 **The major stockholder is** ABC Financial Group.

4 **The major stockholder** of the company **is** Korea Development Bank.

5 **The major shareholder** of the company **is** the government of the Republic of Korea.

1 대주주는 회사 최고경영자입니다.
2 대주주는 빅브라더 홀딩스입니다.
3 대주주는 ABC 금융지주입니다.
4 회사의 대주주는 한국산업은행입니다.
5 회사의 대주주는 대한민국 정부입니다.

실전대화 한국어 부분을 영어로 바꿔 말해보세요.

1 A Who is the major shareholder?
   B 대주주는 Purple 홀딩스입니다. It holds 99% of the shares.

2 A 회사의 대주주는 대한민국 정부입니다. They own 40% of the shares.
   B Anybody else who owns more than 20%?
   A Ji-sung Park, the CEO and the founder, owns about 22%.

A 대주주는 누구인가요?
B The major shareholder is Purple Holdings. 지분의 99%를 보유하고 있습니다.

A The major stockholder of the company is the government of the Republic of Korea. 그들이 지분의 40%를 보유하고 있습니다.
B 20% 초과해서 보유하고 있는 사람이 또 있나요?
A 대표이사이자 창립자인 박지성이 약 22% 보유하고 있습니다.

---

extras

영어전달력 ● share / stock 재고

실무에서 쓸 때는 두 단어의 의미 차이가 없다. 다만, stock은 '재고'의 뜻도 있어서 stock이 나오면 정황이나 문맥을 봐서 '주식'인지 '재고'인지 판단해야 한다.

The company is a ~% owned subsidiary of ....

회사는 …의 ~% 자회사입니다.

회사가 자회사인 경우, 모회사의 보유 자분율과 그 모회사를 나타내는 표현이다.

코어패턴   필요한 말을 넣어 패턴을 연습하세요.

1 **The company is a** 51% **owned subsidiary.**

2 **The company is an** 80% **owned subsidiary of** ABC Holdings.

3 **The company is a** 99% **owned subsidiary of** K Financial Group.

4 **The company is a** 99.9% **owned subsidiary of** Cayman PEF.

5 **The company is a** wholly **owned subsidiary of** S Electronics.

1 회사는 51% 자회사입니다.
2 회사는 ABC Holdings의 80% 자회사입니다.
3 회사는 K금융그룹의 99% 자회사입니다.
4 회사는 Cayman 사모투자전문회사의 99.9% 자회사입니다.
5 회사는 S전자의 100% 자회사입니다.

실전대화   한국어 부분을 영어로 바꿔 말해보세요.

1 A Who owns the company and by how much?
   B 회사는 H그룹의 99% 자회사입니다.

2 A Who holds the shares?
   B 회사는 S전자의 100% 자회사입니다. It's also one of the subcontractors of S Electronics.

A 회사 주인은 누구이며, 지분율은 어느 정도 인가요?
B The company is a 99% owned subsidiary of H Group.
A 지분을 누가 보유하고 있나요?
B The company is a wholly owned subsidiary of S Electronics. S전자 하청업체 중 하나이기도 합니다.

---

extras

영어전달력
● **wholly owned subsidiary** 100% 자회사

100% 자회사의 경우, 100% owned subsidiary라고 해도 의미는 통하지만, 일반적으로는 wholly owned subsidiary라고 쓴다. Wholly는 [호울리]로 발음하는데, [울]은 거의 안 들리게 하도록 한다.

pattern 148

Corporate A is a ~ listed company.

A사는 ~ 상장사입니다.

회사의 상장 여부 및 상장사의 경우 상장되어 있는 주식시장을 나타내는 표현이다.

코어패턴　필요한 말을 넣어 패턴을 연습하세요.

1　**Corporate A is a listed company.**

2　**Corporate A is a** KOSPI **listed company.**

3　**Corporate A is a** KOSDAQ **listed company.**

4　**Corporate A is a** KONEX **listed company.**

5　**Corporate A is a** NYSE **listed company.**

6　**Corporate A is a** NASDAQ **listed company.**

1 A사는 상장사입니다.
2 A사는 코스피 상장사입니다.
3 A사는 코스닥 상장사입니다.
4 A사는 코넥스 상장사입니다.
5 A사는 뉴욕증권거래소 상장사입니다.
6 A사는 나스닥 상장사입니다.

실전대화　한국어 부분을 영어로 바꿔 말해보세요.

1　A Is the company listed?

　B Yes, it is. A사는 코스닥 상장사입니다. KOSDAQ is a stock market for ventures and small and medium-sized companies.

A 회사가 상장되어 있나요?
B 네 그렇습니다. Corporate A is a KOSDAQ listed company. 코스닥은 벤처와 중소기업을 위한 증권시장입니다.

2　A Which stock market is Corporate K listed on?

　B K사는 코넥스 상장사입니다. Konex is a stock market entirely for small and medium-sized start-ups.

A K사는 어느 증시에 상장되어 있나요?
B Corporate K is a KONEX listed company. 코넥스는 중소 스타트업을 위한 전용 증권시장입니다.

---

extras

업무상식
- **KOSPI**('국내 종합주가지수'를 의미하나 일반적으로 유가증권 시장 그 자체를 지칭)
- **KOSDAQ**(벤처/중소기업을 위한 증권시장)
- **KONEX**(코스닥 상장 요건을 만족하지는 못하지만 우수한 기술력을 보유한 벤처/중소기업을 위한 전용 주식시장)
- **NYSE**(뉴욕 주식시장(New York Stock Exchange))
- **NASDAQ**(미국 장외 주식시장[나스닥])

pattern
149

The financials have been audited by ~.

재무제표는 ~의 감사를 받았습니다.

회사 재무제표가 감사를 받은 경우, 감사를 수행한 주체를 나타내는 표현이다.

코어패턴 필요한 말을 넣어 패턴을 연습하세요.

1 **The financials have been audited by** CPAs.

2 **The financials have been audited by** E&I Accounting Firm.

3 **The financials have been audited by** the Audit Team No. 210.

4 **The financials have been audited by** our internal audit division.

5 **The financials have been audited by** the Board of Audit and Inspection of Korea.

1 재무제표는 공인회계사의 감사를 받았습니다.
2 재무제표는 E&I회계법인의 감사를 받았습니다.
3 재무제표는 감사반 210호의 감사를 받았습니다.
4 재무제표는 저희 내부 감사부서의 감사를 받았습니다.
5 재무제표는 감사원의 감사를 받았습니다.

실전대화 한국어 부분을 영어로 바꿔 말해보세요.

1 A Who were the auditors of the financials?
  B 재무제표는 지난 5년간 E&I회계법인의 감사를 받았습니다.

2 A Whom have the financials been audited by?
  B 재무제표는 감사원의 감사를 받았습니다. The outcome was even announced on the news.

A 재무제표 감사인이 누구였나요?
B The financials have been audited by E&I Accounting Firm for the last 5 years.

A 재무제표는 누구의 감사를 받았나요?
B The financials have been audited by the Board of Audit and Inspection of Korea. 심지어 결과가 뉴스에 나오기까지 했어요.

---

extras

업무상식 ● **CPA**(Certified Public Accountant) 공인회계사

The audit opinion was ~.

감사의견은 ~이었습니다.

회사 재무제표에 대한 감사의견 종류를 나타내는 표현이다.

코어패턴　필요한 말을 넣어 패턴을 연습하세요.

1　**The audit opinion was** unqualified.

2　**The audit opinion was** qualified.

3　**The audit opinion was** adverse.

4　**The audit opinion was** disclaimer of opinion.

5　**The** latest **audit opinion** of Nallim Construction **was** unmodified.

1 감사의견은 적정이었습니다.
2 감사의견은 한정이었습니다.
3 감사의견은 부적정이었습니다.
4 감사의견은 의견거절이었습니다.
5 날림건설의 최근 감사의견은 적정이었습니다.

실전대화　한국어 부분을 영어로 바꿔 말해보세요.

1　A Were there any issues with the audit report?

　　B No, it was clean. 감사의견은 적정이었습니다.

2　A Regarding the audit outcome of GolGol Industries, 최근 감사의견은 의견거절이었습니다. Do you know why?

　　B I understand that there were no appropriate financial records, and the opinion could not be determined.

1 감사보고서에 이슈가 있었나요?
　아닙니다. 별 것 없었어요. The audit opinion was unqualified.

2 골골산업 감사결과 관련, the latest audit opinion was disclaimer of opinion. 왜 그런지 아시나요?
　적절한 재무 기록이 없어서 의견이 형성되지 않았다고 알고 있습니다.

---

extras

영어전달력

● **unqualified opinion** 적정의견
qualify는 '자격을 갖추다'라는 기본의미 외에도 '단서를 달다'라는 의미가 있다. 문장이나 문단을 'qualify한다'는 것은 문장이나 문단에 무엇을 추가함으로써 일반적이지 않게 수정한다는 뜻이 된다. 따라서 unqualified opinion은 아무런 단서가 안 달린 의견, 즉 '적정의견'을 의미한다.

● **disclaimer**
disclaimer의 사전적 의미는 '면책조항'으로, 실무에서는 '어떤 것에 대해 모르거나 책임이 없다고 주장하는 것'이라는 뜻으로 쓰인다.

pattern 151

~ has been chosen as ....

~가 …로 선정되었습니다.

M&A 등을 수행하는 과정에서는 재무자문사, 법률자문사 등의 협력기관 선정이 필요하다.

코어패턴 필요한 말을 넣어 패턴을 연습하세요.

1 KP **has been chosen as** the financial advisor.

2 HD Accounting **has been chosen as** the auditor.

3 KnJ **has been chosen as** the legal counsel.

4 NH **has been chosen as** the lead manager.

5 LK TaxTax **has been chosen as** our sole tax advisor.

1 KP사가 재무자문사로 선정되었습니다.
2 HD 회계법인이 감사인으로 선정되었습니다.
3 KnJ사가 법률자문사로 선정되었습니다.
4 NH사가 매각주관사로 선정되었습니다.
5 LK TaxTax사가 저희 단독 세무자문사로 선정되었습니다.

실전대화 한국어 부분을 영어로 바꿔 말해보세요.

1 A Who is our legal counsel?

   B KnJ사가 법률자문사로 선정되었습니다. They have excellent manpower and have shown some outstanding performances in the past.

2 A MBB사가 매각주관사로 선정되었습니다.

   B Why MBB? Don't think they did a great job the last time we worked with them.

   A They offered the lowest fee.

1 A 법률자문사는 어디예요?
  B KnJ has been chosen as the legal counsel. 그들은 뛰어난 인력을 보유하고 있고, 과거에 탁월한 성과를 보여줬습니다.

2 A MBB has been chosen as the lead manager.
  B 왜 MBB예요? 지난번 같이 일했을 때 그다지 잘했다는 생각이 들지는 않아요.
  A 최저수수료를 제안했기 때문입니다.

pattern 152

The site serves as ~.

현장은 ~의 기능을 하고 있습니다.

회사가 가지고 있는 주요 현장의 기능을 설명하는 표현이다.

코어패턴　필요한 말을 넣어 패턴을 연습하세요.

1　**The site serves as** an OEM factory.

2　**The site serves as** a finishing facility.

3　**The site serves as** a technology base.

4　**The site** in Hanoi **serves as** a storage & logistics center.

5　**The site** in Cheonan **serves as** the commercial hub in Chungcheongnam-do.

1 현장은 OEM 공장의 기능을 하고 있습니다.
2 현장은 완성 시설의 기능을 하고 있습니다.
3 현장은 기술 거점의 기능을 하고 있습니다.
4 하노이 현장은 보관 및 물류센터의 기능을 하고 있습니다.
5 천안 현장은 충청남도의 상업 중심지의 기능을 하고 있습니다.

실전대화　한국어 부분을 영어로 바꿔 말해보세요

1　A What is the main function of the site in Hwaseong?

　B 현장은 완성 시설의 기능을 하고 있습니다.

2　A The company opened a site in Hanoi last year. 현장은 물류센터의 기능을 하고 있습니다.

　B What is the capacity of the site?

A 화성 현장의 주요 기능이 무엇인가요?
B The site serves as a finishing facility.

A 회사는 작년에 하노이에 현장을 개설했습니다. The site serves as a logistics center.
B 현장의 수용능력은 어느 정도인가요?

pattern
153

The company is a tenant and the landlord is ~.

회사는 세입자이고, 건물주는 ~입니다.

회사의 사무실은 자가소유 건물이 아닌 이상 대부분 임대 형태로 계약이 되어 있다. 회사는 세입자이고 집주인 혹은 건물주가 누구인지 나타내는 표현이다.

코어패턴   필요한 말을 넣어 패턴을 연습하세요.

1   **The company is a tenant and the landlord is** Ms. Evans.

2   **The company is a tenant and the landlord is** KD Bank.

3   **The company is a tenant and the landlord is** Mr. Jung-eun Kim.

4   **The company is a tenant and the landlord is** XYZ Real Estate Partners.

5   **The company is a tenant and the landlord is** a real estate investment company.

1 회사는 세입자이고, 건물주는 에반스씨입니다.
2 회사는 세입자이고, 건물주는 KD은행입니다.
3 회사는 세입자이고, 건물주는 김정은씨입니다.
4 회사는 세입자이고, 건물주는 XYZ부동산파트너스입니다.
5 회사는 세입자이고, 건물주는 부동산투자회사입니다.

실전대화   한국어 부분을 영어로 바꿔 말해보세요.

1   A Does the company own the building?
    B No. 회사는 세입자이고 건물주는 KD은행입니다.

2   A Where it the company located?
    B The headquarters of the company is located in Jongno Tower. 참고로 건물주는 XYZ부동산파트너스입니다.

A 회사가 건물을 소유하고 있나요?
B 아닙니다. The company is a tenant and the landlord is KD Bank.

A 회사 위치가 어디인가요?
B 회사 본부는 종로 타워에 위치해 있습니다. By the way, the landlord is XYZ Real Estate Partners.

---

extras

영어전달력   ● landlord / owner / lessor 건물주, 집주인

landlord 대신 owner 혹은 lessor라고 해도 된다. 하지만 일반적으로 landlord가 가장 많이 쓰인다. 한국어에서도 '소유자, 임대인'보다 '건물주, 집주인'이 더 흔하게 쓰이는 것과 같다.

pattern 154

The company is in litigation with ~.

회사는 ~와 소송 중인데요.

투자할 회사의 잠재적 위험을 가늠하기 위해 소송 중인 곳이 있는지 파악할 필요가 있을때 쓰는 표현이다.

코어패턴 필요한 말을 넣어 패턴을 연습하세요.

1 **The company is in litigation with** ABC Corp.

2 **The company is in litigation with** some of its creditors.

3 **The company is in litigation with** one of their former suppliers.

4 **The company is in litigation with** a few former employees.

5 **The company is in litigation with** an environment organization.

1 회사는 ABC사와 소송 중인데요.
2 회사는 채권자들 일부와 소송 중인데요.
3 회사는 전 납품업체 중 한 곳과 소송 중인데요.
4 회사는 전 직원 몇 명과 소송 중인데요.
5 회사는 환경단체 한 곳과 소송 중인데요.

실전대화 한국어 부분을 영어로 바꿔 말해보세요.

1 A Any legal issues the company may have?

  B 회사는 Saum사와 소송 중인데요. Saum sued the company for patent infringement.

2 A I found out that 회사는 전 납품업체 중 한 곳과 소송 중이에요.

  B Is the company the defendant?

  A As a matter of fact, they sued each other.

1 회사가 가지고 있을 만한 법적 이슈가 있나요?
  The company is in litigation with Saum Corp. 싸움사가 특허권 침해를 이유로 회사를 상대로 소송을 제기했어요.

1 알게 된 사항인데요. The company is in litigation with one of their former suppliers.
2 회사가 피고인가요?
3 사실, 서로 맞고소한 상태예요.

---

extras

영어전달력 ● lawsuit / litigation

둘다 '소송'으로 해석되지만 엄밀히 말하면 다른 개념이다. lawsuit(혹은 suit)은 민사사건의 소송 '그 자체'를 뜻한다. 그래서 file a lawsuit against '~에게 소송을 제기하다'라고 쓴다. 반면 litigation은 민사사건의 소송 '과정'을 의미한다. 그래서 be in litigation with '~와 소송 중이다'라고 쓴다. 문장에서 어떻게 다른지 검색해보자.

pattern
155

Corporate P has ~.

P사는 ~되었습니다.

회사의 최근 현황을 나타내는 표현이다.

코어패턴   필요한 말을 넣어 패턴을 연습하세요.

1   **Corporate P has** improved its financial status this year.

2   **Corporate P has** been in the red for the last three years.

3   **Corporate P has** been designated as under surveillance.

4   **Corporate P has** been suspended from the stock exchange.

5   **Corporate P has** been delisted.

1   P사는 올해 재무상태가 호전되었습니다.
2   P사는 최근 3개연도 적자가 계속되었습니다.
3   P사는 관리종목 지정되었습니다.
4   P사는 거래소에서 거래정지되었습니다.
5   P사는 상장폐지되었습니다.

실전대화   한국어 부분을 영어로 바꿔 말해보세요.

1   A   How is the performance of the company?
   B   Not too great. Pokmang사는 최근 2개연도 적자가 계속되었습니다.

2   A   What happened to the company recently and why?
   B   Pilpae사는 거래소에서 일시적으로 거래정지되었습니다. The company failed to keep up the required periodic filings.

a   회사의 성과는 어떤가요?
b   그다지 좋지는 않습니다. Pokmang has been in the red for the last two years.

a   최근 회사에 무슨 일이 있었던 것인가요? 그리고 그 이유는요?
b   Pilpae has been temporarily suspended from the stock exchange. 회사는 요구되는 주기적인 신고를 하지 못했기 때문입니다.

pattern 156

The market outlook seems ~.

시장의 전망은 ~일 것으로 보입니다.

사업안을 검토할 때는 해당 시장의 전망을 참고한다.

코어패턴 필요한 말을 넣어 패턴을 연습하세요.

1 **The market outlook seems** hopeful.

2 **The market outlook seems** miserable.

3 **The market outlook seems** negative.

4 **The market outlook seems** fluid for next year.

5 **The market outlook seems** explosive for next quarter.

1 시장의 전망은 희망적일 것으로 보입니다.

2 시장의 전망은 절망적일 것으로 보입니다.

3 시장의 전망은 부정적일 것으로 보입니다.

4 내년 시장의 전망은 유동적일 것으로 보입니다.

5 다음 분기 시장의 전망은 폭발적일 것으로 보입니다.

실전대화 한국어 부분을 영어로 바꿔 말해보세요.

1 A What are the prospects for the mobile pay market?

B 시장의 전망은 최소 내년까지는 희망적일 것으로 보입니다.

A 모바일 결제 시장 전망은 어떤지요?

B The market outlook seems hopeful at least until next year.

2 A Orders from all over the world are rushing in and 다음 분기 시장의 전망은 폭발적일 것으로 보입니다.

B That's good news. Please be aware that these products have a very high refund rate.

A 전 세계에서 주문이 밀려들어오고 있습니다. The market outlook seems explosive for next quarter.

B 좋은 소식이군요. 다만, 이 제품들 환불률이 매우 높다는 사실은 인지하고 있어야 합니다.

---

extras

영어전달력 ● refund rate

'환불률'을 뜻한다. 반면 return rate는 '반품률'이라고 생각할 수 있는데, 오히려 수익률(rate of return)의 의미로 보다 널리 쓰인다.

pattern 157

~ is a leading manufacturer of ....

~는 선두적인 … 제조업체입니다.

회사 소개를 할 때 자주 등장하는 표현이다.

코어패턴 필요한 말을 넣어 패턴을 연습하세요.

1 GG Corp. **is a leading manufacturer of** semiconductors.

2 ML **is a leading manufacturer of** home appliances.

3 JOA Company **is a leading manufacturer of** automobile parts.

4 B&G **is a leading manufacturer of** consumer goods.

5 T-Systems **is a leading distributor of** precision instruments.

1 GG사는 선두적인 반도체 제조업체입니다.
2 ML은 선두적인 가전제품 제조업체입니다.
3 JOA사는 선두적인 자동차 부품 제조업체입니다.
4 B&G는 선두적인 소비재 제조업체입니다.
5 T 시스템은 선두적인 정밀기기 유통업체입니다.

실전대화 한국어 부분을 영어로 바꿔 말해보세요.

1 A How long has the company been around and what do they do?

B SS Company was founded in 1989 and 회사는 선두적인 자동차 부품 제조업체입니다.

1 얼마나 된 회사이고 뭐하는 회사인가요?
B SS사는 1989년에 설립되었으며, the company is a leading manufacturer of automobile parts.

2 A What business is B&G in?

B B&G는 선두적인 소비재 제조업체입니다. Their key products include toothpaste, shampoo, soap, etc.

A B&G사는 무슨 사업을 하고 있나요?
B B&G is a leading manufacturer of consumer goods. 주요 제품으로는 치약, 샴푸, 비누 등이 있습니다.

---

extras

영어전달력 ● 업종
회사가 속한 산업 분야에 따라 업종은 manufacturer(제조업체), distributor(유통업체), retailer(소매업체), wholesaler(도매업체) 등으로 구분된다.

● automobile
발음에 주의하자. 1음절 [오]에 강세가 있기 때문에 [오로모빌]이라고 발음하는 것이 맞다. [오토모바일]이라고 해서는 안된다.

pattern 158

The company focuses on ~.

회사는 ~에 집중하고 있습니다.

회사가 집중하고 있는 핵심영역을 나타내는 표현이다.

코어패턴 필요한 말을 넣어 패턴을 연습하세요.

1 **The company focuses on** winning new clients.

2 **The company focuses on** sales to China and India.

3 **The company focuses on** reducing logistics costs.

4 **The company** mainly **focuses on** expanding its production lines.

5 **The company** primarily **focuses on** developing cutting-edge technology.

1 회사는 신규 거래처 확보에 집중하고 있습니다.
2 회사는 중국 및 인도 매출에 집중하고 있습니다.
3 회사는 물류 비용 절감에 집중하고 있습니다.
4 회사는 생산라인을 확장하는 것에 주로 집중하고 있습니다.
5 회사는 최첨단 기술 개발에 기본적으로 집중하고 있습니다.

실전대화 한국어 부분을 영어로 바꿔 말해보세요.

1 A Did you go through the business plan of Paap Corporation? What was it like?

B As it's the second year for Paap, 회사는 신규 거래처 확보에 집중하고 있습니다.

2 A Sales seem to have slowed down recently.

B There are limits in market expansions and 회사는 물류 비용 절감에 집중하고 있습니다.

A Paap사의 사업계획서를 검토하셨나요? 어땠나요?
B Paap사의 두 번째 연도인 관계로, the company focuses on winning new clients.

A 최근 매출이 주춤한 상태인 것 같군요.
B 시장 확대에 한계가 있어, the company focuses on reducing logistics costs.

---

extras

영어전달력 ● edge

사전적 의미는 '모서리, 칼날'이다. 날카롭게 튀어나와 있어서 '남들보다 앞서감', '남들과는 다름'이라는 이미지로 기억하자. 그래서 cutting-edge는 직역하면 '모서리를 써는'이라고 할 수 있는데, 모서리를 예리하게 한 치의 오차 없이 레이저 같은 것으로 깎는 '최첨단의'라는 의미가 된다.

The cash cow of this business is ~.

이 사업의 주요 수익원은 ~입니다.

어느 사업이든 소위 '돈이 되는' 부분이 있다. 이를 cash cow라고 한다.

코어패턴 필요한 말을 넣어 패턴을 연습하세요.

1 **The cash cow of this business is** electric cars.

2 **The cash cow of this business is** advertising fees.

3 **The cash cow of this business is** fees paid by subscribers.

4 **The cash cow of this business is** the audience coming to the concert.

5 **The cash cow of this business is** the donation from loyal viewers.

1 이 사업의 주요 수익원은 전기차입니다.
2 이 사업의 주요 수익원은 광고료입니다.
3 이 사업의 주요 수익원은 가입자들이 내는 수수료입니다.
4 이 사업의 주요 수익원은 콘서트에 오는 관객입니다.
5 이 사업의 주요 수익원은 고정시청자들의 후원금입니다.

실전대화 한국어 부분을 영어로 바꿔 말해보세요.

1 A What about the new channel the broadcasting station launched a couple of months ago? How is it doing?

B Exceptionally well. 이 사업의 주요 수익원은 광고료입니다. The station allowed their viewers to watch the new channel for free and won many new ad contracts.

2 A There seems to be a big wave of transition in the automobile industry.

B Yes, that's right. 이 사업의 주요 수익원은 전기차입니다. Many governments around the world are encouraging their people to produce and buy electric cars.

1 방송국이 몇 달 전 개설한 새로운 채널은요? 새 채널의 상황은 어떤가요?
2 이례적으로 잘되고 있습니다. The cash cow of this business is advertising fees. 방송국은 기존 시청자들에게 무료로 새로운 채널을 시청할 수 있도록 해주었고, 이에 따라 많은 신규 광고계약을 체결하였습니다.

1 자동차 산업에서 큰 이행의 물결이 일어나고 있는 것 같군요.
2 네, 맞습니다. The cash cow of this business is electric cars. 전세계 많은 정부들이 국민들에게 전기차를 생산하고 구입하도록 권장하고 있습니다.

pattern
160

The company entered into a ~ agreement.

회사는 ~ 계약을 체결하였습니다.

회사는 다양한 이해관계자들과 계약을 체결한다. 계약한 대상을 나타내는 표현이다.

코어패턴 필요한 말을 넣어 패턴을 연습하세요.

1 **The company entered into an agreement.**

2 **The company entered into an** outsourcing **agreement.**

3 **The company entered into a** sales agency **agreement.**

4 **The company entered into a** new product launching **agreement** with Somaek Advertising.

5 **The company entered into an** exclusive distribution right **agreement.**

1 회사는 계약을 체결하였습니다.
2 회사는 아웃소싱 계약을 체결하였습니다.
3 회사는 판매 대행 계약을 체결하였습니다.
4 회사는 Somaek광고회사와 신제품 런칭 계약을 체결하였습니다.
5 회사는 독자적 유통권 계약을 체결하였습니다.

실전대화 한국어 부분을 영어로 바꿔 말해보세요.

1 A Does the company do the packaging on its own?
   B No. 회사는 Makssa사와 아웃소싱 계약을 체결하였습니다.

2 A What kind of a contract was it with Makpal Corp.?
   B 회사는 판매 대행 계약을 체결하였습니다. 5% of the sales price will be paid to the salespeople as an incentive.

A 회사가 자체적으로 포장을 하고 있나요?
B 아뇨. The company entered into an outsourcing agreement with Makssa.

A Makpal사와의 계약은 어떠한 종류의 것이었나요?
B The company entered into a sales agency agreement. 판매사원에게 판매가의 5%를 인센티브로 주는 내용입니다.

pattern 161

Products are made ~.

제품은 ~ 제조되고 있습니다.

회사의 제품이 만들어지는 장소, 형태, 방식에 대한 표현이다.

코어패턴　　필요한 말을 넣어 패턴을 연습하세요.

1　**Products are made** in Factory 3 in Ulsan.

2　**Products are made** in our laboratory.

3　**Products are made** on vacuum conditions.

4　**Products are made** by the company on its own.

5　**Products are made** on consignment to a third party.

1 제품은 울산 제3공장에서 제조되고 있습니다.
2 제품은 저희 연구소에서 제조되고 있습니다.
3 제품은 진공상태에서 제조되고 있습니다.
4 제품은 회사 자체적으로 제조되고 있습니다.
5 제품은 제3자에 위탁하여 제조되고 있습니다.

실전대화　　한국어 부분을 영어로 바꿔 말해보세요.

1　A Where are products made?

　B 대부분의 제품은 울산 제3공장에서 제조되고 있습니다.

2　A Does the company use a third party to make their products?

　B No, 제품은 회사 자체적으로 제조되고 있습니다.

1 A 제품이 제조되는 곳은 어디인가요?
B Most products are made in Factory 3 in Ulsan.

2 A 회사가 제품을 제조하기 위해 제3자를 이용하나요?
B 아뇨. Products are made by the company on its own.

---

extras

영어전달력　　● it or they

company를 대명사로 받을 때는 it 혹은 they 둘 다 가능하다. company 라는 실체(entity)를 지칭한다면 it,
company에서 일하는 사람들을 지칭한다면 they라고 생각하면 된다.

I visited the company and I think it's a good place to work for.
그 회사를 방문해보니 (그 회사는) 일하기 좋은 곳이라는 생각이 들었습니다.

I called the company and they told me I need a new graphic card.
그 회사에 전화했더니 (그 회사분들이) 저에게 새 그래픽 카드가 필요하다고 말하더군요.

pattern 162

The ~ hasn't been great.
~이 안 좋은 상황이었습니다.

사업의 개요를 설명하면서 과거에 안 좋았던 상황을 언급하는 표현이다.

코어패턴 필요한 말을 넣어 패턴을 연습하세요.

1 **The** business **hasn't been great.**

2 **The** market share **hasn't been great.**

3 **The** margin rate **hasn't been great** this year.

4 **The** brand recognition **hasn't been great** so far.

5 **The** overall performance of the industry **hasn't been great.**

1 실적이 안 좋은 상황이었습니다.
2 시장점유율이 안 좋은 상황이었습니다.
3 마진율이 올해 안 좋은 상황이었습니다.
4 브랜드 인지도가 여태껏 안 좋은 상황이었습니다.
5 산업의 전반적 성과가 안 좋은 상황이었습니다.

실전대화 한국어 부분을 영어로 바꿔 말해보세요.

1 A Sales seem to have somehow dwindled for the last 9 months. What could be the main factor?

B 브랜드 인지도가 여태껏 안 좋은 상황이었습니다. We recently started to put campaigns and ads on social media.

A 왜 그런지 모르겠는데 지난 9개월간 매출이 점점 줄어든 것 같군요. 주 요인이 뭘까요?
B The brand recognition hasn't been great so far. 최근 SNS상에 캠페인과 광고 싣는 것을 시작했습니다.

2 A How come the market share stayed the same in the first half of the year?

B Due to the recession, 산업의 전반적 성과가 안 좋은 상황이었습니다.

A 상반기 시장점유율이 그대로인데요. 왜 그렇죠?
B 불황으로 인해, the overall performance of the industry hasn't been great.

pattern
163

The company supplies its products to ~.

회사는 ~에 납품하고 있습니다.

회사의 제품을 납품하는 곳, 즉 매출처에 대한 표현이다.

코어패턴 필요한 말을 넣어 패턴을 연습하세요.

1 **The company supplies its products to** major companies.

2 **The company supplies its products to** medium-sized entities.

3 **The company supplies its products** mainly **to** local governments.

4 **The company supplies its products to** home shopping companies.

5 **The company supplies its products to** primary subcontractors of H Motors.

1 회사는 대기업에 납품하고 있습니다.
2 회사는 중견기업에 납품하고 있습니다.
3 회사는 주로 지방자치단체에 납품하고 있습니다.
4 회사는 홈쇼핑업체에 납품하고 있습니다.
5 회사는 H자동차의 1차 하청업체에 납품하고 있습니다.

실전대화 한국어 부분을 영어로 바꿔 말해보세요.

1 A Who are the major customers of the company?

   B 회사는 대기업 3군데에 납품하고 있습니다. H Motors is one of them.

A 회사의 주요 고객은 누구인가요?
B The company supplies its products to 3 major companies. H자동차도 그중 하나입니다.

2 A How is the credit risk assessed?

   B 회사는 주로 지방자치단체에 납품하고 있습니다. For the last ten years, not a single case of default has been reported.

A 신용위험은 어떻게 평가되었나요?
B The company supplies its products mainly to local governments. 지난 10년간 단 한 건의 채무불이행도 보고되지 않았습니다.

Major customers (for ~) include ....

(~의) 주요 고객에는 …가 있습니다.

회사의 주요 고객을 나열할 때 쓰는 표현이다.

코어패턴　필요한 말을 넣어 패턴을 연습하세요.

1　**Major customers include** S Electronics.

2　**Major customers for** this business **include** IG Chemical.

3　**Major customers for** the flagship store **include** famous K POP stars.

4　**Major customers for** Sales Team 3 **include** leading corporates in Korea.

5　**Major customers for** Daegu Office **include** L Construction, G Construction, etc.

1 주요 고객에는 S전자가 있습니다.
2 이 사업의 주요 고객에는 IG화학이 있습니다.
3 주력점포의 주요 고객에는 유명한 케이팝 스타들이 있습니다.
4 영업 3팀의 주요 고객에는 국내 굴지의 대기업들이 있습니다.
5 대구 사무소의 주요 고객에는 L건설, G건설 등이 있습니다.

실전대화　한국어 부분을 영어로 바꿔 말해보세요.

1　A Tell us about the new business the company launched early this year.

　　B The company entered into the chemicals market, and 이 사업의 주요 고객에는 IG화학이 있습니다.

2　A How is the flagship store performing?

　　B 주력점포의 주요 고객에는 유명한 K-POP 스타들이 있습니다. BTS is one of them. Sales are expected to roar as the influence of K-POP stars is spreading across the world.

A 올해 초 회사가 시작한 사업에 대해서 말씀해주시죠.
B 회사는 화학약품 시장에 진입하였습니다. 그리고 major customers for this business include IG Chemical.

A 주력점포의 성과는 어떤가요?
B Major customers for the flagship store include famous K-POP stars. BTS도 그중 하나입니다. 케이팝 스타들의 영향력은 전세계적으로 확대되고 있으므로 매출은 급성장할 것으로 예상됩니다.

pattern 165

The company won a new ~ business.

회사는 ~ 계약을 따냈습니다.

회사가 새로운 계약을 따냈을 때 쓰는 표현이다. get contract가 아닌 win business를 쓴다는 점에 유의하자.

코어패턴 필요한 말을 넣어 패턴을 연습하세요.

1 **The company won a new business.**

2 **The company won a new** OEM **business.**

3 **The company won a new** construction **business.**

4 **The company won a new business** worth 4 million euros.

5 **The company won a new** distribution **business** worth 500 thousand dollars.

1 회사는 계약을 따냈습니다.
2 회사는 OEM계약을 따냈습니다.
3 회사는 건설계약을 따냈습니다.
4 회사는 400만 유로 규모의 계약을 따냈습니다.
5 회사는 50만 달러 규모의 유통계약을 따냈습니다.

실전대화 한국어 부분을 영어로 바꿔 말해보세요.

1 A How come the sales increased drastically?
   B 회사는 2월에 건설계약을 따냈습니다. As of June 30, the company recognized revenues on an accrual rate basis. That's why sales increased.

2 A Any updates on the company's sale?
   B 회사는 1조원 규모의 계약을 따냈습니다. It's the biggest contract the company has ever won.

A 매출이 왜 급증했나요?
B The company won a new construction business in February. 6월 말 기준으로 회사는 진행률 기준으로 매출을 인식했습니다. 이 이유로 매출이 증가하였습니다.

A 회사 매출에 변동사항이 있나요?
B The company won a new business worth 1 trillion won. 회사가 여태껏 따낸 계약 중 가장 큰 규모입니다.

The company invested in capex ~.

회사는 ~ 자본적 지출 투자를 하였습니다.

자본적 지출 투자는 금액이 큰 규모로, 다른 투자에 비해 상대적으로 장기간 동안 이루어진다.

코어패턴 필요한 말을 넣어 패턴을 연습하세요.

1 **The company invested in capex.**

2 **The company invested in capex** worth 300 million won.

3 **The company invested in capex** to foster R&D.

4 **The company invested in capex** to upgrade its software.

5 **The company invested in capex** worth 2 million dollars to replace existing assets.

1 회사는 자본적 지출 투자를 하였습니다.
2 회사는 3억원 규모의 자본적 지출 투자를 하였습니다.
3 회사는 연구개발 강화를 위해 자본적 지출 투자를 하였습니다.
4 회사는 소프트웨어 업그레이드를 위해 자본적 지출 투자를 하였습니다.
5 회사는 기존 자산 대체를 위해 2백만 달러 규모의 자본적 지출 투자를 하였습니다.

실전대화 한국어 부분을 영어로 바꿔 말해보세요.

1 A How large is the capex of the company?
   B 회사는 3억원 규모의 자본적 지출 투자를 하였습니다. 500 million will be invested next year.

2 A What was the major reason for the capex of 5 million dollars?
   B 회사는 연구개발 강화를 위해 자본적 지출 투자를 하였습니다. It's part of their Master Plan until 2025.

A 회사의 자본적 지출 규모가 어떻게 되나요?
B The company invested in capex worth 300 million won. 5억은 내년에 투자될 예정입니다.

A 5백만 달러 자본적 지출의 주요 이유는 무엇이었나요?
B The company invested in capex to foster R&D. 이는 2025년까지 대계획의 일부분입니다.

---

extras

영어전달력
● **CAPEX**(capital expenditure)
발음은 [캐팩스] 혹은 [케이팩스] 둘 다 가능하다.

● **R&D**(Research and Development)
한국어로는 '연구 및 개발'이며, 실무에서는 '알앤디센터'라고 하는 경우가 많다.

~ was acquired by winning a bid.
~는 경매로 취득한 것입니다.

물건을 경매로 취득한 경우 쓰는 표현이다.

코어패턴　　필요한 말을 넣어 패턴을 연습하세요.

1　It **was acquired by winning a bid.**

2　The factory **was acquired by winning a bid.**

3　The crane **was acquired by winning a bid.**

4　The villa **was acquired by winning a bid** at 200 thousand dollars.

5　The neighborhood facility **was acquired by winning a bid** at 1 billion won.

1　이는 경매로 취득한 것입니다.
2　공장은 경매로 취득한 것입니다.
3　기중기는 경매로 취득한 것입니다.
4　빌라는 20만 달러에 경매로 취득한 것입니다.
5　근린생활시설은 10억원에 경매로 취득한 것입니다.

실전대화　　한국어 부분을 영어로 바꿔 말해보세요

1　A　The acquisition value of the factory seems pretty low. Is this correct?

　　B　공장은 경매로 취득한 것입니다. That's why it was acquired 40% less than the market value.

2　A　What is this place in Florida about?

　　B　It's a holiday resort for executives. 빌라는 20만 달러에 경매로 취득한 것입니다.

1　A　회사의 공장 취득가액이 현저히 낮은 것 같은데요. 이거 맞나요?
　　B　The factory was acquired by winning a bid. 이러한 이유로 시세보다 40% 저렴하게 취득된 것입니다.

2　A　플로리다에 있는 이 곳은 뭐하는 덴가요?
　　B　임원들을 위한 휴양지입니다. The villa was acquired by winning a bid at 200 thousand dollars.

~ is a saturated market.
~ 시장은 포화상태입니다.

포화상태인 시장을 나타내는 표현으로 saturated의 사전적 의미는 '흠뻑 젖은'이다.

코어패턴 필요한 말을 넣어 패턴을 연습하세요.

1 Fried chicken **is a saturated market.**

2 Take-out coffee **is a saturated market.**

3 Karaoke is **a saturated market** in Korea.

4 Cosmetics **is a saturated market** in Korea.

5 Smartphone **is a saturated market** in China.

1 치킨 시장은 포화상태입니다.
2 테이크아웃 커피 시장은 포화상태입니다.
3 노래방 시장은 한국에서 포화상태입니다.
4 화장품 시장은 한국에서 포화상태입니다.
5 스마트폰 시장은 중국에서
   포화상태입니다.

실전대화 한국어 부분을 영어로 바꿔 말해보세요.

1 A What are the prospects for the fried chicken market?

   B As you may be aware, 치킨 시장은 한국에서 포화상태입니다.
      There is one fried chicken place for about every 1,000
      people and this is excessive!

A 치킨 시장 전망은 어떤가요?
B 이미 알고 계시겠지만, fried chicken
   is a saturated market in Korea.
   약 1,000명 당 한 개의 치킨집이 있는데
   이건 지나친 수준이에요!

2 A 화장품 시장은 한국에서 포화상태입니다. The market is crowded
      with hundreds of brands. Still, the company is confident
      that they have an edge.

   B What do they say their competitive edge is?

A Cosmetics is a saturated market
   in Korea. 시장에는 수백개의 브랜드가
   난립해 있습니다. 그러나 회사는 이점을
   가지고 있다고 자신하고 있습니다.
B 그들의 경쟁력은 무엇이라고
   주장하던가요?

---

extras

영어전달력 ● **fried chicken market**

한국어로는 '치킨'이라고 하면 '닭'보다는 바로 먹을 수 있도록 '튀기거나 구운 상태의 닭 요리'가 먼저 떠오를 것이다.
하지만 이 '치킨'을 영어로 말하고 싶다면 fried (baked) chicken이라고 해야 한다. 종종 '치킨(업계) 시장'을 chicken
market이라고 하는 경우가 있는데, 이는 '닭(양계) 시장'이라는 전혀 다른 뜻이 된다.

There's still a gap in the ~ market.

~ 시장에는 아직 충분히 기회가 있어요.

틈새 시장을 niche market이라고 한다. 시장에 기회가 되는 '틈새'가 있다고 표현할 때는 niche를 쓸 수도 있지만 대화에서는 gap이라는 단어를 더 많이 사용하는 경향이 있다.

코어패턴 필요한 말을 넣어 패턴을 연습하세요.

1 **There's still a gap in the market.**

2 **There's still a gap in the** convenience food **market.**

3 **There's still a gap in the** organic vegetables **market.**

4 **There's still a gap in the** emoji **market** in Korea.

5 **There's still a gap in the** home appliances **market** in the States.

1 시장에는 아직 충분히 기회가 있어요.
2 간편식 시장에는 아직 충분히 기회가 있어요.
3 유기농 채소 시장에는 아직 충분히 기회가 있어요.
4 한국 이모티콘 시장에는 아직 충분히 기회가 있어요.
5 미국 가전 시장에는 아직 충분히 기회가 있어요.

실전대화 한국어 부분을 영어로 바꿔 말해보세요.

1 A Isn't it too late to invest in this market?

B I can see what your concern is. 하지만 시장에는 아직 충분히 기회가 있어요. The company is second to none in low costs and this advantage is expected to continue for 5 more years.

2 A What are the growth factors of the market?

B 한국 간편식 시장에는 아직 충분히 기회가 있어요. More and more people are living alone and the market has expanded rapidly over the last 3 years.

A 이 시장에 투자하는 것은 너무 늦은 것이 아닐까요?
B 우려하시는 점 이해가 됩니다. But, there's still a gap in the market. 낮은 원가에 있어서 회사를 따라올 자는 없으며 이러한 장점은 향후 5년 동안 지속될 것으로 예상됩니다.

A 시장의 성장요인에는 무엇이 있을까요?
B There's still a gap in the convenience food market in Korea. 점차 많은 사람들이 혼자 살고 있고, 이에 따라 지난 3년 동안 시장이 급격히 확대되었습니다.

---

extras

영어전달력 ● **emoji**

emoticon+image를 합친 말이다. 예를 들어 텍스트 중에 그림으로 표현하는 ☺와 같은 것은 emoji에 해당된다. 이와 달리 emoticon은 타이핑을 해서 특정한 표정이나 의미를 전달하는 것을 말한다. 우리가 웃는 얼굴을 표현할 때 자주 쓰는 ^^나 :) 등이 emoticon이다. 부르는 명칭은 중요하지 않으니 이런 의미 차이가 있다는 것만 기억해두자.

pattern 170

Our main competitors are ~.

저희의 주요 경쟁자는 ~입니다.

경쟁력을 분석할 때는 회사의 주요 경쟁자가 누구인지를 반드시 파악해야 한다.

코어패턴 필요한 말을 넣어 패턴을 연습하세요.

1 **Our main competitors are** AA and BB Corporations.

2 **Our main competitors are** small start-ups.

3 **Our main competitors are** Swiss watch companies.

4 **Our main competitors are** DIY furniture manufacturers.

5 **Our main competitors are** real estate companies having funding power.

1 저희의 주요 경쟁자는 AA사 및 BB사입니다.

2 저희의 주요 경쟁자는 소규모 스타트업입니다.

3 저희의 주요 경쟁자는 스위스 시계 업체들입니다.

4 저희의 주요 경쟁자는 셀프 조립 가구 제조사들입니다.

5 저희의 주요 경쟁자는 자금력이 풍부한 부동산회사들입니다.

실전대화 한국어 부분을 영어로 바꿔 말해보세요.

1 A Do we have any competition?

  B Yes, we do. 저희의 주요 경쟁자는 소규모 스타트업입니다.

2 A Who have been identified as competitors?

  B 저희의 주요 경쟁자는 S사 및 L사입니다. They are the two industry leaders at the moment.

A 경쟁자가 있나요?

B 네 있습니다. Our main competitors are small start-ups.

A 경쟁자로 식별된 곳들은 어디인가요?

B Our main competitors are S and L Corporations. 현재 산업 리더 두 군데입니다.

---

extras

영어전달력

● **DIY**(Do It Yourself)

꼭 손으로 만드는 물건뿐만 아니라 어떤 분야든 직접 제작, 조립, 조합을 하는 자작(自作)개념이라면 모두 붙일 수 있는 단어다.

● **competition** 경쟁

'경쟁, 시합, 대회(경쟁하는 곳), 경쟁자'라는 의미로 두루 쓰인다.

Our strength is ~.

저희의 강점은 ~입니다.

회사의 강점을 어필하는 표현으로 실무에서 자주 사용되는 SWOT(Strength-Weakness-Opportunity-Threat) 분석을 말할 때 쓸 수 있는 패턴이다.

코어패턴   필요한 말을 넣어 패턴을 연습하세요.

1 **Our strength is** the made-to-order capability.

2 **Our strength is** having the exclusive technology.

3 **Our strength is** having the edge in market share.

4 **Our strength is** distributing only high-end products.

5 **Our** biggest **strength is** having the cost advantage through a long-term relationship with the vendor.

1 저희의 강점은 주문제작 능력입니다.
2 저희의 강점은 독점적 기술 보유입니다.
3 저희의 강점은 유리한 시장점유율입니다.
4 저희의 강점은 최고급 제품만을 유통하고 있다는 것입니다.
5 저희의 최대 강점은 공급자와 긴 관계형성을 통한 원가우위입니다.

실전대화   한국어 부분을 영어로 바꿔 말해보세요.

1 A What is the strength of the company and how would that be an advantage if extra funds are to be injected?
   B 저희의 강점은 유리한 시장점유율입니다. We'll be able to maximize the use of our logistics and distribution channels, even if a new product line is added.

A 회사의 강점은 무엇이며 추가 자금투입이 이루어지는 경우 그것이 어떤 이점이 될까요?
B Our strength is having the edge in market share. 새로운 제품라인이 추가되는 경우에도 저희의 물류 및 유통 채널 활용을 극대화할 수 있을 것입니다.

2 A How could you describe your strength in a nutshell?
   B 저희의 최대 강점은 주문제작 능력이며 that no other competitor can copy.

A 귀사의 강점을 간단명료하게 표현하신다면요?
B Our biggest strength is the made-to-order capability. 이는 경쟁자 그 누구도 따라할 수 없는 것입니다.

199

pattern 172

Our weakness, if any, is ~.

저희의 약점은, 만약에 있다면, ~입니다.

회사 약점을 언급하는 표현이다. if any를 써서 '굳이 찾자면'이라는 뉘앙스를 줄 수 있다. SWOT 분석의 Weakness를 설명할 때 쓰자.

코어패턴 필요한 말을 넣어 패턴을 연습하세요.

1 **Our weakness, if any, is** the aging of our employees.

2 **Our weakness, if any, is** the poor brand recognition.

3 **Our weakness, if any, is** that we don't have a distinct hit product.

4 **Our weakness, if any, is** that we recently lost two big customers.

5 **Our weakness, if any, is** that our facility investment proportion is higher than our competitors'.

1 저희의 약점은, 만약에 있다면, 종업원의 고령화입니다.
2 저희의 약점은, 만약에 있다면, 브랜드 인지도가 미흡하다는 것입니다.
3 저희의 약점은, 만약에 있다면, 뚜렷한 대박상품이 없다는 점입니다.
4 저희의 약점은, 만약에 있다면, 최근 두 곳의 큰손 고객을 잃었다는 점입니다.
5 저희의 약점은, 만약에 있다면, 설비 투자비중이 경쟁업체보다 높은 점입니다.

실전대화 한국어 부분을 영어로 바꿔 말해보세요.

1 A I don't think anyone in this room has ever heard of any brands of the company.

　B 저희의 약점은, 만약에 있다면, 브랜드 인지도가 미흡하다는 것입니다. We have been around for a while as a primary subcontractor of a major firm. Now it's time to stand on our own feet with the expertise we gained so far.

A 이 방에 있는 그 누구도 회사의 브랜드에 대해 들어본 적이 없는 것 같은데요.
B Our weakness, if any, is the poor brand recognition. 저희는 대기업 한 곳의 1차 하청업체로 한 동안 있어 왔습니다. 이제는 여태껏 획득한 전문성을 가지고 독립할 때가 왔습니다.

2 A A product that may represent the company does not stand out.

　B 저희의 약점은, 만약에 있다면, 뚜렷한 대박상품이 없다는 점입니다. But there are about 5 products that have been making profits consistently.

A 회사를 대표할 만한 상품이 눈에 띄지는 않네요.
B Our weakness, if any, is that we don't have a distinct hit product. 하지만 꾸준하게 수익을 내고 있는 약 5개의 제품들이 있습니다.

pattern
173

Our opportunity is ~.

저희의 기회는 ~입니다.

회사가 가지고 있는 기회를 외부에 알리는 표현으로 SWOT 분석에서 Opportunity에 해당되는 설명에 쓰이는 패턴이다.

코어패턴 필요한 말을 넣어 패턴을 연습하세요.

1 **Our opportunity is** the falling prices of raw material.

2 **Our opportunity is** the spread of mobile pay market.

3 **Our opportunity is** the rapid increase of single households.

4 **Our opportunity is** that YOLO lifestyle is becoming a top-trend.

5 **Our opportunity is** that more consumers are getting aware of the importance of buying experience.

1 저희의 기회는 원재료의 가격하락입니다.
2 저희의 기회는 모바일 결제 시장의 확대입니다.
3 저희의 기회는 1인 가구의 급격한 증가입니다.
4 저희의 기회는 YOLO 생활패턴이 대세가 되어가고 있다는 점입니다.
5 저희의 기회는 구매경험을 중요시 여기는 소비자들이 많아지고 있는 점입니다.

실전대화 한국어 부분을 영어로 바꿔 말해보세요.

1 A Why do you think that this technology will make money?
   B 저희의 기회는 모바일 결제 시장의 확대입니다. With our anti-forgery features, we are certain that our technology will have a leading role in the market.

2 A Who do you think are the main customers?
   B We are targeting young people living in single households. 저희의 기회는 YOLO 생활패턴이 대세가 되어가고 있다는 점입니다.

A 왜 이 기술이 돈이 될 것이라 생각하세요?
B Our opportunity is the spread of mobile pay market. 저희가 가진 위조방지 기능으로 우리의 기술이 시장에서 선두적인 역할을 할 것이라 확신합니다.

A 주요 고객들은 누가 될 것으로 생각하세요?
B 저희는 1인 가구에서 사는 젊은 사람들을 목표로 하고 있습니다. Our opportunity is that YOLO lifestyle is becoming a top-trend.

---

extras

영어전달력 ● YOLO

최근 나타나는 트랜드로 You only live once의 줄임말이다. 발음은 [욜로]이며, 한국어에서도 '욜로'라고 말한다.

One threat we're facing is ~.

저희가 직면한 위협 중 하나는 ~입니다.

회사가 직면한 위협 중 하나를 알리는 표현으로 SWOT 분석 중 Threat에 이용하자.

코어패턴 필요한 말을 넣어 패턴을 연습하세요.

1 **One threat we're facing is** the new US regime.

2 **One threat we're facing is** the strong Chinese yuan.

3 **One threat we're facing is** the recession in Geoje Shipyard.

4 **One threat we're facing is** the local political instability.

5 **One threat we're facing is** the big companies launching their business in the food industry.

1 저희가 직면한 위협 중 하나는 새로 출범한 미국 정권입니다.
2 저희가 직면한 위협 중 하나는 위안화의 강세입니다.
3 저희가 직면한 위협 중 하나는 거제조선소의 불황입니다.
4 저희가 직면한 위협 중 하나는 현지의 정치적 불안정성입니다.
5 저희가 직면한 위협 중 하나는 식품산업에 뛰어들고 있는 대기업들입니다.

실전대화 한국어 부분을 영어로 바꿔 말해보세요.

1 A Are there any issues to consider in the US trade?

B 저희가 직면한 위협 중 하나는 새로 출범한 미국 정권입니다. The new leader is trying to impose lots of new regulations to make up for the trade deficits.

2 A Are there any threats in terms of foreign currency exchange rates?

B 저희가 직면한 위협 중 하나는 유로화의 강세입니다. If this keeps on going, our profit margin will get smaller.

A 미국과의 교역에서 고려해야 하는 이슈가 있나요?
B One threat we're facing is the new US regime. 무역적자를 만회하기 위해 새 지도자는 많은 규제를 부과하고자 하고 있는 상황입니다.

A 외국통화 환율 관련 위협이 있나요?
B One threat we're facing is the strong euro. 이 상황이 지속된다면 저희 마진이 줄어들 것입니다.

The major driver of growth is ~.

주요 성장 동력은 ~입니다.

driver는 운전수 혹은 골프에서 공을 가장 멀리 보낼 수 있는 드라이버를 말한다. 어떤 것을 먼 곳까지 '운전'해서 가져갈 수 있게 하는 것, 즉 '동력'이라는 뜻이다.

코어패턴　　필요한 말을 넣어 패턴을 연습하세요.

1　**The major driver of growth is** the electric car market.

2　**The major driver of growth is** the increase in the Indian population.

3　**The major driver of growth is** the continuous decline in the exchange rate.

4　**The major driver of growth is** the promised order volume from main customers.

5　**The major driver of growth is** the implementation of the state of the art assembling line.

1 주요 성장 동력은 전기자동차 시장입니다.
2 주요 성장 동력은 인도의 인구 증가입니다.
3 주요 성장 동력은 지속적인 환율 감소입니다.
4 주요 성장 동력은 주요 고객들의 약속된 주문량입니다.
5 주요 성장 동력은 최첨단 조립 라인의 완성입니다.

실전대화　　한국어 부분을 영어로 바꿔 말해보세요.

1　A How come the company will double its size within the next 5 years?
　　B 주요 성장 동력은 전기자동차 시장입니다.

2　A What is the main reason of the sales growth?
　　B 주요 성장 동력은 브라질의 인구 증가입니다. We strongly believe we can make our size at least twice as big in the next few years.

A 향후 5년 이내에 회사가 어떻게 해서 2배로 커진다는 것인가요?
B The major driver of growth is the electric car market.

A 매출 성장의 주요 이유는 무엇인가요?
B The major driver of growth is the increase in the Brazilian population. 몇 년 후 저희 규모를 최소 2배 이상 키울 수 있다고 확신합니다.

pattern 176

The improvement comes from~.

개선은 ~에 기인합니다.

회사의 어떤 부분(예를 들면 마진과 같은 항목)이 개선됐을 때 그 원인을 설명하는 표현이다.

코어패턴 필요한 말을 넣어 패턴을 연습하세요.

1 **The improvement comes from** the sales increase.

2 **The improvement comes from** the decrease in SG&A expenses.

3 **The improvement comes from** the expansion of the OEM business.

4 **The** margin **improvement comes from** the reduction of production costs per unit.

5 **The** operating income **improvement comes from** the rigorous restructuring.

1 개선은 매출 증가에 기인합니다.
2 개선은 판매관리비의 감소에 기인합니다.
3 개선은 OEM 사업 확장에 기인합니다.
4 마진 개선은 개당 생산원가 절감에 기인합니다.
5 영업이익 개선은 혹독한 구조조정에 기인합니다.

실전대화 한국어 부분을 영어로 바꿔 말해보세요.

1 A Looks like the operating income has increased a lot.
  B 개선은 광고선전비의 감소에 기인합니다.

2 A The financial status improved all of a sudden two years ago. How come?
  B 당기순이익 개선은 혹독한 구조조정에 기인합니다. More than 200 employees had to be laid off.

A 영업이익이 많이 증가한 것으로 보이네요.
B The improvement comes from the decrease in advertising expenses.

A 재무상태가 2년 전에 갑자기 개선되었는데요. 왜 그런가요?
B The net income improvement comes from the rigorous restructuring. 200명이 넘는 직원들이 해고될 수밖에 없었어요.

---

extras

영어전달력 ● come from / result from 기인하다

'기인하다'를 영어로 옮길 때 be attributable to라고 쓰는 경우가 많다. 틀린 표현은 아니지만 발음하기도 힘들고 원어민이 듣기에도 과한 표현이다. come from 또는 result from을 쓰는 것이 훨씬 자연스럽게 들린다.

pattern
177

The growth is due to ~.

성장은 ~ 때문입니다.

회사가 근래 급속 성장한 경우 그 원인을 나타내는 표현이다.

코어패턴 필요한 말을 넣어 패턴을 연습하세요.

1 **The growth is due to** the extension of a new product line.

2 **The growth is due to** the hiring of experienced sales force.

3 **The growth is due to** the diversification of the customer base.

4 **The growth is due to** the prospected deregulations.

5 **The growth is due to** the increased demand in the Brazilian market.

1 성장은 신제품 라인 증설 때문입니다.
2 성장은 경력 영업직들의 충원 때문입니다.
3 성장은 고객 기반의 다각화 때문입니다.
4 성장은 기대되는 규제 철폐 때문입니다.
5 성장은 브라질 시장의 수요 증가 때문입니다.

실전대화 한국어 부분을 영어로 바꿔 말해보세요.

1 A Did the production capacity increase in the factory in Mexico?
   B Yes, it did. 성장은 신제품 라인 증설 때문입니다.

2 A What was the main reason of the sales growth last year?
   B 성장은 고객 기반의 다각화 때문입니다. We managed to develop a product that appealed even to teenagers.

1 멕시코 공장 생산능력이 증가했나요?
2 네 그렇습니다. The growth is due to the extension of a new product line.

1 작년 매출 성장의 주요 원인은 무엇인가요?
2 The growth is due to the diversification of the customer base. 청소년들에게도 어필하는 제품을 개발했기 때문입니다.

pattern
178

Increase in productivity is expected due to ~.

~로 인한 생산성 향상이 기대됩니다.

생산성 향상이 기대되는 이유를 나타내는 표현이다.

코어패턴   필요한 말을 넣어 패턴을 연습하세요.

1   **Increase in productivity is expected due to** mass production.

2   **Increase in productivity is expected due to** flexible work hours.

3   **Increase in productivity is expected due to** working in 3 shifts.

4   **Increase in productivity is expected due to** a cut in working hours.

5   **Increase in productivity is expected due to** an improvement in performance measurement.

1   대량생산으로 인한 생산성 향상이 기대됩니다.
2   탄력근무제로 인한 생산성 향상이 기대됩니다.
3   3교대 근무로 인한 생산성 향상이 기대됩니다.
4   근무시간 단축으로 인한 생산성 향상이 기대됩니다.
5   성과 측정의 개선으로 인한 생산성 향상이 기대됩니다.

실전대화   한국어 부분을 영어로 바꿔 말해보세요.

1   A The batch size increased to 300 from the previous 150.
    B Yes, that's right. 대량생산으로 인한 생산성 향상이 기대됩니다.

2   A What are the major changes we can expect?
    B 3교대 근무로 인한 생산성 향상이 기대됩니다. Many studies show that defect rates decline when the number of shifts increase.

1   배치 규모가 기존 150에서 300으로 늘어났습니다.
    B 맞습니다. Increase in productivity is expected due to mass production.

A 저희가 기대할 수 있는 주요 변화는 무엇인가요?
B Increase in productivity is expected due to working in 3 shifts. 많은 연구에서 교대 근무 숫자가 늘어날수록 불량률이 줄어드는 것으로 밝혀졌습니다.

pattern 179

The company is sued for ~.

회사는 ~ 소송을 당한 상태입니다.

회사가 처해 있는 위험을 가늠하기 위해 소송에 걸려 있지 않은지 파악할 필요가 있다. 이때 쓸 수 있는 표현이다.

코어패턴　필요한 말을 넣어 패턴을 연습하세요.

1　**The company is sued.**

2　**The company is sued for** damage compensations.

3　**The company is sued for** information leakage.

4　**The company is sued for** a refund on excessive profits.

5　**The company is sued for** violating local laws and regulations.

1　회사는 소송을 당한 상태입니다.
2　회사는 피해 보상 소송을 당한 상태입니다.
3　회사는 정보유출 소송을 당한 상태입니다.
4　회사는 부당이득반환 소송을 당한 상태입니다.
5　회사는 현지 법규 및 규정 위반 소송을 당한 상태입니다.

실전대화　한국어 부분을 영어로 바꿔 말해보세요.

1　A Are there any legal issues?

　　B 회사는 피해 보상 소송을 당한 상태입니다.

2　A Looks like the company has been named as a defendant. What is this claim about?

　　B 회사는 정보유출 소송을 당한 상태입니다. This might lead to a liability at a cost of 2 million dollars.

A 법률 이슈가 있나요?
B The company is sued for damage compensations.

A 회사가 피고로 되어 있는 것 같은데요. 이 소송 내용이 무엇인가요?
B The company is sued for information leakage. 이는 약 2백만 달러의 부채로 이어질 가능성이 있습니다.

---

extras

영어전달력　● **be sued for ~** ~ 소송을 당하다

be sued for ~를 be named as a defendant in claims of ~라고 쓰는 경우가 있는데, 같은 의미지만 매우 포멀하게 들린다.

● **defendant** 피고

'방어(defend)하는 사람'을 떠올려보자.

● **plaintiff / complainant** 원고

plain에는 '어떤 것을 불평하다'라는 의미가 내포되어 있다. 그래서 원고는 '불평을 제기하는 사람'의 이미지를 갖고 있다.

pattern 180

The company is not doing great due to ~.

~로 인하여 회사의 실적이 안 좋습니다.

회사가 최근 실적이 안 좋은 경우 그 이유를 나타내는 표현이다.

코어패턴　필요한 말을 넣어 패턴을 연습하세요.

1　**The company is not doing great due to** the recession.

2　**The company is not doing great due to** fierce competition.

3　**The company is not doing great due to** accumulated deficits.

4　**The company is not doing great due to** the launch of the new government.

5　**The company is not doing great due to** effects of pessimistic market forecasts.

1　경기침체로 인하여 회사의 실적이 안 좋습니다.
2　치열한 경쟁으로 인하여 회사의 실적이 안 좋습니다.
3　적자 누적으로 인하여 회사의 실적이 안 좋습니다.
4　새 정부 출범으로 인하여 회사의 실적이 안 좋습니다.
5　비관적 시장전망의 영향으로 인하여 회사의 실적이 안 좋습니다.

실전대화　한국어 부분을 영어로 바꿔 말해보세요.

1　A　Sales seem to be in a declining tendency.
　　B　치열한 경쟁으로 인하여 회사의 실적이 안 좋습니다.

2　A　The stock price decreased by more than 20% during the last quarter. What happened?
　　B　비관적 시장전망의 영향으로 인하여 회사의 실적이 안 좋습니다.

A　매출이 감소하는 추세인 것 같습니다.
B　The company is not doing great due to fierce competition.

A　직전 분기 중 주가가 20% 이상 하락했는데요. 무슨 일이 있었나요?
B　The company is not doing great due to effects of pessimistic market forecasts.

투자 및 가치평가②
가치평가(Valuation)

기본전제

매출 및 원가

기타조정

결론

pattern 181

Assumptions are made in the most ~ way possible.

가정은 가장 ~으로 설정하였습니다.

가치평가를 할 때 처음 세운 가정에 대한 기본 방향을 설명하는 표현이다.

코어패턴   필요한 말을 넣어 패턴을 연습하세요.

1   **Assumptions are made in the most** conservative **way possible.**

2   **Assumptions are made in the most** pessimistic **way possible.**

3   **Assumptions are made in the most** optimistic **way possible.**

4   **Assumptions are made in the most** aggressive **way possible.**

5   **Assumptions are made in the most** neutral **way possible.**

1 가정은 가장 보수적으로 설정하였습니다.
2 가정은 가장 비관적으로 설정하였습니다.
3 가정은 가장 낙관적으로 설정하였습니다.
4 가정은 가장 공격적으로 설정하였습니다.
5 가정은 가장 중립적으로 설정하였습니다.

실전대화   한국어 부분을 영어로 바꿔 말해보세요.

1   A We can assure you that 가정은 가장 보수적으로 설정하였습니다.

     B What discount rate did you use?

2   A It seems all basic inputs are determined in a neutral manner.

     B We do have a second scenario. 가정은 가장 공격적으로 설정하였습니다.

A 분명히 말씀드리자면 assumptions are made in the most conservative way possible.
B 할인율은 무엇을 사용했나요?

A 모든 기본투입변수가 중립적인 방식으로 결정된 것 같네요.
B 두 번째 시나리오도 준비되어 있습니다. Assumptions are made in the most aggressive way possible.

The discount rate used is ~.

사용된 할인율은 ~입니다.

가치평가에는 현금흐름할인법(DCF법)을 주로 사용한다. 현금흐름을 할인하는 할인율의 종류를 말하는 표현이다.

코어패턴

필요한 말을 넣어 패턴을 연습하세요.

1 **The discount rate used is** the risk-free rate.

2 **The discount rate used is** the market interest rate.

3 **The discount rate used is** the USD Libor rate.

4 **The discount rate used is** the treasury bond grade AAA rate.

5 **The discount rate used is** the weighted average cost of capital (WACC).

> 1 사용된 할인율은 무위험이자율입니다.
> 2 사용된 할인율은 시장이자율입니다.
> 3 사용된 할인율은 USD Libor 금리입니다.
> 4 사용된 할인율은 국고채 AAA 등급 금리입니다.
> 5 사용된 할인율은 가중평균자본비용 입니다.

실전대화

한국어 부분을 영어로 바꿔 말해보세요.

1 A What were the cashflows discounted by?

   B 사용된 할인율은 시장이자율입니다.

2 A Please remember that the company became levered last year.

   B Right. I took that into account. 사용된 할인율은 가중평균자본비용입니다.

> 1 A 현금흐름을 무엇으로 할인하였나요?
>   B The discount rate used is the market interest rate.
>
> 2 A 작년에 회사가 부채를 발행했다는 사실을 기억해주세요.
>   B 네, 그 점을 고려하였습니다. The discount rate used is the weighted average cost of capital.

---

extras

영어전달력

● **WACC**(Weighted Average Cost of Capital) 가중평균자본비용
발음은 '우웩' 할 때의 [웩]이다.

● 레버리지 효과
빚(부채)을 이용해 한몫 잡는 것을 유식하게 말하면 '레버리지 효과'다.
levered firm 부채기업(레버리지 효과가 있는 회사)
unlevered firm 무부채기업(레버리지 효과가 없는 회사)

pattern
183

How did you estimate ~?
~를 어떻게 추정했나요?

가치평가, 실사 등의 업무에서 상대방으로부터 받은 자료에 나오는 추정치에 대한 설명이 필요할 때 쓰는 질문 표현이다.

코어패턴　　필요한 말을 넣어 패턴을 연습하세요.

1　**How did you estimate** the growth rate?

2　**How did you estimate** the corporate tax rate?

3　**How did you estimate** the period for the free cash flow?

4　**How did you estimate** the allocation of the overhead?

5　**How did you estimate** the headcount for each business segment?

1 성장률을 어떻게 추정했나요?
2 법인세율을 어떻게 추정했나요?
3 잉여현금흐름 기간을 어떻게 추정했나요?
4 간접비의 배분을 어떻게 추정했나요?
5 각 사업부문의 인원수를 어떻게 추정했나요?

실전대화　　한국어 부분을 영어로 바꿔 말해보세요.

1　A For domestic products, 성장률을 어떻게 추정했나요?

　　B It comes from a reliable source and it is said to be the global industry average.

2　A Did you have a chance to go over my draft?

　　B I'm now working on it. For sales per division, 각 사업부문의 인원수를 어떻게 추정했나요?

　　A It was based on the business plan each segment provided us with.

A 국내 제품 관련, how did you estimate the growth rate?
B 신뢰할 만한 원천으로부터 가져온 것입니다. 전세계적 업계 평균이라고 하네요.

A 제 초안 혹시 검토하셨을까요?
B 지금 하는 중인데요. 각 본부별 매출 관련, how did you estimate the headcount for each business segment?
A 각 부문에서 제출한 사업계획에 기초하고 있습니다.

Valuation method used is ~.

이용된 평가기법은 ~입니다.

이용된 평가기법의 종류를 나타내는 표현이다.

코어패턴 필요한 말을 넣어 패턴을 연습하세요.

1 **Valuation method used is** the DCF.
2 **Valuation method used is** the comparable companies.
3 **Valuation method used is** the precedent transactions.
4 **Valuation method used is** the net asset value approach.
5 **Valuation method used is** the relative valuation.

1 이용된 평가기법은 현금흐름할인법입니다.
2 이용된 평가기법은 유사기업비교법입니다.
3 이용된 평가기법은 과거거래분석법입니다.
4 이용된 평가기법은 순자산가치평가법입니다.
5 이용된 평가기법은 상대가치평가법입니다.

실전대화 한국어 부분을 영어로 바꿔 말해보세요.

1 A What did you say the valuation method was?
   B 이용된 평가기법은 DCF, 즉 현금흐름할인법입니다.

2 A 이용된 평가기업은 유사기업비교법인데요. How many peers have been selected?
   B 4 companies in the same industry and of similar size were selected as peers.

A 평가기법이 뭐였다고 하셨죠?
B Valuation method used is the DCF, discounted cash flow.

A Valuation method used is the comparable companies. 비교대상회사로 몇 개를 선정하셨는지요?
B 동종 업종 그리고 유사 규모의 4개 회사를 비교대상회사로 선정하였습니다.

---

extras

영어전달력 ● precedent / president 발음

두 단어의 발음을 보자. precedent(선행의, 앞에 오는)는 [프레씨던트]로 발음하고, president(대통령, 회장 등)는 [프레지던트]로 발음한다. 억양이 비슷하기 때문에 [씨]와 [지] 발음을 잘 구별해야 한다.

pattern 185

Inputs used include ~.

이용된 투입변수에는 ~가 있습니다.

가치평가를 하기 위해서는 성장률, 이자율 등의 투입변수가 필요하다. 이용된 투입변수를 말하는 표현이다.

코어패턴   필요한 말을 넣어 패턴을 연습하세요.

1   **Inputs used include** credit spread.

2   **Inputs used include** growth rate, discount rate, etc.

3   **Inputs used include** quoted prices in active markets.

4   **Inputs used include** observable interest rates and yield curves.

5   **Inputs used** for valuation **include** three-year option on listed shares.

1 이용된 투입변수에는 신용스프레드가 있습니다.
2 이용된 투입변수에는 성장률, 할인율 등이 있습니다.
3 이용된 투입변수에는 활성시장의 공시가격이 있습니다.
4 이용된 투입변수에는 관측 가능한 이자율과 수익률곡선이 있습니다.
5 가치평가를 위해 이용된 투입변수에는 상장주식에 대한 3년 만기 옵션이 있습니다.

실전대화   한국어 부분을 영어로 바꿔 말해보세요.

1   A What are the major inputs for the valuation?

    B 이용된 주요 투입변수에는 성장률, 할인율 등이 있습니다.

2   A 이용된 투입변수에는 신용스프레드가 있습니다.

    B What do you mean by credit spread?

    A It is the risk premium add-on to the base interest rate. It reflects the credit rating of the company.

A 가치평가를 위한 주요 투입변수에는 무엇이 있나요?
B Major inputs used include growth rate, discount rate, etc.

A Inputs used include credit spread.
B 신용스프레드라는 것이 무슨 뜻인가요?
A 기본이자율에 가산되는 위험 프리미엄을 뜻합니다. 회사의 신용등급을 반영하는 것이지요.

---

extras

영어전달력   ● A, B, C, etc. A, B, C 등

'A, B, C 등'이라고 말할 때 A, B, C and etc.라고 하지 않는다는 점에 주의하자. 그리고 etc.(et cetera)의 발음은 [엑세레라] 또는 [엑세췌라]라고 해야 한다. [이티씨]라고 발음하지 않는다. 한국어에서 '등등'이라고 하는 것처럼 etc., etc.라고 두 번 말하는 경우도 있다.

~ is expected to remain stable.
~는 계속 유지될 것으로 예상됩니다.

추정한 내역 중 별다른 변동 없이 쭉 유지될 것으로 예상되는 항목을 말하는 표현이다.

코어패턴 필요한 말을 넣어 패턴을 연습하세요.

1   Other expense **is expected to remain stable.**

2   Salary increase rate **is expected to remain stable.**

3   Interest rate for borrowings **is expected to remain stable.**

4   The level of AP **is expected to remain stable** for the next 3 years.

5   Reinvestment rate for tangible assets **is expected to remain stable** throughout the estimation period.

1 기타비용은 계속 유지될 것으로 예상됩니다.
2 인건비상승률은 계속 유지될 것으로 예상됩니다.
3 차입금의 이자율은 계속 유지될 것으로 예상됩니다.
4 매입채무 수준은 향후 3년 동안 계속 유지될 것으로 예상됩니다.
5 유형자산에 대한 재투자비율은 추정기간 동안 계속 유지될 것으로 예상됩니다.

실전대화 한국어 부분을 영어로 바꿔 말해보세요.

1   A Are there going to be some major changes in the interest rate?

   B No. 차입금의 이자율은 계속 유지될 것으로 예상됩니다. It was determined as 5% which reflects the market interest rate.

A 이자율의 중요한 변동이 있을 예정인가요?
B 아니요. Interest rate for borrowings is expected to remain stable. 5%로 결정되었으며 이는 시장이자율을 반영하고 있습니다.

2   A What about the salary increase rate? What is the assumption?

   B 인건비상승률은 향후 5년 동안 계속 유지될 것으로 예상됩니다.

A 인건비상승률은요? 가정이 뭔가요?
B Salary increase rate is expected to remain stable for the next 5 years.

The company is expected to generate ~.

회사는 ~를 달성할 수 있을 것으로 예상됩니다.

회사가 향후 달성할 전반적 성과의 수준을 가늠해보는 표현이다.

코어패턴　필요한 말을 넣어 패턴을 연습하세요.

1　**The company is expected to generate** a net income.

2　**The company is expected to generate** a big sale.

3　**The company is expected to generate** a positive EBITDA.

4　**The company is expected to generate** an annual net profit of 1 million.

5　**The company is expected to generate** a quarterly operating income of 500k.

1 회사는 순이익을 달성할 수 있을 것으로 예상됩니다.
2 회사는 큰 매출을 달성할 수 있을 것으로 예상됩니다.
3 회사는 플러스의 에비타를 달성할 수 있을 것으로 예상됩니다.
4 회사는 1백만의 연간 순이익을 달성할 수 있을 것으로 예상됩니다.
5 회사는 50만의 분기 영업이익을 달성할 수 있을 것으로 예상됩니다.

실전대화　한국어 부분을 영어로 바꿔 말해보세요.

1　A How much do you think the company is able to make in the first year?

　　B 회사는 매출 1백만 달러를 달성할 수 있을 것으로 예상됩니다.

2　A How long will it take for STT Corp. to cover costs?

　　B 회사는 3년째에 플러스의 에비타를 달성할 수 있을 것으로 예상됩니다.

A 회사가 첫해 얼마만큼 할 수 있을 것 같아요?
B The company is expected to generate a sale of 1 million dollars.

A 원가 충당하기까지 STT사는 어느 정도 걸릴까요?
B The company is expected to generate a positive EBITDA in the third year.

---

extras

업무상식　● **EBITDA**(Earnings Before Interest, Taxes, Depreciation and Amortization)
회사의 재무적 성과를 측정할 때 자주 사용되는 지표로, 이자, 세금, 감가상각비를 차감하기 전 이익을 말한다.

Sales quantity is estimated considering ~.

판매 수량은 ~를 고려하여 추정되었습니다.

매출 추정에 있어서 Q(quantity), 즉 매출 수량을 어떻게 추정했는지 말하는 패턴이다.

코어패턴 필요한 말을 넣어 패턴을 연습하세요.

1 **Sales quantity is estimated considering** the location of branches.

2 **Sales quantity is estimated considering** the size of population.

3 **Sales quantity is estimated considering** the defect rate.

4 **Sales quantity is estimated considering** the average utilization rate.

5 **Sales quantity is estimated considering** the maximum capacity of the factory.

1 판매 수량은 지점 위치를 고려하여 추정되었습니다.
2 판매 수량은 인구 규모를 고려하여 추정되었습니다.
3 판매 수량은 불량률을 고려하여 추정되었습니다.
4 판매 수량은 평균가동률을 고려하여 추정되었습니다.
5 판매 수량은 공장의 최대생산 가능 규모를 고려하여 추정되었습니다.

실전대화 한국어 부분을 영어로 바꿔 말해보세요.

1 A Could you please explain the movement of the sales quantity?
   B Sure. 판매 수량은 인구규모를 고려하여 추정되었습니다.

2 A What is the basic assumption for the sales quantity?
   B 판매 수량은 평균가동률을 고려하여 추정되었습니다.

A 판매 수량의 움직임에 대해 설명해 주시겠어요?
B 물론입니다. Sales quantity is estimated considering the size of population.

A 판매 수량 관련 기본 가정은 무엇인가요?
B Sales quantity is estimated considering the average utilization rate.

pattern 189

Sales price is estimated considering ~.

판매 가격은 ~를 고려하여 추정되었습니다.

매출 추정에 있어서 P(price), 즉 판매 가격을 어떻게 추정했는지 말하는 패턴이다.

코어패턴　필요한 말을 넣어 패턴을 연습하세요.

1 **Sales price is estimated considering** the inflation rate.

2 **Sales price is estimated considering** the regional demand.

3 **Sales price is estimated considering** the business plan provided.

4 **Sales price is estimated considering** the margin rate by product item.

5 **Sales price is estimated considering** the historical average of extra sales charges.

1 판매 가격은 물가상승률을 고려하여 추정되었습니다.
2 판매 가격은 지역별 수요를 고려하여 추정되었습니다.
3 판매 가격은 제출된 사업계획을 고려하여 추정되었습니다.
4 판매 가격은 품목별 마진율을 고려하여 추정되었습니다.
5 판매 가격은 과거 평균 판매부대비용을 고려하여 추정되었습니다.

실전대화　한국어 부분을 영어로 바꿔 말해보세요.

1　A Sales price seem to differ among continents.
　B That's right. 판매 가격은 지역별 수요를 고려하여 추정되었습니다.

2　A How come the price stays the same for the next couple of years?
　B 판매 단가는 제출된 사업계획을 고려하여 추정되었습니다. The company has no plans to change their price in the near future.

A 대륙 간 판매 가격이 다른 것 같은데요.
B 맞습니다. Sales price is estimated considering the regional demand.

A 가격이 향후 몇 년간 계속 같은 이유가 무엇인가요?
B Sales price is estimated considering the business plan provided. 회사는 당분간 가격을 바꿀 계획이 없습니다.

pattern
190

~ were selected as customers.

발주처로 선정한 곳은 ~입니다.

매출을 추정하는 데 있어서 수량과 판매단가도 중요하지만 고객, 즉 발주처로 누구를 선정할지도 중요한 고려사항이다.

코어패턴 필요한 말을 넣어 패턴을 연습하세요.

1 S and L Electronics **were selected as customers.**

2 8 domestic companies **were selected as customers.**

3 Korea Electric Power Corp. **was selected as** the sole **customer.**

4 Three companies we're planning to participate in bidding **were selected as customers.**

5 All companies that have historically placed an order **were selected as customers.**

1 발주처로 선정한 곳은 S 및 L전자입니다.
2 발주처로 선정한 곳은 8개의 국내 회사입니다.
3 발주처로 선정한 곳은 한국전력공사가 유일합니다.
4 발주처로 선정한 곳은 저희가 입찰 참여 예정인 3개의 회사입니다.
5 발주처로 선정한 곳은 과거 납품 이력이 있는 모든 회사입니다.

실전대화 한국어 부분을 영어로 바꿔 말해보세요.

1 A Who is the customer?
   B 발주처로 선정한 곳은 S 및 L전자입니다. They have been our customers since the 1990's.

2 A Who are the customers in the international market?
   B 발주처로 선정한 곳은 3개의 해외 회사입니다. One of them promised to order a large amount within the next 6 months.

A 발주처가 누구인가요?
B S and L Electronics were selected as customers. 1990년대부터 저희 고객이었어요.

A 국제시장에서의 고객들은 누구인가요?
B 3 foreign companies were selected as customers. 그들 중 한 곳은 6개월 이내 큰 주문을 하기로 약속했습니다.

The LTM ~ sum up to ....

최근 1년간 ~은 …입니다.

최근 1년간 발생한 손익을 말하는 상황이다. 1년은 투자안을 평가하는 데는 긴 시간이 아닐 수 있지만, 계절적 요인과 단기적 가격변동 같은 요인은 배제하기에는 충분한 시간이라고 받아들여지고 있다.

코어패턴 필요한 말을 넣어 패턴을 연습하세요.

1 **The LTM** sales **sum up to** 1,000.

2 **The LTM** revenues **sum up to** 4 million.

3 **The LTM** operating profit **sums up to** about 200k.

4 **The LTM** net income **sums up to** 7 million euros.

5 **The LTM** CoGs **sums up to** 5 trillion won.

1 최근 1년간 매출은 1,000입니다.
2 최근 1년간 수익은 4백만입니다.
3 최근 1년간 영업이익은 약 20만입니다.
4 최근 1년간 순이익은 7백만 유로입니다.
5 최근 1년간 매출원가는 5조원입니다.

실전대화 한국어 부분을 영어로 바꿔 말해보세요.

1 A 최근 1년간 수익은 0.8백만인데요, whereas revenues for the previous fiscal year is 1 million. Why is that?

   B We did 0.4 million in the first quarter last year but only 0.2 million YoY.

   A The LTM revenues sum up to 0.8 million. 반면 직전 회계연도 수익은 1백만입니다. 왜 그런가요?
   B 작년 1분기에 0.4백만의 실적을 냈으나 당 1분기에는 0.2백만에 그쳤습니다.

2 A The sales number 29,570 looks familiar. Where is this from?

   B It's the from the annual report of the target, which means it's the latest sales disclosed.

   A 최근 1년간 매출은 25,000정도 입니다. The target didn't do very well in the first quarter this year.

   A 매출 숫자 29,570이 낯이 익는데요. 이것 어디서 가져오신 건가요?
   B 대상회사 연차보고서요. 즉, 이는 가장 최근 공시된 숫자입니다.
   A The LTM sales sum up to about 25,000. 대상회사는 올해 1분기 실적이 그다지 좋지 않아요.

---

extras

영어전달력 ● **LTM**(Last Twelve Months)
'최근 12개월간' 혹은 '최근 1년간'을 의미한다. 다른 말로 TTM(Trailing Twelve Months)이라고도 한다.

pattern 192

Cost of goods sold consists of ~.

매출원가는 ~로 구성되어 있습니다.

매출원가의 구성항목을 말할 때 쓰는 패턴이다.

코어패턴　필요한 말을 넣어 패턴을 연습하세요.

1 **Cost of goods sold consists of** raw material costs.

2 **Cost of goods sold consists of** personnel costs.

3 **Cost of goods sold consists of** variable costs and fixed costs.

4 **Cost of goods sold consists of** product purchase and overhead.

5 **Cost of goods sold consists of** depreciation and assembly costs.

1 매출원가는 원재료비로 구성되어 있습니다.
2 매출원가는 인건비로 구성되어 있습니다.
3 매출원가는 변동비와 고정비로 구성되어 있습니다.
4 매출원가는 제품 매입과 간접비로 구성되어 있습니다.
5 매출원가는 감가상각비와 조립비로 구성되어 있습니다.

실전대화　한국어 부분을 영어로 바꿔 말해보세요.

1 A What is CoGs made up of?

　B 매출원가는 주로 인건비로 구성되어 있습니다.

2 A 매출원가는 제품 매입과 간접비로 구성되어 있습니다.

　B No depreciation included in CoGs? How come?

　A Depreciation expenses are all from office supplies and they are recognized as SG&A expenses.

A 매출원가는 무엇으로 구성되어 있나요?
B Cost of goods sold mainly consists of personnel costs.

A Cost of goods sold consists of product purchase and overhead.
B 매출원가에 감가상각비가 포함되어 있지는 않나요? 왜 그렇죠?
A 감가상각비는 전부 사무실 비품으로부터 발생한 것이며 판매관리비로 인식되어 있습니다.

Operation days (for ~) are ....

~의 가동일수는 …입니다.

생산 가능 수량 등의 파악을 위해 공장 등의 가동일수를 나타내는 표현이다.

코어패턴 필요한 말을 넣어 패턴을 연습하세요.

1 **Operation days are** 350 days a year.

2 **Operation days are** 28 days a month.

3 **Operation days for** the Bangladesh site **are** 365 days a year.

4 **Operation days for** the Pohang steel mill **are** 355 days a year.

5 **Operation days for** the Geoje shipyard **are** 350 days a year.

1 가동일수는 연 350일입니다.
2 가동일수는 월 28일입니다.
3 방글라데시 현장의 가동일수는 연 365일입니다.
4 포항 제강공장의 가동일수는 연 355일입니다.
5 거제 조선소의 가동일수는 연 350일입니다.

실전대화 한국어 부분을 영어로 바꿔 말해보세요.

1 A How many days is the factory open a month?
   B 가동일수는 월 28일입니다. Workers have 2 to 3 days off a month.

2 A Why is the steel mill open only 355 days a year?
   B I looked up a similar place. 포항 제강공장의 가동일수는 연 355일입니다. The same was assumed.

A 한 달에 공장 여는 날이 며칠인가요?
B Operation days are 28 days a month. 근로자들은 한달에 이틀에서 사흘 정도 쉽니다.

A 제강공장이 일년에 왜 355일만 열죠?
B 비슷한 곳을 찾아보았는데요. Operation days for the Pohang steel mill are 355 days a year. 같은 일수를 가정했습니다.

---

extras

영어전달력 ● operating rate 가동률
The operating rate is expected to reach 100%.
가동률은 100%에 다다를 것으로 예상됩니다.

pattern
194

There is a strong seasonality in ~.

~에 계절성이 강하게 나타납니다.

산업에 특성에 따라 고객수요, 매출, 재고 수준에 계절적인 요인이 있는 경우 이를 나타내는 표현이다.

코어패턴 필요한 말을 넣어 패턴을 연습하세요.

1 **There is a strong seasonality in** sales.

2 **There is a strong seasonality in** demands.

3 **There is a strong seasonality in** customer orders.

4 **There is a strong seasonality in** the toy industry.

5 **There is a strong seasonality in** the inventory holding level.

1 매출에 계절성이 강하게 나타납니다.
2 수요에 계절성이 강하게 나타납니다.
3 고객 주문에 계절성이 강하게 나타납니다.
4 장난감 산업에 계절성이 강하게 나타납니다.
5 재고보유 수준에 계절성이 강하게 나타납니다.

실전대화 한국어 부분을 영어로 바꿔 말해보세요.

1 A Any special trends in this industry?

B 수요에 계절성이 강하게 나타납니다. January sales take up more than 70% of the entire sales.

2 A December sales stand out a lot.

B 장난감 산업에는 계절성이 강하게 나타납니다. No wonder December sales beat all the rest.

A 이 산업에 특별한 추세 같은 것이 있을까요?
B There is a strong seasonality in demands. 1월 매출이 전체 매출의 70% 이상을 차지합니다.

A 12월 매출이 매우 튀는군요.
B There is a strong seasonality in the toy industry. 12월 매출이 다른 달보다 월등히 높은 것이 당연합니다.

pattern
195

~ are assumed to increase by the inflation rate.

~는 물가상승률만큼 상승하는 것으로 가정하였습니다.

매출이나 매출원가 외에 금액적인 중요도가 다소 낮은 항목을 추정할 때는 일반적으로 물가상승률만큼 상승한 것으로 가정한다.

코어패턴 필요한 말을 넣어 패턴을 연습하세요.

1 They **are assumed to increase by the inflation rate.**

2 Rents **are assumed to increase by the inflation rate.**

3 Other expenses **are assumed to increase by the inflation rate.**

4 Training expenses **are assumed to increase by the inflation rate** for the next 5 years.

5 Communication expenses **are assumed to increase by the inflation rate** from 2020 onwards.

1 그것들은 물가상승률만큼 상승하는 것으로 가정하였습니다.
2 임차료는 물가상승률만큼 상승하는 것으로 가정하였습니다.
3 기타비용은 물가상승률만큼 상승하는 것으로 가정하였습니다.
4 교육훈련비는 향후 5년간 물가상승률만큼 상승하는 것으로 가정하였습니다.
5 통신비는 2020년 이후로는 물가상승률만큼 상승하는 것으로 가정하였습니다.

실전대화 한국어 부분을 영어로 바꿔 말해보세요.

1 A What's the basic assumption for miscellaneous expenses?

   B 그것들은 물가상승률만큼 상승하는 것으로 가정하였습니다.

2 A What about other expenses? How do they change?

   B 기타비용은 물가상승률만큼 상승하는 것으로 가정하였습니다.

A 잡손실 기본 가정이 어떻게 되나요?
B They are assumed to increase by the inflation rate.

A 기타비용은요? 어떻게 변하나요?
B Other expenses are assumed to increase by the inflation rate.

AR is assumed to be collected by ~.

매출채권은 ~에 따라 회수되는 것으로 가정하였습니다.

매출채권 회수 계획에 대해 말하는 표현이다.

코어패턴　　필요한 말을 넣어 패턴을 연습하세요.

1　**AR is assumed to be collected by** the initial plan.

2　**AR is assumed to be collected by** the master budget.

3　**AR is assumed to be collected by** the customer schedule.

4　**AR is assumed to be collected by** the data the debt collector has provided.

5　**AR is assumed to be collected by** the industry average turnover period.

1 매출채권은 최초 계획에 따라 회수되는 것으로 가정하였습니다.
2 매출채권은 종합예산에 따라 회수되는 것으로 가정하였습니다.
3 매출채권은 고객 스케줄에 따라 회수되는 것으로 가정하였습니다.
4 매출채권은 채권추심업체가 제시한 자료에 따라 회수되는 것으로 가정하였습니다.
5 매출채권은 산업평균 회수기간에 따라 회수되는 것으로 가정하였습니다.

실전대화　　한국어 부분을 영어로 바꿔 말해보세요.

1　A Are there any changes in the AR collection plan?

　　B No, there aren't. 매출채권은 회사가 제시한 최초 계획에 따라 회수한 것으로 가정하였습니다.

2　A What are the plans for the collection of AR?

　　B 매출채권은 고객 스케줄에 따라 회수되는 것으로 가정하였습니다.

　　A Is it reliable? They keep changing their words.

A 매출채권 회수 계획에 변동이 있나요?
B 변동 없습니다. AR is assumed to be collected by the initial plan the company provided.

A 매출채권 회수 관련 계획이 뭔가요?
B AR is assumed to be collected by the customer schedule.
A 그거 믿을 만한가요? 고객이 계속 말을 바꾸니 원.

~ illustrates ... and is 5% of sales.

~는 … 성격으로 매출액의 5%로 책정됩니다.

기타 수수료, 부대비용 등의 성격과 책정 기준에 대한 표현이다. 매출의 일정 비율(5%)로 책정되는 경우를 상정했다.

코어패턴 필요한 말을 넣어 패턴을 연습하세요.

1. Royalty fee **illustrates** brand expense **and is 5% of sales.**

2. Sales commission **illustrates** an incentive **and is 5% of sales.**

3. Patent fee **illustrates** license expense **and is 5% of sales.**

4. Extra charges **illustrate** management expenses **and is 5% of sales.**

5. Admin fee **illustrates** administrative support from the HQ **and is 5% of sales.**

1. 로열티수수료는 브랜드사용료 성격으로 매출액의 5%로 책정됩니다.
2. 판매수수료는 인센티브 성격으로 매출액의 5%로 책정됩니다.
3. 특허수수료는 기술사용료 성격으로 매출액의 5%로 책정됩니다.
4. 기타부대비용은 관리비용 성격으로 매출액의 5%로 책정됩니다.
5. 행정수수료는 본사의 행정지원 성격으로 매출액의 5%로 책정됩니다.

실전대화 한국어 부분을 영어로 바꿔 말해보세요.

1. A Royalty fee? Is that necessary?
   B I'm afraid so. 로열티수수료는 브랜드사용료 성격으로 매출액의 5%로 책정됩니다. It is paid to the HQ office.

2. A I don't understand what extra charges are for.
   B 기타부대비용은 관리비용 성격으로 매출액의 5%로 책정됩니다.

A 로열티수수료요? 꼭 필요한 것인가요?
B 유감이지만 그렇습니다. Royalty fee illustrates brand expense and is 5% of sales. 본사 사무소에 지급되는 것입니다.

A 기타부대비용이 왜 있는지 이해가 안되네요.
B Extra charges illustrate management expenses and is 5% of sales.

extras

영어전달력 ● royalty 로열티

우리가 흔히 알고 있는 본사에 지급하는 로열티는 royalty이다. 비슷하지만 loyal은 '충성스러운'이라는 뜻이며, 예를 들어 loyalty card는 고객포인트 카드를 의미한다.

pattern 198

Variable costs are assumed to change pro rata to ~.

변동비는 ~에 비례하여 변동하는 것으로 가정하였습니다.

고정비와 변동비로 구분해서 비용이 분석되는 경우, 변동비의 책정기준에 대해 말하는 표현이다.

코어패턴

필요한 말을 넣어 패턴을 연습하세요.

1 **Variable costs are assumed to change pro rata to** working hours.

2 **Variable costs are assumed to change pro rata to** input headcount.

3 **Variable costs are assumed to change pro rata to** production volume.

4 **Variable costs are assumed to change pro rata to** monthly maximum production hours.

5 **Variable costs are assumed to change pro rata to** number of possible working days.

1 변동비는 근무시간에 비례하여 변동하는 것으로 가정하였습니다.
2 변동비는 투입 인원수에 비례하여 변동하는 것으로 가정하였습니다.
3 변동비는 생산량에 비례하여 변동하는 것으로 가정하였습니다.
4 변동비는 월별 최대생산시간에 비례하여 변동하는 것으로 가정하였습니다.
5 변동비는 조업가능일수에 비례하여 변동하는 것으로 가정하였습니다.

실전대화

한국어 부분을 영어로 바꿔 말해보세요.

1 A How are variable costs allocated?
   B 변동비는 생산량에 비례하여 변동하는 것으로 가정하였습니다.

2 A Now we're done with fixed costs. Let's move on to variable costs.
   B Sure. 변동비는 기본적으로 투입 인원수에 비례하여 변동하는 것으로 가정하였습니다.

1 변동비는 어떻게 배부되었나요?
   Variable costs are assumed to change pro rata to production volume.

2 고정비는 이제 됐군요. 변동비 얘기를 해볼까요?
   네. Variable costs are basically assumed to change pro rata to input headcount.

---

extras

영어전달력

● pro rata to / in proportion to ~에 비례하여
둘다 같은 의미지만 실무에서는 pro rata to를 더 많이 쓴다.

CAPEX consists of ~.

자본적 지출은 ~ 로 구성됩니다.

자본적 지출의 구성내용에 대한 설명이다.

코어패턴   필요한 말을 넣어 패턴을 연습하세요.

1   **CAPEX consists of** factory construction.

2   **CAPEX consists of** machinery purchase.

3   **CAPEX consists of** ship manufacturing.

4   **CAPEX consists of** ERP upgrade and its maintenance costs.

5   **CAPEX consists of** building remodeling and its operational costs.

1 자본적 지출은 공장건설비로 구성됩니다.
2 자본적 지출은 기계장치 구입비로 구성됩니다.
3 자본적 지출은 선박 제작비로 구성됩니다.
4 자본적 지출은 ERP 업그레이드와 그 관리비로 구성됩니다.
5 자본적 지출은 건물 리모델링과 그 운영비로 구성됩니다.

실전대화   한국어 부분을 영어로 바꿔 말해보세요.

1   A What is the capital expenditure about?

   B 자본적 지출은 기계장치 구입비로 구성됩니다. The company is planning on an enormous investment.

2   A 자본적 지출은 ERP 업그레이드과 그 관리비로 구성됩니다.

   B Would that lead to an increase in sales?

   A Not necessarily.

A 자본적 지출에 대한 내용이 뭔가요?
B CAPEX consists of machinery purchase. 회사는 대규모 투자를 계획하고 있어요

A CAPEX consists of ERP upgrade and its maintenance costs.
B 그것이 매출의 증가로 이어질 수 있을까요?
A 꼭 그런 것은 아닙니다.

pattern 200

The EBITDA has been normalized by ~.

에비타는 ~함으로써 정상화되었습니다.

가치평가에 있어서 중요한 지표인 에비타(EBITDA: Earnings before Interest, Tax, Depreciation & Amortization)를 산출할 때는 일시적인 요소(보험금 수령으로 인한 이익 등)를 제거하여 Normalized EBITDA(정상화된 에비타)를 산출하는 경우가 일반적이다. 이를 구하는 과정에 대한 내용이다.

코어패턴 필요한 말을 넣어 패턴을 연습하세요.

1 **The EBITDA has been normalized by** adding special donations.

2 **The EBITDA has been normalized by** adding temporary repair costs.

3 **The EBITDA has been normalized by** eliminating start-up costs.

4 **The EBITDA has been normalized by** deducting gains from an insurance claim.

5 **The EBITDA has been normalized by** eliminating gain and loss from related party transactions.

1 에비타는 특별 기부금을 가산함으로써 정상화되었습니다.
2 에비타는 일시적 수리비를 가산함으로써 정상화되었습니다.
3 에비타는 스타트업 비용을 제거함으로써 정상화되었습니다.
4 에비타는 보험금 청구로 인한 이익을 차감함으로써 정상화되었습니다.
5 에비타는 특수관계자 거래손익을 제거함으로써 정상화되었습니다.

실전대화 한국어 부분을 영어로 바꿔 말해보세요.

1 A What adjustments were made to the EBITDA?
B 에비타는 스타트업 비용을 제거함으로써 정상화되었습니다.

2 A How was the EBITDA normalized?
B 에비타는 일시적 수리비를 가산함으로써 정상화되었습니다.

1 에비타에 어떤 조정들을 했나요?
B The EBITDA has been normalized by eliminating start-up costs.

2 에비타 정상화는 어떠한 식으로 이루어졌나요?
B The EBITDA was normalized by adding temporary repair costs.

---

extras

영어전달력 ● **add** 가산하다 / **deduct** 차감하다 / **eliminate** 제거하다
수치 조정에 있어서 eliminate는 '가산, 차감'을 모두 포괄하는 개념이다.

pattern 201

In the ~ scenario, ... is assumed.
~ 시나리오상, …를 가정하였습니다.

가치평가의 결론을 형성하는 과정에서는 하나의 시나리오가 아니라 보통 3개 이상의 시나리오를 가정하는 것이 일반적이다. 각 시나리오의 가정이 무엇인지 말하는 표현이다.

코어패턴　　필요한 말을 넣어 패턴을 연습하세요.

1　**In the** best **scenario,** a 30% volume increase **is assumed.**

2　**In the** base **scenario,** a 10% volume increase **is assumed.**

3　**In the** worst **scenario,** no volume increase **is assumed.**

4　**In the** optimistic **scenario,** a 50% cut in purchase price **is assumed.**

5　**In the** pessimistic **scenario,** only a 5% cut in purchase price **is assumed.**

1　최상 시나리오상, 30% 수량 인상을 가정하였습니다.
2　기본 시나리오상, 10% 수량 인상을 가정하였습니다.
3　최악 시나리오상, 0% 수량 인상을 가정하였습니다.
4　낙관적 시나리오상, 50% 매입가격 할인을 가정하였습니다.
5　비관적 시나리오상, 5%만의 매입가격 할인을 가정하였습니다.

실전대화　　한국어 부분을 영어로 바꿔 말해보세요.

1　A　What changes are there for the base scenario?
　　B　기본 시나리오상, 10% 수량 인상을 가정하였습니다.
　　A　No way! Sales have been static for the last two years.

2　A　How come the CoGs decline drastically next year?
　　B　낙관적 시나리오상, 50% 매입가격 할인을 가정하였습니다.
　　A　You must be dreaming. 35% is the best vendors can offer.

A　기본 시나리오상 어떤 변화가 있었나요?
B　In the base scenario, a 10% volume increase is assumed.
A　말도 안 돼요! 지난 2년간 매출에는 변화가 없었어요.

A　내년 매출원가가 급격히 하락하는 이유가 뭔가요?
B　In the optimistic scenario, a 50% cut in purchase price is assumed.
A　너무 비현실적인데요. 공급자들이 제시할 수 있는 최대치는 35%입니다.

---

extras

업무상식　　● 시나리오 분석
시나리오를 분석할 때는 보통 3개 이상을 제시한다. 항상 이 3개를 하나의 세트로 기억하자.
best 최상 / base 기본 / worst 최악
optimistic 낙관적 / neutral 중립적 / pessimistic 비관적

pattern
202

The issue is that the company ~.

이슈는 회사가 ~하다는 것입니다.

투자안 검토 결론을 형성할 때 대상회사(the company)와 관련된 애로점 혹은 이슈를 제기하는 표현이다.

코어패턴 필요한 말을 넣어 패턴을 연습하세요.

1 **The issue is that the company** recognized unlisted stocks at cost.

2 **The issue is that the company** cannot afford the severance pay.

3 **The issue is that the company** refused to show us the stockholders' list.

4 **The issue is that the company** hardly did any business for the last three months.

5 **The issue is that the company** cannot come up with an accurate rate of cost to sales.

1 이슈는 회사가 비상장주식을 원가로 인식했다는 것입니다.
2 이슈는 회사가 퇴직금을 지급할 여력이 없다는 것입니다.
3 이슈는 회사가 주주명부 제시를 거부했다는 것입니다.
4 이슈는 회사가 최근 3개월간 매출 실적이 거의 없다는 것입니다.
5 이슈는 회사가 정확한 원가율을 산출하지 못한다는 것입니다.

실전대화 한국어 부분을 영어로 바꿔 말해보세요.

1 A What seems to be the problem? Why aren't we having any progress?

   B 이슈는 회사가 퇴직금을 지급할 여력이 없다는 것입니다.

2 A Looks like the sales numbers lack history.

   B That's right. 이슈는 회사가 최근 3개월간 매출 실적이 거의 없다는 것입니다.

A 문제가 무엇일까요? 왜 진도가 안 나가고 있는 건가요?
B The issue is that the company cannot afford the severance pay.

A 매출 숫자들에 대한 이력이 부족해 보이는 것 같아요.
B 맞습니다. The issue is that the company hardly did any business for the last three months.

In valuation, we have an issue on ~.

가치평가상 ~ 이슈가 있어요.

가치평가의 특정 항목에서 발생할 수 있는 애로점 혹은 이슈를 제기할 때 쓰는 패턴이다.

코어패턴　필요한 말을 넣어 패턴을 연습하세요.

1　**In valuation, we have an issue on** the beta.

2　**In valuation, we have an issue on** the disclaimer.

3　**In valuation, we have an issue on** calculating the breakeven point.

4　**In valuation, we have an issue on** selecting the right peers.

5　**In valuation, we have an issue on** applying an appropriate multiple.

1　가치평가상 베타 이슈가 있어요.
2　가치평가상 면책진술서 이슈가 있어요.
3　가치평가상 손익분기점 산정 이슈가 있어요.
4　가치평가상 적절한 비교기업의 선정 이슈가 있어요.
5　가치평가상 적합한 배수 적용 이슈가 있어요.

실전대화　한국어 부분을 영어로 바꿔 말해보세요.

1　A What needs to be discussed today?
　　B 가치평가상 면책진술서 이슈가 있어요. There's an argument whether one paragraph should stay or go.

2　A What seems to be the issue?
　　B 가치평가상 적절한 비교기업의 선정 이슈가 있어요. I've been looking for some the whole day and the right ones are hard to find.

A 오늘 무엇에 대해 논의해야 할까요?
B In valuation, we have an issue on the disclaimer. 문단 한 개를 두어야 할지 아니면 삭제해야 할지에 대해 논쟁이 있습니다.

A 무엇이 문제일까요?
B In valuation, we have an issue on selecting the right peers. 하루 종일 찾아봤는데, 적합한 것들은 찾기가 힘드네요.

---

extras

영어전달력　● peer

peer는 사전적으로, '동료, 동등한 사람'이라는 의미가 있다. 이는 '비교 대상'을 말하는데, 가정에서는 형제, 자매와 비교되고 학교에서는 친구와 비교되는 것처럼, 직장에서는 동료와 비교된다. 이때 비교 대상으로의 '동료'를 peer라고 생각하자. 같은 맥락으로 비교 대상이 되는 기업도 peer라고 한다.

pattern
204

The conclusion is that ~.

결론은 ~입니다.

가치평가나 투자안 검토의 최종 결론을 형성하는 단계에서 쓰는 표현이다.

코어패턴 필요한 말을 넣어 패턴을 연습하세요.

1. **The conclusion is that** 10% IRR can be achieved.

2. **The conclusion is that** details will be provided at a later stage.

3. **The conclusion is that** around 200 employees need to be laid off.

4. **The conclusion is that** there must be an exit within one year.

5. **The conclusion is that** a minimum of 51% of ownership percentage should be accomplished.

1. 결론은 IRR 10%를 달성할 수 있다는 것입니다.
2. 결론은 상세자료는 추후 제공된다는 점입니다.
3. 결론은 약 200명의 직원을 내보내야 한다는 것입니다.
4. 결론은 1년 이내 손을 털고 나와야 한다는 것입니다.
5. 결론은 최소 51%의 지분율을 달성해야 한다는 것입니다.

실전대화 한국어 부분을 영어로 바꿔 말해보세요.

1. A What is it that you'd like to say?
   B 결론은 약 200명의 직원을 내보내야 한다는 것입니다. I have no choice.

2. A There will be an election in a couple of months' time and 결론은 1년 이내 손을 털고 나와야 한다는 것입니다.
   B I agree. You never know what to expect if the new Japanese regime comes into power.

A 말씀하시고자 하는 바가 뭔가요?
B The conclusion is that around 200 employees need to be laid off. 어쩔 수가 없네요.

A 몇 달 후에 선거가 있을 예정입니다. The conclusion is that there must be an exit within one year.
B 동의합니다. 새 일본 정부가 정권을 잡게 되면 무슨 일이 일어날지 아무도 모릅니다.

---

extras

영어전달력 ● **ownership percentage** 지분율 / **equity ratio** 자기자본비율
ownership percentage는 '지분율', equity ratio는 '자기자본비율(자본÷부채)'을 말한다. 이 둘을 혼동하지 않도록 주의하자!

The exit strategy is ~.

출구전략은 ~입니다.

투자를 할 때 수익이 발생할 때까지 장기간 기다려줄 투자자는 없을 것이다. 따라서 투자안 검토 단계에서부터 일정 수익에 도달하면 어떻게 빠져나갈지에 대한 계획과 전략을 마련해 두기 마련이다. 이를 말 그대로 출구전략(exit strategy)이라고 한다.

코어패턴 필요한 말을 넣어 패턴을 연습하세요.

1 **The exit strategy is** to go on an IPO.

2 **The exit strategy is** to sell immediately once the ROI meets 10%.

3 **The exit strategy is** to go on an M&A after exercising the call option.

4 **The exit strategy is** to reduce the ownership percentage down to 1% or less after two years.

5 **The exit strategy** of this investment is to liquidate once operating income reaches 1 million dollars.

1 출구전략은 신규상장을 추진하는 것입니다.
2 출구전략은 ROI 10%를 달성하는 즉시 매각하는 것입니다.
3 출구전략은 콜옵션 행사 이후 M&A 추진하는 것입니다.
4 출구전략은 2년 후 지분을 1% 이하 수준으로 줄이는 것입니다.
5 이 투자의 출구전략은 영업이익 100만 달러 달성 후 유동화하는 것입니다.

실전대화 한국어 부분을 영어로 바꿔 말해보세요.

1 A How are we going to exit from this deal?
  B 출구전략은 2년 내 신규상장을 추진하는 것입니다. We expect that the stock price will at least triple from the offer price once we go on an IPO.

2 A When is the right timing to sell?
  B 출구전략은 ROI 10% 달성하는 즉시 매각하는 것입니다. It will take less than 3 years in our estimation.

A 이 거래에서 어떻게 나갈 계획인가요?
B The exit strategy is to go on an IPO within 2 years. 일단 상장한다면 주가가 공모가 대비 최소 3배는 오를 것으로 예상하고 있습니다.

A 매각을 위한 적절한 타이밍은 언제일까요?
B The exit strategy is to sell immediately once the ROI meets 10%. 저희 예측으로는 3년 이내 가능할 것 같습니다.

---

extras

영어전달력
- ROI(Return on Investment) 투자수익률(영업이익÷투자금액)
- 1% or less 1% 이하
- less than 1% 1% 미만

IR(Investor Relations)

pattern 206

Our shares have ~.

저희 주식이 ~했습니다.

상한가, 하한가, 보합세 등 주식의 움직임 관련 표현이다.

코어패턴　필요한 말을 넣어 패턴을 연습하세요.

1　**Our shares have** hit the ceiling.

2　**Our shares have** recorded the lower limit.

3　**Our shares have** been recently very volatile.

4　**Our shares have** been very stable for the last three months.

5　**Our shares have** topped out at 20,000 won.

1　저희 주식이 상한가를 쳤어요.
2　저희 주식이 하한가를 쳤어요.
3　저희 주식이 최근 매우 불안정합니다.
4　저희 주식이 최근 3개월간 변동이 거의 없습니다.
5　저희 주식이 2만원에서 보합세를 보이고 있어요.

실전대화　한국어 부분을 영어로 바꿔 말해보세요.

1　A I heard there's some good news!

　　B Yeah. 저희 주식이 오늘 상한가를 쳤어요. Not bad for being in the market for the first month, right?

2　A Tell us about the latest movements in the share price.

　　B 저희 주식이 2만원에서 보합세를 보이고 있어요. This has been going on for quite a while.

A 좋은 소식이 있다고 들었어요!
B 맞아요. Our shares have hit the ceiling today. 시장 진입 첫 번째 달에 있는 것 치고는 나쁘지 않죠?

A 주가의 최근 움직임에 대해 알려주세요.
B Our shares have topped out at 20,000 won. 이렇게 된지 꽤 됐어요.

ⓔⓧⓣⓡⓐⓢ

영어전달력　● **top out at ~** ~에서 보합세를 보이다

'(가격, 속도 등이) 더 올라가지 않고 ~수준에서 보합세를 보이다'라는 의미다. '탑(top)수준에서 풀렸다(out)'라는 이미지로 기억하자.

pattern 207

The reason for the decline is ~.

하락의 원인은 ~입니다.

주가가 지속적으로 하락하면 투자자들의 불만이 클 수밖에 없다. 주가 하락 원인을 설명하는 패턴이다.

코어패턴 필요한 말을 넣어 패턴을 연습하세요.

1 **The reason for the decline is** the institutional selling.

2 **The reason for the decline is** the short selling of foreign investors.

3 **The reason for the decline is** the rumor circulating around Wall Street.

4 **The reason for the decline is** the negative commentary from a sell-side analyst.

5 **The reason for the decline is** that the operating cash flow for 4Q has dwindled.

1 하락의 원인은 기관투자자들의 매도입니다.
2 하락의 원인은 외국인 투자자들의 공매도입니다.
3 하락의 원인은 증권가에 떠도는 소문입니다.
4 하락의 원인은 매도측 애널리스트의 부정적 평가입니다.
5 하락의 원인은 4분기 영업현금흐름이 줄어들었다는 것입니다.

실전대화 한국어 부분을 영어로 바꿔 말해보세요.

1 A How come the share price declined out of nowhere?
   B 하락의 원인은 외국인 투자자들의 공매도입니다.

2 A The share price kept on declining this week.
   B 주가 하락의 원인은 증권가에 떠도는 소문입니다. History tells us that this can be resolved once it gets quiet.

A 난데없이 왜 주가가 하락했나요?
B The reason for the decline is the short selling of foreign investors.

A 주가가 이번 주에도 계속해서 하락하고 있어요.
B The reason for the decline is the rumor circulating around Wall Street. 저희 경험에 의하면 일단 잠잠해지면 해소될 것입니다.

---

extras

영어전달력 ● institutional selling / selling of institutional shareholders 기관투자자 매도
같은 뜻이지만 후자가 좀더 길기 때문에 institutional selling를 쓰는 것을 추천한다.

pattern 208

The stock price is expected to recover as~.

~로 주가는 회복될 것으로 예상됩니다.

주가가 회복될 것이라고 예상하는 이유를 나타내는 표현이다.

코어패턴   필요한 말을 넣어 패턴을 연습하세요.

1   **The stock price is expected to recover as** a new product was launched.

2   **The stock price is expected to recover as** 3Q earnings have improved.

3   **The stock price is expected to recover as** M&A plans have been announced.

4   **The stock price is expected to recover** soon **as** we won the nuclear facility construction.

5   **The stock price is expected to recover** soon **as** the Chinese government eased off protective trade.

1. 신상품 출시로 주가는 회복될 것으로 예상됩니다.
2. 3분기 실적의 개선으로 주가는 회복될 것으로 예상됩니다.
3. 합병 계획 발표로 주가는 회복될 것으로 예상됩니다.
4. 원전 공사 수주로 주가는 곧 회복될 것으로 예상됩니다.
5. 중국 정부의 보호무역 완화로 주가는 곧 회복될 것으로 예상됩니다.

실전대화   한국어 부분을 영어로 바꿔 말해보세요.

1   A What makes us believe that the stock price will increase?

     B 3분기 실적의 개선으로 주가는 회복될 것으로 예상됩니다.

2   A Prospects for the next quarter, please.

     B 물류센터 공사 수주로 주가는 곧 회복될 것으로 예상됩니다. It's worth 40 million dollars.

A 주가가 상승할 것이라 저희가 어떻게 확신할 수 있죠?
B The stock price is expected to recover as 3Q earnings have improved.

A 다음 분기 전망 말씀해주세요.
B The stock price is expected to recover as we won the logistics center construction. 4천만 달러짜리예요.

We're flooded with phone calls from ~.

~로부터 전화가 빗발치고 있어요.

전화폭주는 투자자 대응 업무를 하면서 자주 발생할 수 있는 상황이다. 과중한 업무와 심적 부담에 시달리고 있다고 말하는 표현이다.

코어패턴 필요한 말을 넣어 패턴을 연습하세요.

1 **We're flooded with phone calls from** reporters.

2 **We're flooded with phone calls from** local newspapers.

3 **We're flooded with phone calls from** all over the world.

4 **We're flooded with phone calls from** the authorities.

5 **We're flooded with phone calls from** shareholders and creditors.

1 기자들로부터 전화가 빗발치고 있어요.
2 지역신문로부터 전화가 빗발치고 있어요.
3 전 세계로부터 전화가 빗발치고 있어요.
4 감독당국로부터 전화가 빗발치고 있어요.
5 주주와 채권자로부터 전화가 빗발치고 있어요.

실전대화 한국어 부분을 영어로 바꿔 말해보세요.

1 A It's hard to get hold of you. Everything okay?

B 기자들로부터 전화가 빗발치고 있어요. It's because of the news released last night.

2 A Were you busy this morning?

B This morning was a nightmare. 감독당국으로부터 아직도 전화가 빗발치고 있어요. Looks like they are on a serious mission.

A 연락하기가 매우 어렵네요. 무슨 일 있는 건가요?
B We're flooded with phone calls from reporters. 어젯밤 보도된 뉴스 때문이에요.

A 오늘 아침 바쁘셨나요?
B 오늘 아침은 악몽이었어요. We're still flooded with phone calls from the authorities. 눈에 불을 켜고 달려드는 것 같은데요.

---

extras

영어전달력 ● **a man/woman on a mission** 눈에 불을 켜고 달려드는 사람

뭔가를 얻기 위해 눈에 불을 켜고 달려드는 사람을 의미한다. 임무를 부여받아 목적을 향해 달리는 이미지로 기억하자.

pattern 210

We're provided with payment guarantees by ~.

저희는 ~로부터 지급보증을 제공받고 있습니다.

우리 회사가 대기업 혹은 공신력 있는 기관으로부터 지급보증을 제공받고 있다고 알리는 표현으로, 이렇게 말하면 투자자들을 다소 안심시킬 수 있다.

코어패턴 필요한 말을 넣어 패턴을 연습하세요.

1 **We're provided with payment guarantees by** the parent.

2 **We're provided with payment guarantees by** Honey Bank.

3 **We're provided with payment guarantees by** Korea Housing Guarantee.

4 **We're provided with payment guarantees by** Korea Federation of Banks.

5 **We're provided with payment guarantees by** Hunjin Shipping.

1 저희는 모회사로부터 지급보증을 제공받고 있습니다.
2 저희는 허니은행로부터 지급보증을 제공받고 있습니다.
3 저희는 대한주택보증로부터 지급보증을 제공받고 있습니다.
4 저희는 은행연합회로부터 지급보증을 제공받고 있습니다.
5 저희는 헌진해운로부터 지급보증을 제공받고 있습니다.

실전대화 한국어 부분을 영어로 바꿔 말해보세요.

1 A Are there any safeguards you may have in case of a lack of liquidity?

B Yes, there is. 저희는 한국 정부로부터 지급보증을 제공받고 있습니다.

2 A What if the counterparty K defaults?

B There's nothing to worry about. 저희는 허니은행으로부터 지급보증을 제공받고 있습니다.

A 유동성 부족을 대비해 안전장치를 마련해 놓은 것이 있나요?
B 네, 있습니다. We're provided with payment guarantees by the Korean government.

A 상대측인 K가 채무불이행을 한다면요?
B 걱정하실 것 없습니다. We're provided with payment guarantees by Honey Bank.

pattern 211

We've filed a lawsuit against ~.

저희는 ~를 상대로 소송을 제기한 상태입니다.

회사의 거래처가 파산하거나 사회적으로 물의를 일으킨 경우, 투자자들은 이로 인해 발생할 수 있는 투자손실에 민감하게 반응한다. 이때 회사가 취할 수 있는 대표적인 방법은 거래처에 대한 소송이다.

코어패턴 필요한 말을 넣어 패턴을 연습하세요.

1 **We've filed a lawsuit against** this debtor.

2 **We've filed a lawsuit against** one of our customers.

3 **We've filed a lawsuit against** GF Distribution.

4 **We've filed a lawsuit against** AT Mobile.

5 **We've filed a lawsuit against** KIE Motors.

1 저희는 이 채무자를 상대로 소송을 제기한 상태입니다.
2 저희는 저희 고객 중 한 곳을 상대로 소송을 제기한 상태입니다.
3 저희는 GF 유통을 상대로 소송을 제기한 상태입니다.
4 저희는 AT 통신을 상대로 소송을 제기한 상태입니다.
5 저희는 KIE 자동차를 상대로 소송을 제기한 상태입니다.

실전대화 한국어 부분을 영어로 바꿔 말해보세요.

1 A What measures have been taken for AT Mobile?
   B 저희는 그들을 상대로 소송을 제기한 상태입니다.

2 A Are there any lawsuit filings?
   B 저희는 전 고객 중 한 곳을 상대로 소송을 제기한 상태입니다.
      They failed to pay us multiple times.

1 A AT 통신 관련 어떤 조치가 취해졌나요?
   B We've filed a lawsuit against them.

2 A 소송 제기한 건이 있나요?
   B We've filed a lawsuit against one of our former customers. 수차례 대금지급을 하지 못했기 때문입니다.

---

extras

영어전달력 ● 고소하다

sue는 정식 소장을 접수하기 전에 고소를 한 상황을 뜻한다. file a lawsuit은 '(공식적으로) 소송을 제기하다'라는 뜻으로 file이라는 단어가 공식적으로 접수했다는 어감을 준다.

The effect on the financials is ~.

재무제표에 미치는 영향은 ~입니다.

특정 사건이 회사 재무제표에 미치는 영향을 설명하는 표현이다.

코어패턴   필요한 말을 넣어 패턴을 연습하세요.

1 **The effect on the financials is** insignificant.

2 **The effect on the financials** from the fire **is** not material.

3 **The effect on the financials is** an increase of 2 million in net assets.

4 **The effect on the financials is** an increase of 5 billion won both in asset and net income.

5 **The effect on the financials is** a decrease of 3 billion won in net income and an increase of the same amount in liability.

1 재무제표에 미치는 영향은 미미한 수준입니다.
2 화재로 인한 재무제표에 미치는 영향은 중요하지 않습니다.
3 재무제표에 미치는 영향은 2백만 순자산 증가입니다.
4 재무제표에 미치는 영향은 자산 및 순이익 50억원 증가입니다.
5 재무제표에 미치는 영향은 30억원 순이익 감소 및 동 금액 부채 증가입니다.

실전대화   한국어 부분을 영어로 바꿔 말해보세요.

1 A I heard there was a fire in one of the factories. How big is the loss?
   B It's only a small part of the factory that was burnt and 재무제표에 미치는 영향은 미미한 수준입니다.

2 A What is the total effect of the adjustments?
   B 재무제표에 미치는 영향은 2만 달러 순자산 감소입니다.

1 공장 중 한 곳에 불이 났다고 들었는데요. 손실 규모가 어느 정도인지요?
   B 불에 탄 것은 공장의 작은 부분에 불과합니다. The effect on the financials is insignificant.

2 A 조정사항의 총 영향은 얼마인가요?
   B The effect on the financials is a decrease of 20,000 dollars in net assets.

pattern
213

Our earnings improved thanks to ~.

~ 덕분에 실적이 개선되었습니다.

회사 실적 발표회 같은 상황에서 자주 쓰는 표현이다.

코어패턴　필요한 말을 넣어 패턴을 연습하세요.

1　**Our earnings improved thanks to** the economic boom.

2　**Our earnings improved thanks to** continuous sales promotion.

3　**Our earnings improved thanks to** the reinforcement of sales staff.

4　**Our earnings improved thanks to** the relocation of business to the capital area.

5　**Our earnings improved thanks to** the effects of optimistic market forecasts.

1. 경기호황 덕분에 실적이 개선되었습니다.
2. 지속적 판매 촉진 덕분에 실적이 개선되었습니다.
3. 영업인력 보강 덕분에 실적이 개선되었습니다.
4. 사업장 수도권 이전 덕분에 실적이 개선되었습니다.
5. 낙관적 시장전망의 영향 덕분에 실적이 개선되었습니다.

실전대화　한국어 부분을 영어로 바꿔 말해보세요.

1　A What is the main cause of the improvement?

　B 지속적 판매 촉진 덕분에 실적이 개선되었습니다.

2　A How come did the operating income reach 500 million?

　B 낙관적 시장전망의 영향 덕분에 실적이 개선되었습니다.

　A How long do you expect this will continue?

A 개선의 주요 원인은 무엇인가요?
B Our earnings improved thanks to continuous sales promotion.

A 영업이익이 어떻게 해서 5억에 도달하게 됐나요?
B Our earnings improved thanks to the effects of optimistic market forecasts.
A 이것이 언제까지 계속될 것이라 보고 계신지요?

---

extras

영어전달력　● **earnings** 소득, 수입, 실적

earning은 획득이라는 뜻이다. 비즈니스 상황에서는 주로 복수 earnings를 쓴다.

pattern
214

Rumor has it that we ~.

소문에 의하면 저희가 ~라는데요.

회사와 관련된 소문을 말하는 표현으로 안 좋은 소문일 경우 회사의 분명한 입장을 표명해야 투자자들이 안심할 수 있다.

코어패턴 필요한 말을 넣어 패턴을 연습하세요.

1 **Rumor has it that we** are going public.

2 **Rumor has it that we** are merging with Company Jurry.

3 **Rumor has it that we** are planning a downsizing.

4 **Rumor has it that we** are about to go bankrupt.

5 **Rumor has it that we**'ve been cooking the books.

1 소문에 의하면 저희가 상장한다는데요
2 소문에 의하면 저희가 Jurry사와 합병한다는데요
3 소문에 의하면 저희가 감원을 계획 중이라는데요
4 소문에 의하면 저희가 파산에 임박해 있다는데요
5 소문에 의하면 저희가 분식회계를 해왔다고 하는데요

실전대화 한국어 부분을 영어로 바꿔 말해보세요

1 A Could you explain about the latest rumor?
   B 소문에 희면 저희가 감원을 계획 중이라는데요. But it is not true.

2 A What is it with the latest report?
   B 소문에 의하면 저희가 분식회계를 해왔다고 하는데요. We've already taken appropriate measures on it. We've sued the media that made initial reports.

A 최근 소문에 대해 설명해주시겠습니까?
B Rumor has it that we are planning a downsizing. 하지만 이는 사실이 아닙니다.

A 최근 보도 내용은 왜 그런 것인가요?
B Rumor has it that we've been cooking the books. 이와 관련 저희는 이미 적절한 조치를 취한 상태입니다. 최초 보도를 한 언론을 고소한 상태입니다.

---

extras

영어전달력
● spin off from ~ ~로부터 분할하다
Rumor has it that we're spinning off from the Group. 소문에 의하면 저희 그룹사로부터 분할한다는데요

● downsizing 감원 / reshuffle 조직개편
결과는 비슷할 수 있지만 실무에서는 엄연히 다른 개념이다.

● cook the books 분식회계하다
한국에서는 분식회계를 '숫자를 예쁘게 꾸민다'로, '화장을 한다'라고 말한다. 하지만 영어에서는 '결산서를 솥에 넣고 끓인다'로 cook the books라는 표현을 쓴다.

pattern 215

The new business plan has been approved by ~.

신규 사업안은 ~의 승인을 받았습니다.

신규 사업안을 발표할 때 해당 사업안이 누구의 승인을 받았는지 투자자들에게 알리는 표현이다.

코어패턴　필요한 말을 넣어 패턴을 연습하세요.

1　**The new business plan has been approved by** the CEO.

2　**The new business plan has been approved by** the association.

3　**The new business plan has been approved by** the government.

4　**The new business plan has been approved by** the authorities.

5　**The new business plan has been approved by** the NTS.

1 신규 사업안은 사장님의 승인을 받았습니다.
2 신규 사업안은 협회의 승인을 받았습니다.
3 신규 사업안은 정부의 승인을 받았습니다.
4 신규 사업안은 규제기관의 승인을 받았습니다.
5 신규 사업안은 국세청의 승인을 받았습니다.

실전대화　한국어 부분을 영어로 바꿔 말해보세요.

1　A Has the plan been internally approved?

　B Yes, it has. 신규 사업안은 사장님의 승인을 받았습니다. His will to make it happen is stronger than ever.

2　A How far are we with the new business plan?

　B 신규 사업안은 한국 정부의 승인을 받았습니다. We plan to kick off on the first business day of next month.

A 계획이 내부적으로 승인된 상태인가요?
B 네 그렇습니다. The new business plan has been approved by the CEO. 이를 실현하고자 하는 대표이사님의 의지는 그 어느 때보다 강합니다.
A 신규 사업안 어디까지 진행됐나요?
B The new business plan has been approved by the Korean government. 다음달 첫 영업일에 일에 착수하고자 합니다.

---

extras

업무상식
- FSS: Financial Supervisory Service 금융감독원
- NTS: National Tax Service 국세청
- KRX: Korea Exchange 증권거래소. 공식명칭 '한국거래소'
- SEC: Securities and Exchange Commission 미국증권거래위원회. 미국의 KRX
- PCAOB: Public Company Accounting Oversight Board 미국 상장회사 회계감독위원회

pattern 216

The main cause of delay is ~.

지연의 주된 이유는 ~입니다.

업무 진행이 지연이 되는 이유를 설명하는 표현이다.

코어패턴 필요한 말을 넣어 패턴을 연습하세요.

1. **The main cause of delay is** the strong typhoon that hit Jeju island.

2. **The main cause of delay is** the strike led by the labor union.

3. **The main cause of delay is** the shrinkage of the domestic market.

4. **The main cause of delay is** that unexpected technical difficulties were identified.

5. **The main cause of delay is** the bottleneck found in one of the stations.

1. 지연의 주된 이유는 제주도를 강타한 태풍입니다.
2. 지연의 주된 이유는 노조의 파업입니다.
3. 지연의 주된 이유는 국내 시장의 위축입니다.
4. 지연의 주된 이유는 예기치 못한 기술적 장애가 식별되었다는 것입니다.
5. 지연의 주된 이유는 작업장 한 곳에서 발견된 병목입니다.

실전대화 한국어 부분을 영어로 바꿔 말해보세요.

1. A What is dragging us behind?
   B 지연의 주된 이유는 제주도를 강타한 태풍입니다. We hope to have everything restored once the typhoon is gone.

2. A Why is the volume behind schedule in factory 5?
   B 지연의 주된 이유는 작업장 한 곳에서 발견된 병목입니다. We'll have it sorted out by midnight.

1. A 일이 늘어지는 이유가 뭔가요?
   B The main cause of delay is the strong typhoon that hit Jeju island. 태풍이 일단 지나간 이후 모든 것들이 복구될 것으로 내다보고 있습니다.

2. A 제5공장에서 생산량을 맞추지 못하는 이유가 뭔가요?
   B The main cause of delay is the bottleneck found in one of the stations. 자정까지 이를 해결할 것입니다.

---

extras

영어전달력 ● drag 끌다

사전적 의미는 '질질 끌다'이다. 마우스로 클릭한 채 끄는 것을 드래그라고 하는 의미와 같다.

pattern
217

We'll keep you posted on ~.

~에 대해 계속해서 업데이트 해드리겠습니다.

어떤 사안에 대해 지속적으로 알려드리겠다(상기해 드리겠다)라는 표현이다.

코어패턴　필요한 말을 넣어 패턴을 연습하세요.

1　**We'll keep you posted on** the price changes.

2　**We'll keep you posted on** any new agenda.

3　**We'll keep you posted on** the latest sales trend.

4　**We'll keep you posted on** major adjusted journal entries.

5　**We'll keep you posted on** major amendments in law.

1 가격변동에 대해 계속해서 업데이트 해드리겠습니다.
2 새로운 안건에 대해 계속해서 업데이트 해드리겠습니다.
3 최근 판매추이에 대해 계속해서 업데이트해드리겠습니다.
4 주요 결산수정분개에 대해 계속해서 업데이트해드리겠습니다.
5 법률 주요 개정사항에 대해 계속해서 업데이트해드리겠습니다.

실전대화　한국어 부분을 영어로 바꿔 말해보세요.

1　A　Any idea on how the raw material price will change next year?

　　B　It's very hard for us to predict. 가격변동에 대해 계속해서 업데이트해드리겠습니다.

1 내년 원재료 가격이 어떻게 변할지에 대해 의견 있으신지요?
2 저희가 예측하기에는 매우 무리가 있습니다. We'll keep you posted on the price changes.

2　A　Thanks a lot for your efforts on the presentation. When do you think the amendments will be finalized?

　　B　In about a few weeks' time. 주요 개정사항에 대해 계속해서 이메일로 업데이트해드리겠습니다.

1 발표하시느라 수고 많으셨습니다. 개정사항이 언제쯤 확정될 것이라 보세요?
2 몇 주 후일 것으로 보고 있습니다. We'll keep you posted on major amendments via email.

●extras●

영어전달력　● via 발음

사전적으로 '~를 통하여'라는 의미다. 발음은 [vaɪə] 또는 [viːə]로 하는데, 둘의 차이는 없다. 미국식이거나 영국식인 차이도 없으니 상대가 알아들을 수 있도록 발음하는 것이 중요하다.

pattern 218

We believe the situation ~.

이 상황이 ~ 것이라 믿습니다.

안 좋은 상황이 터졌을 때 투자자들을 안심시키기 위해 쓸 수 있는 표현이다. 사건의 경위를 설명하고 난 후 마무리하는 말로 자주 쓴다.

코어패턴   필요한 말을 넣어 패턴을 연습하세요.

1   **We believe the situation** is temporary.

2   **We believe the situation** will improve.

3   **We believe the situation** will be over soon.

4   **We believe the situation** will not affect our profit or loss.

5   **We believe the situation** will not have a significant influence on our share price.

1 이 상황이 일시적일 것이라 믿습니다.
2 이 상황이 호전될 것이라 믿습니다.
3 이 상황이 곧 끝날 것이라 믿습니다.
4 이 상황이 손익에 영향을 주지 않을 것이라 믿습니다.
5 이 상황이 주가에 미치는 영향이 크지 않을 것이라 믿습니다.

실전대화   한국어 부분을 영어로 바꿔 말해보세요.

1   A   Do you have any comments on the incident that took place last night?

     B   I feel sorry for what happened yesterday in one of our companies. 이 상황이 손익에 영향을 주지 않을 것이라 믿습니다.

2   A   What influence would the announcement of Kim Jong-Un have on the share price?

     B   Hardly any. 이 상황이 주가에 미치는 영향이 크지 않을 것이라 믿습니다.

A 어젯밤 일어난 사건에 대해 하실 말씀 있나요?
B 저희 회사 한 곳에 어제 발생한 일에 대해 매우 유감입니다. We believe the situation will not affect our profit or loss.

A 김정은의 선언이 주가에 어떤 영향을 미칠지요?
B 거의 없습니다. We believe the situation will not have a significant influence on our share price.

The company is subject to ~.

회사는 ~ 대상입니다.

경영공시를 할 때 회사가 특정 법이나 규정 등을 따라야 하는 대상일 경우 쓰는 표현이다.

코어패턴　필요한 말을 넣어 패턴을 연습하세요.

1 **The company is subject to** appointing auditors.

2 **The company is subject to** the Labor Standard Act.

3 **The company is subject to** Article 6 of the Securities and Exchange Act.

4 **The company is subject to** the disclosure of major shareholders.

5 **The company is subject to** external audit as total assets exceed a certain level.

1 회사는 감사인 선임 대상입니다.
2 회사는 근로기준법 대상입니다.
3 회사는 증권거래법 제6조 대상입니다.
4 회사는 대주주 공시 대상입니다.
5 총자산이 일정 수준을 초과하므로 회사는 외감 대상입니다.

실전대화　한국어 부분을 영어로 바꿔 말해보세요.

1 A Is the Labor Standard Act applicable even to small start-ups?

　B Yes, it is. Regardless of the size, 회사는 근로기준법 대상입니다.

2 A Is the disclosure of major shareholders mandatory?

　B The company is a listed one and therefore, 회사는 대주주 공시 대상입니다.

A 작은 스타트업에도 근로기준법이 적용되나요?
B 네 그렇습니다. 규모와 관계없이, the company is subject to the Labor Standard Act.

A 대주주 공시가 필수적인가요?
B 회사는 상장사이므로 the company is subject to the disclosure of major stockholders.

---

extras

영어전달력　● article 조 > para.(graph) 항 > item 호

계약서에 쓰는 항목체계로 이 3개를 반드시 세트로 기억해야 한다. '6조 1항 2호'을 영어로 옮기면 하위 항목부터 써서 Item 2 of Para. 1 of Article 6이다. 이때 상위 항목부터 Article 6 of Para. 1 of Item 2라고 해도 의미 전달에는 무리가 없다.

pattern
220

~ needs to be submitted to the authorities.

규제기관에 ~를 제출해야 합니다.

규제기관 혹은 감독당국과 관련된 업무에는 항상 제출해야 하는 문서가 있는데, 이 문서가 무엇인지 알리는 표현이다.

코어패턴 필요한 말을 넣어 패턴을 연습하세요.

1 Annual report **needs to be submitted to the authorities.**

2 Registration statement **needs to be submitted to the authorities.**

3 Investment memorandum **needs to be submitted to the authorities.**

4 A notice on investor relations **needs to be submitted to the authorities.**

5 Details of executive compensation **need to be submitted to the authorities.**

1 규제기관에 연차보고서를 제출해야 합니다.
2 규제기관에 증권신고서를 제출해야 합니다.
3 규제기관에 투자설명서를 제출해야 합니다.
4 규제기관에 기업설명회 개최 공지를 제출해야 합니다.
5 규제기관에 임원보수 내역을 제출해야 합니다.

실전대화 한국어 부분을 영어로 바꿔 말해보세요.

1 A We're planning on a capital increase and I was wondering what needs to be done.

   B You start off with an authorization in Articles of Association. At the end, 규제기관에 증권신고서를 제출해야 합니다.

A 증자를 계획하고 있는데요 무엇을 해야 하는지 궁금합니다.
B 정관 승인부터 시작하도록 하세요. 궁극적으로 registration statement needs to be submitted to the authorities.

2 A What else needs to be prepared?

   B 규제기관에 기업설명회 개최 공지를 제출해야 합니다.

A 또 준비해야 할 것으로는 뭐가 있나요?
B A notice on investor relations needs to be submitted to the authorities.

pattern 221

Resolutions for ~ are to be made.

~가 결의될 예정입니다.

재무제표 승인, 신주발행 등 가까운 미래에 결의될 특정한 사항 관련 표현이다.

코어패턴　필요한 말을 넣어 패턴을 연습하세요.

1　**Resolutions for** approval of financials **are to be made.**

2　**Resolutions for** issuing debentures **are to be made.**

3　**Resolutions for** issuing new shares **are to be made** soon.

4　**Resolutions for** transfer of shares **are to be made** at the meeting.

5　**Resolutions for** interim dividends **are to be made** at the board meeting.

1. 재무제표 승인이 결의될 예정입니다.
2. 사채발행이 결의될 예정입니다.
3. 신주발행이 조만간 결의될 예정입니다.
4. 주식양도가 회의에서 결의될 예정입니다.
5. 중간배당이 이사회에서 결의될 예정입니다.

실전대화　한국어 부분을 영어로 바꿔 말해보세요.

1　A　Do we have anything special to be resolved at the meeting?

　　B　Not this time. As usual, 재무제표 승인이 결의될 예정입니다.

2　A　What agenda is the top priority at the board meeting this time?

　　B　중간배당이 결의될 예정입니다.

- 회의에서 결의될 특별한 사항이 있는지요?
- 이번에는 없습니다. 늘 그래왔듯이 resolutions for approval of financials are to be made.

- 이번 이사회에서 다루는 최우선 안건은 무엇인가요?
- Resolutions for interim dividends are to be made.

---

extras

영어전달력　● resolution 결의 / decision 결정

resolutions(결의) 대신 decisions(결정)을 써도 틀리지는 않지만, 한국어에서 '이사회 결의사항'이 아닌 '이사회 결정사항'이라고 하는 것과 같으므로 어색하게 들릴 수 있다.

pattern 222

~ is resolved at the ....

~는 …의 결의사항입니다.

결의사항(~)과 그 사항이 결의될 총회, 회의(…)를 말하는 표현이다.

코어패턴 필요한 말을 넣어 패턴을 연습하세요.

1 Purchasing shares **is resolved at the** executive meeting.

2 Appointing directors **is resolved at the** annual convention.

3 Granting stock options **is resolved at the** advisory council.

4 Issuing a bond with warrant **is resolved at the** audit committee.

5 Amendment to the articles of incorporation **is resolved at the** shareholders' meeting.

1 주식 매입은 경영진총회의 결의사항입니다.
2 이사 선임은 연차총회의 결의사항입니다.
3 주식매수선택권 부여는 자문위원회의 결의사항입니다.
4 신주인수권부사채 발행은 감사위원회의 결의사항입니다.
5 정관 개정은 주주총회의 결의사항입니다.

실전대화 한국어 부분을 영어로 바꿔 말해보세요

1 A We may purchase some extra shares then, right?
   B It's not as simple as you think it is. 주식 매입은 경영진총회의 결의사항입니다.

2 A When could we have the stock options resolved?
   B 주식매수선택권 부여는 자문위원회의 결의사항입니다. The next council is to be summoned in two months' time. We'll have to wait a while.

A 그렇다면 추가 주식을 매입하면 되겠네요. 그렇죠?
B 생각하시는 것처럼 일이 그렇게 단순하지 않습니다. Purchasing shares is resolved at the executive meeting.
A 주식매수선택권 결의가 언제쯤 통과될 수 있을까요?
B Granting stock options is resolved at the advisory council. 다음 위원회는 두 달 후에 소집될 예정입니다. 당분간 기다려야 됩니다.

pattern
223

We're planning to disclose ~.

~를 공시할 예정입니다.

가까운 미래에 공시할 예정인 경영공시사항 관련 표현이다.

코어패턴 필요한 말을 넣어 패턴을 연습하세요.

1 **We're planning to disclose** our annual report.

2 **We're planning to disclose** the notice on investor relations.

3 **We're planning to disclose** the notice on the change of our CEO.

4 **We're planning to disclose** the results of extraordinary shareholders' meeting.

5 **We're planning to disclose** the resolution on capital increase by issuing new stocks.

1 연간 사업보고서를 공시할 예정입니다.
2 기업설명회 개최를 공시할 예정입니다.
3 대표이사 변경을 공시할 예정입니다.
4 임시주주총회 결과를 공시할 예정입니다.
5 유상증자 결의를 공시할 예정입니다.

실전대화 한국어 부분을 영어로 바꿔 말해보세요.

1 A What is the main agenda for next week?
  B 연간 사업보고서를 공시할 예정입니다. It will be finalized by no later than May 31.

2 A 임시주주총회결과를 목요일에 공시할 예정입니다.
  B What have been resolved?
  A Resignation and appointment of directors.

A 다음 주 주요 일정이 무엇인가요?
B We're planning to disclose our annual report. 늦어도 5월 31일 전까지 완료될 것입니다.

A We're planning to disclose the results of extraordinary shareholders' meeting on Thursday.
B 무엇이 결의됐나요?
A 이사의 사임과 선임입니다.

---

extras

영어전달력
● **shareholders' meeting** 주주총회
s 다음에 '(어퍼스트로피)를 붙이는 점에 주의하자.

● **general shareholders' meeting** 정기주주총회
regular라고 쓰지 않는다.

● **extraordinary shareholders' meeting** 임시주주총회
temporary라고 쓰지 않는다.

pattern
224

~ is performed on a regular basis.

~는 정기적으로 수행되고 있습니다.

회사를 운영하는 데 필요한 절차가 정기적으로 수행되고 있다는 표현이다.

코어패턴 필요한 말을 넣어 패턴을 연습하세요.

1 Inventory count **is performed on a regular basis.**

2 Impairment testing **is performed on a regular basis.**

3 Review of CF assumptions **is performed on a regular basis.**

4 Reporting to the committee **is performed on a regular basis.**

5 Evaluation of operating segments **is performed on a regular basis.**

1 재고조사는 정기적으로 수행되고 있습니다.
2 손상평가는 정기적으로 수행되고 있습니다.
3 현금흐름 가정에 대한 검토는 정기적으로 수행되고 있습니다.
4 위원회 보고는 정기적으로 수행되고 있습니다.
5 영업부문에 대한 평가는 정기적으로 수행되고 있습니다.

실전대화 한국어 부분을 영어로 바꿔 말해보세요.

1 A When was the equity security purchased and how is it managed?

B The equity security was purchased in June and 손상평가는 정기적으로 수행되고 있습니다.

2 A How often are segments evaluated?

B 부문에 대한 평가는 정기적으로 수행되고 있습니다. Monthly, weekly and even daily when necessary.

A 지분증권 구입이 언제 된 것이며, 그리고 이에 대한 관리는 어떻게 되고 있나요?
B 지분증권은 6월에 매입된 것이며 impairment testing is performed on a regular basis.

A 부문에 대한 평가는 얼마나 자주 이루어지고 있나요?
B Evaluation of segments is performed on a regular basis. 월별, 주간별, 그리고 심지어는 필요에 따라 일별로도 수행되고 있습니다.

pattern 225

Risk is managed by ~.

위험은 ~ 관리되고 있습니다.

회사가 직면해 있는 위험에 대한 관리방식과 관리주체에 대한 표현이다.

코어패턴 필요한 말을 넣어 패턴을 연습하세요.

1 **Risk is managed by** continuous monitoring.

2 **Risk is managed by** the Risk Management Committee.

3 **Risk is managed by** considering the default risk of the borrower.

4 **Risk is managed by** analyzing the contractual maturity of all assets.

5 **Risk is managed by** performing thorough reviews on a regular basis.

1 위험은 지속적 모니터링에 의해 관리되고 있습니다.
2 위험은 리스크관리위원회에 의해 관리되고 있습니다.
3 위험은 채무자의 부도율을 고려하여 관리되고 있습니다.
4 위험은 모든 자산의 계약만기를 분석함으로써 관리되고 있습니다.
5 위험은 정기적으로 철저한 리뷰를 수행함으로써 관리되고 있습니다.

실전대화 한국어 부분을 영어로 바꿔 말해보세요.

1 A For loans, how do you manage the risk of default?

   B We have many ways of analyzing risks. But basically, 위험은 채무자의 부도율을 고려하여 관리되고 있습니다.

2 A Who takes the lead role in risk management?

   B 위험은 리스크관리위원회에 의해 관리되고 있습니다.

A 채권 관련 채무불이행 위험을 어떻게 관리하고 있나요?
B 저희는 위험 분석을 다양한 방법으로 하고 있습니다. 하지만 기본적으로, risk is managed by considering the default risk of the borrower.
A 위험관리 관련 주관부서는 어디인가요?
B Risk is managed by the Risk Management Committee.

PART 3
회계/세무

회계와 세무는 숫자를 다루는 비즈니스의 정점에 있는 영역입니다.
숫자와 수치로 이루어진 자료를 작성하고 검토하는 일과 동시에
이를 영어로 명확하게 표현하는 능력을 갖추어야 합니다.
회계와 세무 영역에서 끊임없이 튀어 나오는 숫자를
영어패턴에 자유롭게 대입해서 말할 수 있을 때까지 입으로 연습해야 합니다.
Part 3에서는 회계/세무 관련 90개의 패턴을 다루겠습니다.

Ⅰ 회계 ①_전표입력 및 결산

회계 관련 업무는 전표를 입력하고, 이를 검토하여 결산하는 일을
정기적으로 수행합니다. 상대계정 확인, 반제처리, 상계처리, 결
산조정분개, 결산 검증 등의 주제에 맞는 영어표현을 뽑았습니다.
또한 ERP를 다루는 상황에 대한 패턴도 포함하고 있습니다.

1 전표입력
2 ERP
3 결산

Ⅱ 회계 ②_재무제표 전반

회계 관련 기준과 정책들을 다루고, 계상, 분류, 인식에 대해 논의
하고, 증감분석, 주요 이슈에 대한 협의를 수행하는 과정에서 흔
히 쓰이는 패턴들을 정리하였습니다.

1 기준/정책
2 계상/분류/인식
3 증감분석
4 이슈
5 기타(주석, 추정FS, 원가)

III 회계 ③_세부 계정과목

투자자산, 재고자산, 유무형자산 등 흔히 계정과목에서 다루는 패턴을 정리하였습니다. 현금 관련 패턴들은 Part 2의 I. 자금 편에서 다루었습니다.

1 투자자산
2 재고자산
3 유·무형자산
4 부채와 자본
5 파생상품
6 손익

IV 회계 ④_관계회사 및 내부회계

실무에서 매우 중요하게 다루는 관계회사 및 연결 관련 영어패턴을 정리하였습니다. 또한 본사감사나 외부감사 등의 상황에 일반적으로 쓰이는 고정패턴들을 제시하였습니다. 내부회계 편에서는 내부통제 개선사항과 취약점 식별에 관련된 패턴을 익힐 수 있습니다.

1 관계회사 및 연결
2 감사 대응
3 내부회계

V 세무

세무 분야에서 기본이 되는 공제요건, 신고기한, 가산세 관련 영어패턴을 정리했습니다. 또한 세무 관련 제일의 관심사항일 수밖에 없는 절세 관련 영어패턴을 다루고 있습니다. 사업자 종류, 매입세액 등 부가세 관련 표현과 원천징수 대상, 급여, 휴가 등 인건비 관련 패턴들은 원천징수 편에 정리했습니다. 법인세 편에서는 손금 인정여부와 한도, 세무조정, 일시적 차이관련 표현을 배울 수 있습니다.

1 세금신고
2 절세
3 부가가치세
4 원천징수(인건비)
5 법인세

회계 ①
전표입력 및 결산

pattern
226

What's the corresponding account for ~?

~의 상대계정이 뭔가요?

회계 처리는 항상 차대변이 모두 입력되어야 하나, 경우에 따라서는 한 쪽이 확인되지 않을 수 있다. 상대계정을 확인하고자 할 때 쓰는 질문이다.

코어패턴　　필요한 말을 넣어 패턴을 연습하세요.

1　**What's the corresponding account?**

2　**What's the corresponding account for** the disposal of the machinery?

3　**What's the corresponding account for** the cash deposited on April 7th?

4　**What's the corresponding account for** the elimination of advance payment?

5　**What's the corresponding account for** unsettled four social insurance programs?

1 상대계정이 뭔가요?
2 기계장치 처분의 상대계정이 뭔가요?
3 4월 7일의 현금 입금의 상대계정이 뭔가요?
4 선급금 제거의 상대계정이 뭔가요?
5 4대 보험 미지급분의 상대계정이 뭔가요?

실전대화　　한국어 부분을 영어로 바꿔 말해보세요.

1　A I can see the 5 million won from K Engineering has been deposited to our account.

　　B 현금 입금의 상대계정이 뭔가요?

A K 엔지니어링으로부터 5백만원이 저희 계좌에 입금된 것이 보이는데요.
B What's the corresponding account for the cash deposited?

2　A 기계장치 처분의 상대계정이 뭔가요?

　　B Let me check. It must be either cash or loss on disposal.

A What's the corresponding account for the disposal of the machinery?
B 확인해볼게요. 분명 현금 혹은 처분손실 중 하나일 것입니다.

---

extras

업무상식　　● 가수금

가수금은 temporary receipt 혹은 suspense receipt이라고 한다. 이는 '일시적으로 받은 것, 미심쩍게 받은 것'이라는 개념이다. 가수금은 제거되면서 부채 혹은 수익이 잡힌다.

pattern 227

~ is cleared, once ....

…되는 대로 ~가 반제처리 됩니다.

입금 혹은 출금이 확인되는 대로 입금의 경우 채권 등의 계정을, 출금의 경우 채무 등의 계정을 없애는 회계 처리를 하는데, 이를 '반제처리'라고 한다.

코어패턴　　필요한 말을 넣어 패턴을 연습하세요.

1　AR **is cleared, once** we get the money.

2　AP **is cleared, once** the payment has been confirmed.

3　Loan **is cleared, once** the final principal has been paid.

4　Provisional payment **is cleared, once** its nature has been identified.

5　Temporary receipt **is cleared, once** we find out what it is.

1 입금 확인되는 대로 외상매출금이 반제처리됩니다.

2 출금 확인되는 대로 외상매입금이 반제처리됩니다.

3 최종 원금이 지급되는 대로 차입금이 반제처리됩니다.

4 그 성격이 확인되는 대로 가지급금이 반제처리됩니다.

5 저희가 확인하는 대로 가수금이 반제처리됩니다.

실전대화　　한국어 부분을 영어로 바꿔 말해보세요.

1　A　Looks like the AR to customer T has not been cleared yet. What happened?

　　B　Don't think we got the money yet. 입금 확인되는 대로 외상매출금이 반제처리됩니다.

A 고객 T 외상매출금 제거가 안 된 것 같은데요. 어떻게 된 일인가요?

B 아직 입금이 안 된 것 같아요. AR is cleared, once we get the money.

2　A　Why is there a provisional payment in the financials? It looks new.

　　B　It's a temporary account. I guess Mr. Jones forgot to get rid of it. 저희가 확인하는 대로 이것은 반제처리됩니다.

A 재무제표에 가지급금이 왜 있나요? 새로운 계정인 듯 한데요.

B 임시계정입니다. Jones씨가 이를 제거하는 것을 깜빡한 것 같네요. It is cleared, once we find out what it is.

---

extras

영어전달력　　● 반제처리하다

cleared라고 쓰지만 eliminated라고 해도 무방하다.

● 가지급금

가지급금, 즉 임시 지급금은 provisional payment이다.

Adjusting entries for ~ have not been done.

~에 대한 결산조정분개가 안 되어 있네요.

입출금거래와는 달리 결산시점인 월말 혹은 연말에만 수행하는 회계 처리가 있다. 감가상각, 미수수익 등과 같이 기간안분하는 회계 처리가 대표적이다.

코어패턴　　필요한 말을 넣어 패턴을 연습하세요

1　**Adjusting entries have not been done.**

2　**Adjusting entries for** prepaid expenses **have not been done.**

3　**Adjusting entries for** accrued revenues **have not been done.**

4　**Adjusting entries for** accrued expenses **have not been done.**

5　**Adjusting entries for** accumulated depreciation **have not been done.**

1　결산조정분개가 안 되어 있네요.
2　선급비용에 대한 결산조정분개가 안 되어 있네요.
3　미수수익에 대한 결산조정분개가 안 되어 있네요.
4　미지급비용에 대한 결산조정분개가 안 되어 있네요.
5　감가상각누계액에 대한 결산조정분개가 안 되어 있네요.

실전대화　　한국어 부분을 영어로 바꿔 말해보세요.

1　A　Hey Misu, what's the matter with you? 결산조정분개가 전혀 안 되어 있는데요? Are you out of your mind?

　　B　Ooops. My bad. Promise you it won't happen again.

2　A　I think I'm complete with adjusting entries. Could you take a look?

　　B　Let me see. Hmm, 미지급이자에 대한 **결산조정분개가 안 되어 있네요.** We did have a borrowing this quarter, remember?

1　미수씨, 어떻게 된 거예요? Adjusting entries have not been done at all! 제 정신이에요?
　앗 죄송합니다. 다시 이런 일 일어나지 않도록 하겠습니다.

2　결산조정분개 다 끝낸 것 같아요. 한번 봐주시겠어요?
　B　네, 제가 볼게요. 흠, adjusting entries for accrued interest have not been done. 이번 분기에 차입금 있었던 것 기억하시죠?

---

extras

영어전달력　　● **accrued** 누적된

accrued는 '누적된'이라는 의미로, 기간이 경과함에 따라 인식이 되었어야 하나 그렇지 않아 잡아줘야 함을 의미한다.
accrued expense는 '누적된 비용' 즉, '미지급비용'이다. accrued revenue는 '누적된 수익' 즉, '미수수익'이다.

Reversing entries for ~ should be done.

~에 대한 역분개를 쳐야 돼요.

특정한 자산부채 잔액을 관리할 때는 결산의 편의를 위하여 역분개를 수행하는 경우가 많다.

코어패턴 필요한 말을 넣어 패턴을 연습하세요.

1 **Reversing entries should be done.**

2 **Reversing entries for** the opening balance **should be done.**

3 **Reversing entries for** AR **should be done.**

4 **Reversing entries for** borrowings **should be done.**

5 **Reversing entries for** other receivables **should be done.**

1 역분개를 쳐야 돼요.
2 기초 잔액에 대한 역분개를 쳐야 돼요.
3 외상매출금에 대한 역분개를 쳐야 돼요.
4 차입금에 대한 역분개를 쳐야 돼요.
5 미수금에 대한 역분개를 쳐야 돼요.

실전대화 한국어 부분을 영어로 바꿔 말해보세요.

1 A Regarding the closing adjustments, why do we have the full BS amount debited for the AR?

   B We keep most of our accounts on a gross basis. That's why 기초 잔액에 대한 역분개를 쳐야 돼요.

A 결산 조정 관련, 매출채권 BS 총액이 왜 차변으로 계상되어 있나요?
B 대부분의 계정을 저희는 총액 기준으로 관리하고 있습니다. 이러한 이유로, reversing entries for the opening balance should be done.

2 A Amount of other receivables doesn't seem to agree to the number I see on the DB.

   B Let me see. Well, I guess the difference is approximately the opening balance. 미수금에 대한 역분개를 쳐야 돼요.

A 미수금 금액이 DB상 보이는 금액과 안 맞는 것 같아요.
B 어디 봅시다. 차이는 대략 기초잔액인 것 같은데요. Reversing entries for other receivables should be done.

pattern
230

Looks like ~ needs to be offset against ....

~는 …와 상계처리를 해야 할 것 같아요.

유사한 종류의 채권과 채무를 같은 금액만큼 없애는 것이 '상계'다. 상계는 유사 채권 및 채무가 과대계상되는 것을 피하기 위해서 수행한다.

코어패턴　필요한 말을 넣어 패턴을 연습하세요.

1　**Looks like** AR **needs to be offset against** AP.

2　**Looks like** prepaid VAT **needs to be offset against** VAT withheld.

3　**Looks like** foreign loss **needs to be offset against** domestic income.

4　**Looks like** expenses claimed **need to be offset against** incentives to be paid.

5　**Looks like** subsidiary gains **need to be offset against** parent losses.

1 매출채권은 매입채무와 상계처리를 해야 할 것 같아요.
2 부가세대급금은 부가세예수금과 상계처리를 해야 할 것 같아요.
3 해외손실은 국내이익과 상계처리를 해야 할 것 같아요.
4 청구된 비용은 지급할 인센티브와 상계처리를 해야 할 것 같아요.
5 자회사 이익은 모회사 손실과 상계처리를 해야 할 것 같아요.

실전대화　한국어 부분을 영어로 바꿔 말해보세요.

1　A The AR and AP to LT Group are about 5 million and 2,000, respectively.

　　B 매출채권은 매입채무와 상계처리를 해야 할 것 같아요. Don't think there's any point of having both AR and AP on our financials, and the amount of AP is tiny.

2　A Is there anything you'd like to mention on other assets and liabilities?

　　B 부가세대급금은 부가세예수금과 상계처리를 해야 할 것 같아요. Only one of them is usually shown on the financials.

A LT 그룹에 대한 매출채권과 매입채무는 각각 약 5백만 및 2천입니다.
B Looks like AR needs to be offset against AP. 저희 재무제표에 매출채권과 매입채무 둘 다 띄우는 것은 의미가 없어 보여요. 그리고 매입채무 금액이 아주 적기도 하고요.

A 기타자산부채에 대해 언급하고 싶은 것이 있나요?
B Looks like prepaid VAT needs to be offset against VAT withheld. 보통 둘 중 하나만 재무제표에 보여줍니다.

pattern
231

Could you log on to the ERP and ~?

ERP에 접속해서 ~해주시겠어요?

ERP는 Enterprise Resource Planning의 약자로, 회사의 생산, 영업, 구매, 회계 등을 관리하는 종합적인 정보망이다. 규모가 어느 정도 있는 회사라면 대부분 ERP를 사용하여 결산한다.

코어패턴　　필요한 말을 넣어 패턴을 연습하세요.

1　**Could you log on to the ERP and** key this voucher in?

2　**Could you log on to the ERP and** download the entire bills?

3　**Could you log on to the ERP and** have this AR cleared?

4　**Could you log on to the ERP and** print out a client list?

5　**Could you log on to the ERP and** see what the balance carried forward is?

1　ERP에 접속해서 이 전표 입력해주시겠어요?
2　ERP에 접속해서 청구서 모두 다운로드해주시겠어요?
3　ERP에 접속해서 이 매출채권 반제처리해주시겠어요?
4　ERP에 접속해서 고객 리스트 출력해주시겠어요?
5　ERP에 접속해서 전기이월액 확인해주시겠어요?

실전대화　　한국어 부분을 영어로 바꿔 말해보세요.

1　A ERP에 접속해서 이 주문서 입력해주시겠어요?

　　B Be right back at you in a minute.

2　A What is this AR? It has been around for months! I understand that this company is out of business and there's no way we can have it collected. ERP에 접속해서 이것 반제처리해주시겠어요?

　　B Sure thing.

A Could you log on the ERP and key this purchase order in?
B 잠시 후에 제가 갈게요.

A 이 매출채권 뭔가요? 몇 달째 있는 것 같은데요. 이 회사 망한 것으로 알고 있고, 이 채권은 절대 회수불능인데요. Could you log on the ERP and have it cleared?
B 네 알겠습니다.

pattern 232

The key-user of ~ is ....

~의 키유저는 …입니다.

ERP에는 급여, 자금, 보고 등 다양한 기능이 있다. 각 기능은 사용할 수 있는 사용자 및 총괄관리자 격인 키유저가 지정되어 있어서 특정 기능에 대한 키유저를 파악하고 있어야 업무를 쉽게 이해하고 수행할 수 있다.

코어패턴 필요한 말을 넣어 패턴을 연습하세요.

1 **The key-user of** Payroll **is** Cedric Park.

2 **The key-user of** the Costing section **is** Katie.

3 **The key-user of** the Treasury channel **is** Phillip.

4 **The key-user of** the FI module **is** Ara Kim.

5 **The key-user of** the Reporting function **is** Ms. Wilson.

1 급여의 키유저는 Cedric Park입니다.
2 원가 부분의 키유저는 Katie입니다.
3 자금 채널의 키유저는 Phillip입니다.
4 금융상품 모듈의 키유저는 김아라씨입니다.
5 보고서 생성 기능의 키유저는 Ms. Wilson입니다.

실전대화 한국어 부분을 영어로 바꿔 말해보세요.

1 A I cannot understand how the accrued interests were calculated this quarter. Is it Aron who did this?

B Not anymore. 금융상품 모듈의 키유저는 이제 김아라씨입니다. Send her a mail.

A 이번 분기 미지급이자가 어떻게 계산된 것인지 이해가 안 되네요. Aron이 한 건가요?

B 지금은 아니에요. The key-user of the FI module is now Ara Kim. 이메일 보내 보세요.

2 A I cannot somehow see the details of my salary this month. You have an idea whom I should reach out to?

B 급여 키유저는 Cedric Park입니다. You may call him up.

A 왜 그런지 모르겠지만 이번 달 제 급여내역 조회가 안 되네요. 누구한테 연락을 하면 될까요?

B The key-user of Payroll is Cedric Park. 전화해보세요.

---

extras

업무상식 ● **FI**(Financial Instruments) 금융상품

● **section / channel / module / function** 기능

ERP에서 '기능'을 의미하는 말로, 기업마다 선호하는 단어가 있지만 모두 비슷한 의미로 이해하면 된다.

pattern
233

~ may not have gone through (...) yet.
~가 아직 (…에) 반영이 안 된 것 같아요.

입력한 거래, 숫자 등이 전산에 실시간으로 반영되지 않아 일시적으로 조회가 불가능할 때 쓰는 표현이다.

코어패턴　　필요한 말을 넣어 패턴을 연습하세요.

1　The voucher **may not have gone through yet.**

2　This number **may not have gone through yet.**

3　The P.O. **may not have gone through** the status board **yet.**

4　Adjusted journal entries **may not have gone through** the DB **yet.**

5　The transaction put in by the Sales Team **may not have gone through** the system **yet.**

1　전표가 아직 반영이 안 된 것 같아요.
2　이 숫자가 아직 반영이 안 된 것 같아요.
3　주문서가 아직 현황판에 반영이 안 된 것 같아요
4　수정분개가 아직 DB에 반영이 안 된 것 같아요
5　영업팀이 입력한 거래가 아직 시스템에 반영이 안 된 것 같아요

실전대화　　한국어 부분을 영어로 바꿔 말해보세요.

1　A What happened to the voucher? It was submitted last week and it is nowhere to be seen.

　　B 전표가 아직 시스템에 반영이 안 된 것 같아요. It takes a couple of days for a voucher to be seen on the system, as it needs an online approval before it can be seen.

2　A I just got the financials from the DB and the numbers don't seem to have changed.

　　B 수정분개가 아직 반영이 안 된 것 같아요. Please note that it takes about 10 minutes for the DB to synchronize.

A 전표 어떻게 된 거예요? 지난주에 제출됐는데 안 보여요.
B The voucher may not have gone through the system yet. 시스템에서 전표 조회되기까지는 며칠 걸립니다. 조회 이전에 온라인상 승인이 있어야 되기 때문이죠.

A 데이터베이스에서 재무제표 방금 받았는데요, 숫자가 변하지 않은 것 같아요.
B Adjusted journal entries may not have gone through yet. DB동기화 되는 데 약 10분 정도 걸리는 점 참고해주세요.

---

extras

업무상식　● **P.O.**(Purchase Order) 주문서

pattern
234

This figure doesn't seem to agree to ~.

이 숫자가 ~와 안 맞는 것 같아요.

숫자 대사 및 검증을 하는 상황에서 자주 쓰는 표현이다.

코어패턴 필요한 말을 넣어 패턴을 연습하세요.

1 **This figure doesn't seem to agree to** the financials.

2 **This figure doesn't seem to agree to** the stock ledger.

3 **This figure doesn't seem to agree to** the depreciation ledger.

4 **This figure doesn't seem to agree to** the accounting worksheet.

5 **This figure doesn't seem to agree to** what you provided us with.

1 이 숫자가 결산서와 안 맞는 것 같아요
2 이 숫자가 재고수불부와 안 맞는 것 같아요
3 이 숫자가 감가상각대장과 안 맞는 것 같아요
4 이 숫자가 정산표와 안 맞는 것 같아요
5 이 숫자가 저희에게 보내주신 것과 안 맞는 것 같아요

실전대화 한국어 부분을 영어로 바꿔 말해보세요.

1 A Amber, you see the number on page 7 of management reporting? 이 숫자가 결산서와 안 맞는 것 같아요. The figure looks way off.

   B Oh, really? Let me double check.

2 A Just obtained the depreciation ledger from Mr. Lee but 숫자들이 정산표와 안 맞는 것 같아요.

   B Let me see. Looks like he sent us the ledger as of a wrong date. We need a new one.

A Amber씨, 경영진 보고자료 7페이지에 있는 숫자 보이세요? This figure doesn't seem to agree to the financials. 완전히 틀린 숫자인 것 같은데요.
B 정말요? 다시 확인해볼게요.

A 이과장님으로부터 감가상각대장 방금 입수했는데요. The figures don't seem to agree to the accounting worksheet.
B 제가 볼게요. 엉뚱한 날짜 대장을 보내준 것 같네요. 새로운 거로 받아야겠어요.

---

extras

업무상식   ● 재고수불부

'재고수불부'는 stock ledger, stock card, store ledger, store card라고 한다. 실무에서는 큰 구별 없이 쓴다.

pattern
235

Could you tie these numbers out to ~?

이 숫자들을 ~와 맞춰보시겠어요?

회계에서 tie-out은 검토를 수행할 때 재무제표와 원시증빙을 맞춰보는 과정을 말한다. 일반업무에서는 이보다 넓은 뜻으로 '숫자들을 맞춰보다'라는 의미로 많이 쓴다.

코어패턴 필요한 말을 넣어 패턴을 연습하세요.

1 **Could you tie these numbers out to** the document?

2 **Could you tie these numbers out to** the balance sheet?

3 **Could you tie these numbers out to** the PL?

4 **Could you tie these numbers out to** the notes?

5 **Could you tie these numbers out to** the general ledger?

1 이 숫자들을 전표와 맞춰보시겠어요?
2 이 숫자들을 대차대조표와 맞춰보시겠어요?
3 이 숫자들을 손익계산서와 맞춰보시겠어요?
4 이 숫자들을 주석과 맞춰보시겠어요?
5 이 숫자들을 총계정원장과 맞춰보시겠어요?

실전대화 한국어 부분을 영어로 바꿔 말해보세요.

1 A You see the documents on the ERP? 이 숫자들을 종이 전표와 맞춰보시겠어요?

   B No problem.

2 A I heard there were a lot of changes on the PL due to reclassifications. There's the new PL and 이 숫자들을 총계정원장과 맞춰보시겠어요? How long will it take?

   B Sure, it will take about 30 minutes.

A ERP상 전표들 보이시죠? Could you tie these numbers out to the paper documents?
B 네 알겠습니다.

A 계정재분류로 인해 PL 숫자가 많이 바뀐 것으로 들었습니다. 새로운 PL 여기 있는데요. Could you tie these numbers out to the general ledger? 얼마나 걸릴까요?
B 네. 30분 정도 걸릴 것 같습니다.

pattern 236

Let's start with the recons between ~.

~ 간 (잔액)대사부터 시작하시죠.

실무에서 흔히 쓰는 '와꾸를 맞추다'라는 말에 딱 맞는 표현으로 문서 간 정합성을 검증하는 절차를 하자는 표현이다.

코어패턴 필요한 말을 넣어 패턴을 연습하세요.

1 **Let's start with the recons between** AR and AP.

2 **Let's start with the recons between** the BS and the account details.

3 **Let's start with the recons between** the financials and the sub ledgers.

4 **Let's start with the recons between** the cash balance and the bank statements.

5 **Let's start with the recons between** revenues of the parent and expenses of the subsidiary.

1 채권과 채무 간 대사부터 시작하시죠.
2 재무상태표와 계정명세 간 대사부터 시작하시죠.
3 재무제표와 계정별원장 간 대사부터 시작하시죠.
4 현금 잔액과 은행명세서 간 대사부터 시작하시죠.
5 모회사 수익과 자회사 비용 간 대사부터 시작하시죠.

실전대화 한국어 부분을 영어로 바꿔 말해보세요.

1 A Everything going alright? We need to close the general ledger today. 재무제표와 계정별원장 간 잔액대사부터 시작하시죠.
  B Okay. Will let you know when I'm done.

2 A The financials are ready now. Account details are also available.
  B Good. 재무상태표와 계정명세 간 대사부터 시작하시죠.

A 다 잘되고 있나요? 오늘 총계정원장 마감을 해야 하는데요. Let's start with the recons between the financials and the sub ledgers.
B 네. 끝나는 대로 알려드리겠습니다.

A 재무제표 이제 준비 다 됐습니다. 계정명세도 열람 가능합니다.
B 좋습니다. Let's start with the recons between the BS and the account details.

---

extras

영어전달력 ● **reconciliation** 잔액대사

회계상 reconciliation은 balance comparison(잔액대사)을 의미한다. 실무 대화에서는 줄여서 recon이라고 많이 쓴다.

회계②
재무제표 전반

기준/정책

계상/분류/인식

증감분석

이슈

기타(주석, 추정FS, 원가)

pattern 237
The financials were prepared under ~.
재무제표는 ~에 의해 작성되었습니다.

회계기준은 IFRS, 미국회계기준, 일반기업회계기준 등으로 다양하다. 이중 어느 회계기준으로 재무제표가 작성되었는지 나타내는 표현이다.

코어패턴 필요한 말을 넣어 패턴을 연습하세요.

1 **The financials were prepared under** Korean IFRS.

2 **The financials were prepared under** US GAAP.

3 **The financials were prepared under** local GAAP.

4 **The financials were prepared under** government accounting standards.

5 **The financials were prepared under** Korean Accounting Standards for Non-Public Entities.

> 1 재무제표는 한국채택국제회계기준(K-IFRS)에 의해 작성되었습니다.
> 2 재무제표는 미국회계기준에 의해 작성되었습니다.
> 3 재무제표는 현지회계기준에 의해 작성되었습니다.
> 4 재무제표는 정부회계기준에 의해 작성되었습니다.
> 5 재무제표는 일반기업회계기준에 의해 작성되었습니다.

실전대화 한국어 부분을 영어로 바꿔 말해보세요.

1 A Regarding the new subsidiary, FBB Corp. Vietnam, what's the accounting standard applied?

　B 재무제표는 현지회계기준에 의해 작성되었습니다.

2 A Are the financials for the US branch only under US GAAP?

　B For reporting purposes, 재무제표는 미국회계기준뿐만 아니라 K-IFRS에 의해서도 작성되었습니다. I'll send you the K-IFRS ones right away.

> 1 A 새 자회사 FBB 베트남 관련, 적용된 회계기준이 뭔가요?
> B The financials were prepared under local GAAP.
> 2 A 미국 지점 재무제표는 미국회계기준에 의해서만 작성됐나요?
> B 보고 목적으로, the financials were prepared both under US GAAP and K-IFRS. K-IFRS 재무제표 바로 보내드릴게요.

---

extras

영어전달력
● **GAAP**(Generally Accepted Accounting Principles) 회계기준
발음은 gap보다 약간 길게 [개-앺]으로 하면 된다.

● **be prepared in accordance with** ~ ~에 의거 작성되었습니다
prepared under ~ 대신 prepared in accordance with ~라고 말할 수도 있다. 단 prepared in accordance with ~는 매우 포멀한 표현이라는 점을 알아두자.

pattern 238

For convenience sake, ~.

편의상 ~를 하고 있어요.

회계에서 채권상각에는 유효이자율법을, 기계장치 등에는 정액법이나 정률법을 적용하는 것이 일반적이다. 하지만 실무에서는 중요성의 원칙에 따라 편한 방법을 쓰는 경우가 있다.

코어패턴 필요한 말을 넣어 패턴을 연습하세요.

1 **For convenience sake,** cash basis is applied.

2 **For convenience sake,** straight-line method is applied.

3 **For convenience sake,** direct depreciation is applied.

4 **For convenience sake,** annual leaves are given on a fiscal year basis.

5 **For convenience sake,** we treat all lab expenses as development costs.

1 편의상 현금주의를 하고 있어요
2 편의상 정액법을 하고 있어요
3 편의상 직접상각을 하고 있어요
4 편의상 회계연도 기준으로 연차부여를 하고 있어요
5 편의상 연구소비용을 전부 개발비로 처리하고 있어요

실전대화 한국어 부분을 영어로 바꿔 말해보세요.

1 A What policy do you have for amortization of bonds? I cannot see any EIR amortization schedules.

  B 편의상 정액법을 하고 있어요. It's too much of a job to keep EIR schedules for all bonds we have.

2 A In the breakdown of cost of goods sold, I don't see any lab expenses.

  B 편의상 연구소비용을 전부 개발비로 처리를 하고 있어요. It's not much.

1 채권 상각에 대한 정책이 뭔가요? 유효이자율 상각표가 안 보이는데요.
  For convenience sake, straight-line method is applied. 저희가 보유 중인 모든 채권에 대해 유효이자율 상각표를 관리하는 것은 업무상 부담이 너무 커서요.

2 매출원가 명세상 연구소비용이 안 보이는데요.
  For convenience sake, we treat all lab expenses as development costs. 금액이 얼마 안 돼서요.

We do not have a policy for ~.

~에 대한 정책은 없어요.

회사에서 발생하는 모든 거래와 사건에 대한 정책이 있다면 좋겠지만, 인원 부족이나 새로운 거래 발생 등의 이유로 정책이 미처 수립되지 않은 경우도 있다.

코어패턴　　필요한 말을 넣어 패턴을 연습하세요.

1. **We do not have a policy for** physical count of inventory.

2. **We do not have a policy for** amortization of bonds.

3. **We do not have a policy for** valuation of security instruments.

4. **We do not have a policy for** disclosure of related parties.

5. **We do not have a policy for** overseas business trip expenses.

1. 재고자산 실사에 대한 정책은 없어요.
2. 채권상각에 대한 정책은 없어요.
3. 주식평가에 대한 정책은 없어요.
4. 특수관계자 공시에 대한 정책은 없어요.
5. 해외출장비에 대한 정책은 없어요.

실전대화　　한국어 부분을 영어로 바꿔 말해보세요.

1. A What is our policy for the physical count of inventory?
   B We do the physical count at the end of every month. Other than that, 재고자산 실사에 대한 정책은 없어요.

2. A How are the stocks recognized?
   B They are all listed and we have them booked as quoted prices. 비상장주식 평가에 대한 정책은 없어요.

1. 재고자산 실사에 대한 저희 정책은 뭔가요?
2. 실사는 매월 말에 수행하고 있습니다. 그 외에는 we do not have a policy for physical count of inventory.

1. 주식을 어떻게 인식하고 있나요?
2. 주식은 모두 상장주식이며 공시된 가격으로 장부에 계상하고 있습니다. We do not have a policy for valuation of unlisted stocks.

---

extras

영어전달력　　● **physical count** 실사
직역하면 '물리적인 셈'이다. 말 그대로 물리적으로 박스 등을 직접 세는 것을 뜻한다. 사람이 직접 돌아다니면서 세는 '실사'의 의미다.

● **DDR**(Due Diligence Review) 자산부채 실사
인수합병 시 이루어지는 '자산부채 실사'를 의미한다.

Reversal of ~ is not allowed.
~의 환입은 허용되지 않습니다.

pattern **240**

이미 인식한 손실의 환입은 예외적인 경우를 제외하고는 일반적으로 허용되지 않는다.

코어패턴 필요한 말을 넣어 패턴을 연습하세요.

1 **Reversal of** bad debt allowance **is not allowed.**

2 **Reversal of** inventory valuation loss **is not allowed.**

3 **Reversal of** valuation loss on securities **is not allowed.**

4 **Reversal of** impairment loss **is not allowed.**

5 **Reversal of** negative goodwill **is not allowed,** unless certain conditions are met.

1 대손충당금의 환입은 허용되지 않습니다.
2 재고자산평가손실의 환입은 허용되지 않습니다.
3 유가증권평가손실의 환입은 허용되지 않습니다.
4 손상차손의 환입은 허용되지 않습니다.
5 특정 조건들이 만족되지 않는다면, 부의영업권의 환입은 허용되지 않습니다.

실전대화 한국어 부분을 영어로 바꿔 말해보세요.

1 A Is it okay to recognize reversal of bad debt allowance?

　B 대손충당금의 환입은 허용되지 않습니다. This should be shown as negative bad debt expense, instead of non-operating income.

2 A We recognized a reversal of impairment loss amounting to 200 million won.

　B Unless certain conditions are met, 손상차손의 환입은 허용되지 않습니다. How did you come up with it?

A 대손충당금 환입을 인식해도 괜찮을까요?
B Reversal of bad debt allowance is not allowed. 이는 영업외수익이 아닌 부의 대손상각비로 보여줘야 합니다.

A 2억원의 손상차손 환입을 인식했습니다.
B 특정 조건들이 만족되지 않는다면, reversal of impairment loss is not allowed. 어떻게 해서 환입을 인식하게 된 것인가요?

It is accounted for as ~.

pattern
241

이는 ~로 계상되어 있습니다.

'계상(計上)'은 어떤 항목이 특정한 계정과목으로 장부에 올라와 있다는 의미로 '계정과목'을 뜻하는 account를 써서 표현한다.

코어패턴 필요한 말을 넣어 패턴을 연습하세요.

1 **It is accounted for as** other AR.

2 **It is accounted for as** sundry assets.

3 **It is accounted for as** long-term financial assets.

4 **It is accounted for as** short-term borrowings.

5 **It is accounted for as** fee and commission expenses.

1 이는 기타의 매출채권으로 계상되어 있습니다.
2 이는 잡자산으로 계상되어 있습니다.
3 이는 장기금융상품으로 계상되어 있습니다.
4 이는 단기차입금으로 계상되어 있습니다.
5 이는 수수료비용으로 계상되어 있습니다.

실전대화 한국어 부분을 영어로 바꿔 말해보세요.

1 A Where in the BS is the leasehold deposit?

   B 이는 기타자산으로 계상되어 있습니다.

2 A How is the amount of the overdraft account recorded on the financials?

   B 이는 단기차입금으로 계상되어 있습니다.

A 임차보증금이 BS상 어디에 있나요?
B It is accounted for as other assets.

A 마이너스 통장 잔액이 재무제표에 어떻게 표시되어 있나요?
B It is accounted for as short-term borrowings.

pattern 242

This was classified as ~.

이는 ~로 분류되었습니다.

투자자산, 자산/비용, 부채/자본의 구분에 있어서는 올바른 분류가 중요하다.

코어패턴   필요한 말을 넣어 패턴을 연습하세요.

1 **This was classified as** AFS financial asset.

2 **This was classified as** investment stocks accounted in equity method.

3 **This was classified as** leasehold deposit.

4 **This was classified as** an expense, not an asset.

5 **This was classified as** a liability instead of equity.

1 이는 매도가능금융자산으로 분류되었습니다.
2 이는 지분법적용투자자산으로 분류되었습니다.
3 이는 임차보증금으로 분류되었습니다.
4 이는 자산이 아닌 비용으로 분류되었습니다.
5 이는 자본 대신 부채로 분류되었습니다.

실전대화   한국어 부분을 영어로 바꿔 말해보세요.

1 A Regarding the bond on AT Communications, as what has it been classified?

B 이는 매도가능금융자산으로 분류되었습니다. Because it is neither held for trading nor held to maturity.

2 A How was the repair cost for the vehicle treated?

B As future benefits from the expenditure are very unlikely, 이는 자산이 아닌 비용으로 분류되었습니다.

A AT통신 채권 관련해서 이건 무엇으로 분류가 되었나요?
B This was classified as AFS financial asset. 왜냐하면 이는 단기매매 보유도 아니고 만기보유도 아니기 때문입니다.

A 차량운반구에 대한 수리비는 어떻게 처리되었나요?
B 지출로 인한 미래 효익이 매우 불확실하므로, this was classified as an expense, not an asset.

업무상식   ● **AFS**(available-for-sale) 매도가능

pattern 243

This is recognized ~.

이는 ~로 인식되어 있습니다.

재무제표의 특정 항목이 어떤 금액으로 인식되었는지 파악하는 것은 차후 회계 처리를 수행하는 데 있어서 필수다.

코어패턴　　필요한 말을 넣어 패턴을 연습하세요.

1　**This is recognized** in profit or loss.

2　**This is recognized** in other comprehensive income and loss.

3　**This is recognized** at acquisition cost.

4　**This is recognized** at present value.

5　**This is recognized** at nominal amount.

> 1 이는 당기손익으로 인식되어 있습니다.
> 2 이는 기타포괄손익으로 인식되어 있습니다.
> 3 이는 취득원가로 인식되어 있습니다.
> 4 이는 현재가치로 인식되어 있습니다.
> 5 이는 명목금액으로 인식되어 있습니다.

실전대화　　한국어 부분을 영어로 바꿔 말해보세요.

1　A What are the changes in equity, other than those of the retained earnings?

　B It's the actuarial valuation gain and loss. 이는 기타포괄손익으로 인식되어 있습니다. Thus, the changes will be reflected as changes in equity.

> A 이익잉여금 변동 외 자본의 변동은 무엇인가요?
> B 계리평가손익에 해당합니다. This is recognized in other comprehensive income and loss. 따라서 변동액은 자본변동으로 반영될 것입니다.

2　A The amount of leasehold deposits looks weird. I thought it'd be a clean number with 3 zeros at the end.

　B 이는 현재가치로 인식되어 있습니다. It means it is recognized at nominal amount less present value discount.

> A 임차보증금 금액이 이상하군요. 끝에 0이 세 개인 깔끔한 숫자일 것이라 생각했는데요.
> B This is recognized at present value. 즉, 명목금액에서 현재가치할인차금을 차감한 상태로 인식이 되어 있는 것입니다.

---

e x t r a s

업무상식　　● **OCI**(Other Comprehensive Income(loss)) 기타포괄손익

Please list ~ as a contra ... account.

~를 …의 차감계정으로 표시해주세요.

pattern
244

유형자산, 매출채권, 매출 등의 계정은 총액과 순액 정보 모두 중요하기 때문에 원계정과 차감계정을 차변, 대변 각각이 아닌 둘 다 차변 혹은 대변 한 쪽에 몰아서 표시한다.

코어패턴 필요한 말을 넣어 패턴을 연습하세요.

1   **Please list** it **as a contra** sales **account.**

2   **Please list** PV discount **as a contra** bond **account.**

3   **Please list** allowance for bad debts **as a contra** AR **account.**

4   **Please list** government subsidy **as a contra** asset **account.**

5   **Please list** accumulated depreciation **as a contra account for** tangible asset.

1 이를 매출 차감계정으로 표시해주세요.
2 현재가치할인차금을 채권 차감계정으로 표시해주세요.
3 대손충당금을 매출채권 차감계정으로 표시해주세요.
4 국고보조금을 자산 차감계정으로 표시해주세요.
5 감가상각누계액을 유형자산 차감계정으로 표시해주세요.

실전대화 한국어 부분을 영어로 바꿔 말해보세요.

1   A I cannot find the present value discount for bonds on BS.

    B It seems to be stuck somewhere in other liabilities. 이를 채권 차감계정으로 표시해주세요.

2   A There you go. The status of tangible assets.

    B I do not see the accumulated depreciation and the government subsidy. 감가상각누계액이랑 국고보조금을 자산차감계정으로 표시해주세요.

A BS상 채권에 대한 현재가치할인차금을 찾을 수가 없네요.
B 기타부채 어딘가에 숨어 있는 것 같아요. Please list it as a contra bond account.

A 여기 있습니다. 유형자산 현황입니다.
B 감가상각누계액이랑 국고보조금이 안 보이는데요. Please list accumulated depreciation and government subsidy as contra asset accounts.

ⓔⓧⓣⓡⓐⓢ

영어전달력   ● **contra account** 차감계정

본계정과 부호가 반대(contra)인 계정을 뜻한다. contra는 라틴어로 '반대의'라는 의미를 가진 어근이다. 같은 어근을 가진 단어로 contrast, contrary가 있다. 모두 반대(contra)라는 의미를 내포하고 있다.

pattern
245

The journal entry account is ~ and is disclosed as ....

기표계정은 ~이고, 공시는 …로 됩니다.

전표상 입력되는 계정인 기표계정(실계정)과 공시계정을 구분하는 표현이다. 이를테면, '지급수수료'로 전표상 입력(기표)을 하면 공시되는 재무제표에서는 '판매비와 관리비'의 한 항목으로 공시된다.

코어패턴   필요한 말을 넣어 패턴을 연습하세요.

1   **The journal entry account is** AR **and is disclosed as** current assets.

2   **The journal entry account is** product sales **and is disclosed as** sales.

3   **The journal entry account is** depreciation **and is disclosed as** SG&A expenses.

4   **The journal entry account is** machinery **and is disclosed as** tangible assets.

5   **The journal entry account is** purchase **and is disclosed as** cost of goods sold.

1   기표계정은 매출채권이고, 공시는 유동자산으로 됩니다.
2   기표계정은 제품매출이며, 공시는 매출로 됩니다.
3   기표계정은 감가상각비이며, 공시는 판관비로 됩니다.
4   기표계정은 기계장치이며, 공시는 유형자산으로 됩니다.
5   기표계정은 매입이며, 공시는 매출원가로 됩니다.

실전대화   한국어 부분을 영어로 바꿔 말해보세요.

1   A How are TV sales accounted for on PL?
    B 기표계정은 제품매출이며, 공시는 매출로 됩니다.

2   A There seems to be something wrong with the closing of press machines. How are they shown on the financials?
    B 기표계정은 기계장치이며, 공시는 유형자산으로 됩니다.

1   TV매출이 손익계산서상 어떻게 계상이 되나요?
2   The journal entry account is product sales and is disclosed as sales.
1   프레스 기계 마감에 뭔가 문제가 있는 것 같아요. 재무제표에는 어떻게 표시되어 있나요?
2   The journal entry account is machinery and is disclosed as tangible assets.

Where in PL is ~ included?

손익계산서상 ~는 어디에 포함되어 있나요?

손익계산서에서 소분류 항목이 대분류의 어디에 포함되는지 묻는 표현이다. 예를 들어 소분류상 '유류대'는 대분류상으로 매출원가, 차량유지비, 운반비, 지급수수료 중 특정한 하나 또는 두 개 이상의 항목에 포함되어 있을 수 있다.

코어패턴 필요한 말을 넣어 패턴을 연습하세요

1 **Where in PL is** the leasing fee **included?**

2 **Where in PL is** the marketing expense **included?**

3 **Where in PL is** the fringe benefit **included?**

4 **Where in PL is** the wage for part-timers **included?**

5 **Where in PL is** the repair expense **included?**

1 손익계산서상 리스수수료는 어디에 포함되어 있나요?
2 손익계산서상 마케팅 비용은 어디에 포함되어 있나요?
3 손익계산서상 복리후생비는 어디에 포함되어 있나요?
4 손익계산서상 파트타임 인건비는 어디에 포함되어 있나요?
5 손익계산서상 수선비는 어디에 포함되어 있나요?

실전대화 한국어 부분을 영어로 바꿔 말해보세요.

1 A 손익계산서상 마케팅비용은 어디에 포함되어 있나요?

   B Fees and commissions.

   A Where in PL is the marketing expense included?
   B 지급수수료요.

2 A 손익계산서상 수선비는 어디에 포함되어 있나요?

   B Most of them are included in CoGs. You may refer to the MCS for details.

   A Where in PL is the repair expense included?
   B 대부분은 매출원가에 포함되어 있습니다. 자세한 내역은 제조원가명세서를 참조하시면 되겠습니다.

---

extras

업무상식
- **MCS**(Manufacturing Cost Statement) 제조원가명세서
- **CoGs**(Cost of Goods sold) 매출원가

Which item of ~ should it be classified to?

이것은 ~의 어느 항목으로 분류를 해야 하나요?

재무제표의 표시 수준을 상세히 하고, 특정 항목을 분류하는 상황에서 쓰는 표현이다.

코어패턴 필요한 말을 넣어 패턴을 연습하세요.

1 **Which item of** AFS **should it be classified to?**
2 **Which item of** inventory **should it be classified to?**
3 **Which item of** sales **should it be classified to?**
4 **Which item of** revenues **should it be classified to?**
5 **Which item of** capital **should it be classified to?**

1 이것은 매도가능금융자산의 어느 항목으로 분류해야 하나요?
2 이것은 재고의 어느 항목으로 분류해야 하나요?
3 이것은 매출의 어느 항목으로 분류해야 하나요?
4 이것은 수익의 어느 항목으로 분류해야 하나요?
5 이것은 자본의 어느 항목으로 분류해야 하나요?

실전대화 한국어 부분을 영어로 바꿔 말해보세요.

1 A We have a new item in stock. 이것은 재고의 어느 항목으로 분류해야 하나요?
   B They are spare parts. Let's go with stored goods.

2 A For the fee from client support, 이것은 매출의 어느 항목으로 분류해야 하나요?
   B Service sales would be appropriate. The portion of product involvement is so small that it's negligible.

A 재고로 새로운 항목이 들어왔네요 Which item of inventory should it be classified to?
B 예비부품이네요. 저장품으로 하시죠.

A 고객지원에 의한 수수료 관련, which item of sales should it be classified to?
B 용역 매출이 적정해보이네요. 제품 연관 비중은 너무 작아 무시해도 될 정도입니다.

The ending(opening) balance of ~ is ....

pattern
248

~의 기말(기초) 잔액은 …입니다.

증감을 분석하는 데 있어서 기초 잔액이나 기말 잔액을 알아야 기중 변동을 알아낼 수 있다.

코어패턴 필요한 말을 넣어 패턴을 연습하세요.

1 **The ending balance of** cash **is** zero.

2 **The ending balance of** inventory **is** 700.

3 **The ending balance of** tangible assets **is** about 20k.

4 **The opening balance of** borrowings **is** 5 million.

5 **The opening balance of** deferred tax assets **is** zero.

1 현금의 기말 잔액은 0입니다.
2 재고자산의 기말 잔액은 700입니다.
3 유형자산의 기말 잔액은 약 2만입니다.
4 차입금의 기초 잔액은 5백만입니다.
5 이연법인세자산의 기초 잔액은 0입니다.

실전대화 한국어 부분을 영어로 바꿔 말해보세요.

1 A What's the balance of our inventory?

　B You mean the ending balance, right? 재고자산의 기말 잔액은 9,000입니다.

A 저희 재고의 잔액이 뭐예요?
B 기말 잔액 말씀하시는 것 맞죠? The ending balance of inventory is 9,000.

2 A The ending balance of borrowings is 11 million and 기초 잔액은 2천만입니다.

　B That means 9 million has been redeemed, as there were no new borrowings this year.

A 차입금 기말 잔액은 천백만이고 the opening balance is 20 million.
B 그 뜻은 9백만이 상환되었다는 말이네요. 올해 중 신규 차입은 없었으니까요.

Let me explain the trend of ~.

~의 추이에 대해 설명드릴게요.

추이 또는 추세분석은 주로 손익의 변동을 설명하는 표현이다. 주로 일별, 주별, 월별 등의 기준으로 추이에 대한 설명이 이루어진다.

코어패턴 필요한 말을 넣어 패턴을 연습하세요.

1 **Let me explain the trend of** sales.

2 **Let me explain the trend of** rate of cost to sales.

3 **Let me explain the trend of** SG&A expenses by month.

4 **Let me explain the trend of** inventory.

5 **Let me explain the trend of** AR turnover.

1 매출의 추이에 대해 설명드릴게요
2 원가율의 추이에 대해 설명드릴게요
3 월별 판매비와 일반관리비의 추이에 대해 설명드릴게요
4 재고자산의 추이에 대해 설명드릴게요
5 매출채권회전율의 추이에 대해 설명드릴게요

실전대화 한국어 부분을 영어로 바꿔 말해보세요.

1 A What has happened to our sales? Looks like the sales have increased drastically especially in the fourth week of June and July.

B There is a reason for it. 매출의 추이에 대해 설명드릴게요.

1 매출에 무슨 일이 있었던 것인가요? 특히 6월 및 7월 넷째 주에 급격히 매출이 증가한 것처럼 보이는데요.

B 이유가 있습니다. Let me explain the trend of sales.

2 A Why did the expenditure increase that much in April?

B 재고자산의 추이에 대해 설명드릴게요. The holding volume had to be increased in April, as many orders were expected during the holidays in early May.

A 저 정도로 4월에 지출이 증가한 이유가 뭔가요?

B Let me explain the trend of inventory. 4월에는 재고 보유량을 늘릴 수밖에 없었습니다. 5월 초 연휴에 많은 주문이 있을 것이라 예상됐기 때문입니다.

---

extras

업무상식 ● **SG&A expenses**(selling, general and administrative expenses) 판매 및 일반관리비
너무 길어서 대화 중에는 줄임말로 [에스 지 엔 에이]라고 한다.

~ has been written-down(up).

~가 평가감(증)되었습니다.

재고자산, 유가증권, 유형자산 등의 평가를 수행한 결과, 평가금액이 종전보다 감소했을 때는 평가감, 증가했을 때는 평가증이라고 한다.

코어패턴 필요한 말을 넣어 패턴을 연습하세요.

1 The inventory **has been written-down.**

2 The land **has been written-down.**

3 The building **has been written-up.**

4 The machinery **has been written-down.**

5 The AFS **has been written-up.**

1 재고가 평가감되었습니다.
2 토지가 평가감되었습니다.
3 건물이 평가증되었습니다.
4 기계장치가 평가감되었습니다.
5 매도가능금융자산이 평가증되었습니다.

실전대화 한국어 부분을 영어로 바꿔 말해보세요.

1 A Why did AFS increase? Did we buy some?

   B No, we didn't buy any. We obtained a valuation report from a credit rating company and thus, 매도가능금융자산이 평가증되었습니다.

2 A Loss on valuation of inventory? What is that about?

   B 재고가 평가감되었습니다. It's the result of the net-realizable value testing. The amount looks insignificant, still the auditors firmly insisted on putting it on PL.

A 매도가능금융자산이 왜 증가했나요? 매입한 것이 있나요?
B 아닙니다. 매입한 것 없습니다. 신용평가사로부터 평가보고서를 입수하였고, the AFS has been written-up.

A 재고자산평가손실? 이것은 뭔가요?
B The inventory has been written-down. 순실현가능가치 테스팅의 결과입니다. 금액이 미미해보이나 감사인이 손익계산서에 올리자고 강력하게 요구한 것입니다.

pattern
251

~ has been written-off.

~가 장부에서 제거되었습니다.

앞의 written-down과 비슷하게 '평가감'의 의미로 쓰이나, off가 들어가는 만큼 아예 장부에서 제거되었다는 뜻이다. 자산인 경우에는 '제각', 부채인 경우에는 '탕감'의 의미로 많이 쓰인다.

코어패턴　　필요한 말을 넣어 패턴을 연습하세요.

1　Obsolete assets **have been written-off.**

2　These are damaged and **have been written-off.**

3　2,000 dollars **have been written-off** from your income.

4　Interests **have been written-off** because of a loan adjustment.

5　The AR **has been written-off** as the customer is nowhere to be found.

1 진부화 자산이 장부에서 제거되었습니다.
2 이것들은 파손되었고 제각되었습니다.
3 귀하의 소득에서 2,000 달러가 공제되었습니다.
4 채무 조정으로 인해 이자가 탕감되었습니다.
5 고객을 찾을 수가 없어서 매출채권이 제각되었습니다.

실전대화　　한국어 부분을 영어로 바꿔 말해보세요.

1　A What are these? They don't look that great. Are these included in the inventory?

　　B No, they are spoiled goods. 이들은 이미 제각되었습니다.

2　A What's up with the AR to Nalim Construction?

　　B 그 매출채권 제각되었습니다. Nallim is out of business.

1 이것들은 뭔가요? 상태가 안 좋아 보이는데요. 이들도 재고에 포함되어 있나요?
2 아뇨. 이것들은 못쓰는 물건들이에요. They have been written-off already.
3 날림건설 매출채권 어떻게 됐나요?
4 That AR has been written-off. 날림 망했어요.

---

extras

영어전달력　　● **write-off** 제각, 탕감, 공제

자산의 경우 '제각', 부채의 경우 '탕감', 세무상으로는 '공제'를 뜻한다. 즉, 공통적으로는 '장부에서 제거되다'라는 의미다.

pattern 252

~ remains stable at ... level.

~는 … 수준으로 안정적입니다.

증감분석시 별다른 변동이 없는 항목을 설명하는 표현이다.

코어패턴 필요한 말을 넣어 패턴을 연습하세요.

1 AR **remains stable at** 1 million **level.**

2 Inventory **remains stable at** 800k **level.**

3 Cost of goods sold **remains stable at** 5 million **level.**

4 Headcount **remains stable at** 3,000 **level.**

5 AR turnover **remains stable at** 200% **level.**

1 매출채권은 1백만 수준으로 안정적입니다.
2 재고자산은 80만 수준으로 안정적입니다.
3 매출원가는 5백만 수준으로 안정적입니다.
4 직원수는 3,000명 수준으로 안정적입니다.
5 매출채권 회전율은 200% 수준으로 안정적입니다.

실전대화 한국어 부분을 영어로 바꿔 말해보세요.

1 A Sales seem to have grown by 2% this quarter. What about the AR?
   B 매출채권은 1백만 수준으로 안정적입니다.

   A 당 분기에 매출이 2% 성장한 것으로 보입니다. 매출채권은 어떤가요?
   B AR remains stable at 1 million level.

2 A Did many people leave throughout the year? Retirement allowances have declined significantly.
   B I don't think so. 직원수는 5,000명 수준으로 안정적입니다.

   A 연중 많은 인원이 퇴사했나요? 퇴직충당금이 큰 폭으로 줄었는데요.
   B 그건 아닌 것 같아요. Headcount remains stable at 5,000 level.

pattern 253

Looks like we need ~ on the financials.

재무제표에 ~를 띄워야 할 것 같은데요.

종전에 없었던 계정, 주석 등의 항목을 재무제표에 새로 추가해야 하는 상황에서 쓰는 표현이다.

코어패턴 필요한 말을 넣어 패턴을 연습하세요.

1 **Looks like we need** a new account **on the financials.**

2 **Looks like we need** a new footnote **on the financials.**

3 **Looks like we need** earnings per share **on the financials.**

4 **Looks like we need** a prior period adjustment **on the financials.**

5 **Looks like we need** extraordinary gain and loss **on the financials.**

1 재무제표에 새로운 계정을 띄워야 할 것 같은데요.
2 재무제표에 새로운 주석을 띄워야 할 것 같은데요.
3 재무제표에 주당순이익을 띄워야 할 것 같은데요.
4 재무제표에 전기오류수정을 띄워야 할 것 같은데요.
5 재무제표에 특별손익을 띄워야 할 것 같은데요.

실전대화 한국어 부분을 영어로 바꿔 말해보세요.

1 A There are a lot of amendments on the disclosure guideline.

   B 재무제표에 새로운 주석들을 띄워야 할 것 같은데요. How big do you think is the impact?

   A At least 3 new items.

2 A At last the security has been sold! We also managed to get a good price on it.

   B 재무제표에 특별이익을 띄워야 할 것 같군요.

1 공시 지침에 개정이 많네요.
2 Looks like we need new footnotes on the financials. 보시기에 영향이 얼마나 큰 것 같나요?
3 최소 3개의 신규 항목이 추가되겠어요.

1 드디어 유가증권이 팔렸네요! 가격도 잘 받았어요.
2 Loos like we need an extraordinary gain on the financials.

pattern 254

In accounting, we have an issue on ~.

회계상 ~ 이슈가 있어요.

회계상 특정한 이슈가 있음을 알리는 표현이다.

코어패턴   필요한 말을 넣어 패턴을 연습하세요.

1   **In accounting, we have an issue on** AR write-off.

2   **In accounting, we have an issue on** consolidating the new subsidiary.

3   **In accounting, we have an issue on** the impairment of golf memberships.

4   **In accounting, we have an issue on** prior period P&L adjustments.

5   **In accounting, we have an issue on** the equity method for the subsidiary in China.

1   회계상 매출채권 제각 이슈가 있어요
2   회계상 신규 자회사 연결 이슈가 있어요
3   회계상 골프회원권 감액 이슈가 있어요
4   회계상 전기 손익 수정 이슈가 있어요
5   회계상 중국 자회사 지분법 이슈가 있어요

실전대화   한국어 부분을 영어로 바꿔 말해보세요.

1   A   What seems to be the biggest issue this year?
    B   회계상 신규 자회사 연결 이슈가 있어요. They did a lot of complex transactions throughout the year.

2   A   Anything else you'd like to mention?
    B   회계상 전기 손익 수정 이슈가 있어요. My concern is that prior period adjustments are not allowed under current GAAP.

A   올해 가장 큰 이슈는 무엇인 것 같나요?
B   In accounting, we have an issue on consolidating the new subsidiary. 복잡한 거래들이 연중 계속해서 있었습니다.

A   추가적으로 언급하고 싶으신 사항 있으신지요?
B   In accounting, we have an issue on prior period P&L adjustments. 제가 걱정하는 점은 현재 회계기준상 전기수정이 허용되지 않는다는 것입니다.

Issue deemed to be crucial is ~.

중요하다고 판단되는 이슈는 ~입니다.

여러 이슈 중에서 특히 중요하다고 판단되는 이슈를 나타내는 표현이다.

코어패턴 필요한 말을 넣어 패턴을 연습하세요.

1 **Issue deemed to be crucial is** the fair value of non-financial assets.

2 **Issue deemed to be crucial is** the disclosure of operating cash flows.

3 **Issue deemed to be crucial is** the distinction between liquid & non-liquid items.

4 **Issue deemed to be crucial is** the computation of accrual rate.

5 **Issue deemed to be crucial is** the propriety of unclaimed construction.

1 중요하다고 판단되는 이슈는 비금융자산 공정가치입니다.
2 중요하다고 판단되는 이슈는 영업현금흐름 공시입니다.
3 중요하다고 판단되는 이슈는 유동 & 비유동 항목의 구분입니다.
4 중요하다고 판단되는 이슈는 진행률 산정입니다.
5 중요하다고 판단되는 이슈는 미청구공사 금액 적정성입니다.

실전대화 한국어 부분을 영어로 바꿔 말해보세요.

1 A Good morning everyone. What shall we start with?

   B Let's start with the fair value. 중요하다고 판단되는 이슈는 비금융자산 공정가치입니다.

2 A I've been working on the closing this week and 중요하다고 판단되는 이슈는 진행률 산정입니다.

   B I see. What makes you think so?

A 안녕하세요. 뭐부터 시작할까요?
B 공정가치부터 시작할게요. Issue deemed to be crucial is the fair value of non-financial assets.

A 이번 주에 마감 작업을 해왔는데요 Issue deemed to be crucial is the computation of accrual rate.
B 그렇군요. 무엇 때문에 그렇게 생각하시는지요?

Please revise rounding differences between ~.

~ 간 단수차이 조정해주세요.

주석이나 보고자료 등을 작성할 때 숫자를 천 또는 백만 등의 단위로 조정하는데, 이 경우 단수차이는 늘 발생할 수밖에 없다. 이를 조정하는 상황에 쓰는 표현이다.

코어패턴 필요한 말을 넣어 패턴을 연습하세요.

1 **Please revise rounding differences between** p.3 and 10.

2 **Please revise rounding differences between** the BS and note no.6.

3 **Please revise rounding differences between** the PL and the total amount in note no. 10.

4 **Please revise rounding differences between** the CF sheet and the details on p. 50.

5 **Please revise rounding differences between** the report to the management and that to the authorities.

1 3페이지와 10페이지 간 단수차이 조정해주세요.
2 BS와 주석 6번 간 단수차이 조정해주세요.
3 PL과 주석 10번의 총합계 간 단수차이 조정해주세요.
4 현금흐름 시트와 50페이지 내역 간 단수차이 조정해주세요.
5 경영진 보고서와 관계당국 보고서 간 단수차이 조정해주세요.

실전대화 한국어 부분을 영어로 바꿔 말해보세요.

1 A BS와 주석 16번 간 단수차이 조정해주세요.
  B Got you.

2 A 7페이지와 21페이지 간 단수차이 조정해주세요. Which number should be fixed?
  B Let me see. The number on page 7 should be fixed as this agrees to the CF statements. I'll have the number on page 21 adjusted. Thanks.

A Please revise rounding differences between the BS and note no. 16.
B 알겠습니다.

A Please revise rounding differences between p.7 and p.21. 어떤 숫자를 고정시켜야 되나요?
B 제가 한번 볼게요. 7페이지 숫자가 현금흐름표와 일치하므로 이걸 고정시켜야 되네요. 21페이지 숫자를 조정하도록 하겠습니다. 감사합니다.

~ are pledged as collateral (for ...).

~가 (…관련) 담보로 제공되어 있습니다.

돈을 빌릴 때 금융기관 등에 담보가 제공되어 있다고 말하는 표현으로, 직역하면 '~가 담보로 서약되어 있다'이다.

코어패턴   필요한 말을 넣어 패턴을 연습하세요.

1   Securities **are pledged as collateral.**

2   Time deposits **are pledged as collateral.**

3   Machinery **is pledged as collateral for** borrowings.

4   Financial instruments **are pledged as collateral for** payment guarantees.

5   Some inventories **are pledged as collateral for** long-term borrowings reclassified to their current portion.

1 유가증권이 담보로 제공되어 있습니다.
2 정기예금이 담보로 제공되어 있습니다.
3 기계장치가 차입금 관련 담보로 제공되어 있습니다.
4 금융상품이 지급보증 관련 담보로 제공되어 있습니다.
5 재고자산 일부가 유동성장기부채 관련 담보로 제공되어 있습니다.

실전대화   한국어 부분을 영어로 바꿔 말해보세요.

1   A Time deposits amount to 200 million won and 이는 담보로 제공되어 있습니다.

   B We need to have them disclosed in the notes. Is it the full amount that is pledged?

A 정기예금 잔액이 2억원이고요, these are pledged as collateral.
B 주석에 공시를 해야겠는데요. 금액 전부가 담보로 제공된 것인가요?

2   A We bought a couple of new machines from a major vendor. It's important to have them fully utilized.

   B By the way, we had to borrow a large amount to fund them. 따라서 이 기계들은 차입금 관련 담보로 제공되어 있습니다.

A 대규모 공급업체 한 곳으로부터 몇 개의 기계를 매입했어요. 이들을 쉬지 않고 계속 돌리는 것이 중요합니다.
B 그런데 구매 자금을 마련하기 위해 상당한 금액을 빌려야만 했어요. Therefore, these machines are pledged as collateral for borrowings.

---

extras

영어전달력   ● **machinery** 기계류

machine은 기계를 뜻하고 machinery는 기계류, 특히 큰 기계를 집합적으로 통칭하는 말이다.

~ is expected to reach ....

~가 …에 도달할 것으로 예상됩니다.

특정 금액이 어느 수준에 도달할 것 같다고 추정할 때 쓰는 표현으로 실무에서 예측하는 말로 자주 쓴다.

코어패턴   필요한 말을 넣어 패턴을 연습하세요.

1   Payroll **is expected to reach** 200.

2   Sales **are expected to reach** 1 billion next quarter.

3   Depreciation **is expected to reach** 750k next month.

4   Non-deductibles **are expected to reach** 300 million won.

5   Loss carryforward **is expected to reach** 50 million won at the year end.

1   급여가 200에 도달할 것으로 예상됩니다.

2   매출이 다음 분기에 10억에 도달할 것으로 예상됩니다.

3   감가상각비가 다음달 75만에 도달할 것으로 예상됩니다.

4   손금불산입 금액이 3억원에 도달할 것으로 예상됩니다.

5   이월결손금이 연말에 5천만원에 도달할 것으로 예상됩니다.

실전대화   한국어 부분을 영어로 바꿔 말해보세요.

1   A How much is the pro forma payroll? Please note that we're expecting about one hundred new hires next month.

   B 급여가 22억원에 도달할 것으로 예상됩니다.

A 추정급여가 얼마인가요? 다음달에 약 100여명의 신입직원 채용이 있다는 점 고려해주시고요.

B Payroll is expected to reach 2.2 billion won.

2   A 매출이 다음 분기에 약 2백만 달러에 도달할 것으로 예상됩니다.

   B That's a lot less than what the CEO is looking for. How did you come up with it?

A Sales are expected to reach 2 million dollars next quarter.

B 회장님이 기대하시는 것보다 훨씬 적은 액수인데요. 어떻게 그 금액을 산출하셨나요?

How is the overhead charged ~?

~ 간접비 청구는 어떻게 이루어지나요?

원가 분석을 할 때 간접비 청구나 배분 과정을 묻는 말이다.

코어패턴   필요한 말을 넣어 패턴을 연습하세요.

1   **How is the overhead charged?**

2   **How is the overhead charged** within the factory?

3   **How is the overhead charged** to each business division?

4   **How is the overhead charged** to administration offices?

5   **How is the overhead charged** among the tenants on the same floor?

1   간접비 청구는 어떻게 이루어지나요?
2   공장 내 간접비 청구는 어떻게 이루어지나요?
3   각 사업부에 간접비 청구는 어떻게 이루어지나요?
4   관리부서로 간접비 청구는 어떻게 이루어지나요?
5   같은 층에 사는 세입자간 간접비 청구는 어떻게 이루어지나요?

실전대화   한국어 부분을 영어로 바꿔 말해보세요.

1   A   각 사업부에 간접비 청구는 어떻게 이루어지나요?

    B   We have many cost drivers. Electricity, for instance, is charged based on the surface area each division occupies.

    A   How is the overhead charged to each business division?
    B   여러 개의 원가동인이 있습니다. 전기세의 경우 각 사업부 점유 면적에 따라 청구되고 있습니다.

2   A   관리부서로 간접비 청구는 어떻게 이루어지나요?

    B   All of our overhead items are charged based on the number of people working.

    A   How is the overhead charged to administration offices?
    B   저희 모든 간접비 항목은 근무하는 인원수에 따라 청구되고 있습니다.

~ are allocated pro rata to ....

~는 …에 비례하여 배부되었습니다.

간접비나 공통비 등의 비용이 어떤 기준에 비례해서 배부됐는지 말하는 표현이다.

코어패턴 필요한 말을 넣어 패턴을 연습하세요.

1 Common costs **are allocated pro rata to** working hours.

2 Depreciation **is allocated pro rata to** acquisition costs.

3 Overheads **are allocated pro rata to** the number of staff per product line.

4 SG&A expenses **are allocated pro rata to** the surface area each division occupies.

5 The unfavorable materials price variances **are allocated pro rata to** the standard materials costs in the inventory and CoGs.

1 공통경비는 근무시간에 비례하여 배부되었습니다.
2 감가상각비는 취득원가에 비례하여 배부되었습니다.
3 간접비는 각 제품라인의 직원수에 비례하여 배부되었습니다.
4 판매관리비는 각 부서가 차지하는 면적에 비례하여 배부되었습니다.
5 불리한 재료비 차이는 재고와 매출원가의 표준재료비에 비례하여 배부되었습니다.

실전대화 한국어 부분을 영어로 바꿔 말해보세요.

1 A What's the cost driver for common costs within the factory?

B 공통경비는 각 팀의 근무시간에 비례하여 배부되었습니다.

2 A It seems the most of SG&A expenses have been allocated to Sales Team A.

B That's because Sales Team A uses the biggest space. 판매관리비는 각 팀이 차지하는 면적에 비례하여 배부되었습니다.

A 공장 내 공통경비에 대한 원가동인이 뭔가요?
B Common costs are allocated pro rata to working hours of each team.

A 대부분의 판매관리비가 영업A팀에 배부된 것으로 보이는데요.
B 영업A팀이 가장 큰 공간을 사용하고 있기 때문입니다. SG&A expenses are allocated pro rata to the surface area each team occupies.

회계 ③
세부 계정과목

The investee of ~ is ....

~의 투자처는 …입니다.

주식, 채권 등의 투자자산을 취득했다면 투자처, 즉 피투자자(회사)가 있다. 이때 투자처를 investee라고 말한다.

코어패턴 필요한 말을 넣어 패턴을 연습하세요.

1 **The investee of** the stock **is** S System.

2 **The investee of** the bond **is** S Electronics.

3 **The investee of** the AFS **is** K Bank.

4 **The investee of** the HTM **is** XK Telecom.

5 **The investees of** this capital investment **are** automobile companies.

1 주식의 투자처는 S시스템입니다.
2 채권의 투자처는 S전자입니다.
3 매도가능증권의 투자처는 K은행입니다.
4 만기보유증권의 투자처는 XK통신입니다.
5 이 출자금의 투자처는 자동차 회사들입니다.

실전대화 한국어 부분을 영어로 바꿔 말해보세요.

1 A Where did we invest this stock into?

   B 주식의 투자처는 S시스템입니다. The ownership percentage is about 2%.

2 A Was it K Bank, the issuer of our debt securities?

   B Yes, 매도가능증권의 투자처는 K은행입니다.

   A News reports say that K Bank is in big trouble as they are no longer able to pay their debts back.

A 이 주식 어디에 투자된 것인가요?
B The investee of the stock is S System. 지분율은 약 2%입니다.

A 저희 채무증권 발행자가 K은행이였나요?
B 네. The investee of the AFS is K Bank.
A 뉴스보도에 의하면 K은행이 더 이상 채무 상환능력이 없게 되어 큰 어려움을 겪고 있다고 하네요.

pattern
262

For the amortization of bonds, ~ is applied.

채권에 대한 상각은 ~으로 하고 있습니다.

채권 상각을 어떤 방법으로 하는지 말하는 표현이다.

코어패턴 필요한 말을 넣어 패턴을 연습하세요.

1 **For the amortization of bonds**, EIR method **is applied.**

2 **For the amortization of bonds**, straight-line method **is applied.**

3 **For the amortization of bonds**, no policy **is applied.**

1 채권에 대한 상각은 유효이자율법으로 하고 있습니다.
2 채권에 대한 상각은 정액법으로 하고 있습니다.
3 채권에 대한 상각은 하지 않고 있습니다.

실전대화 한국어 부분을 영어로 바꿔 말해보세요.

1 A Most bonds have been purchased with a discount.
Are the bonds amortized?

B 채권에 대한 상각은 하지 않고 있습니다. They were purchased a couple of months ago,
and that's why we do not have a policy yet.

A 대부분의 채권은 할인된 상태로 구입되었는데요. 채권 상각은 되고 있나요?
B For the amortization of bonds, no policy is applied. 몇 달 전에 구입된 것이라 아직 정책을 갖추어 놓질 않았어요.

2 A I cannot find the amortization tables for bonds.

B 채권에 대한 상각은 유효이자율법이 아닌 정액법으로 하고 있습니다.
We think the difference between the two is not material.

A 채권 상각표를 찾을 수가 없네요.
B For the amortization of bonds, straight-line method is applied, instead of EIR. 두 방법간 차이는 중요하지 않다고 생각하고 있습니다.

---

extras

업무상식 ● **EIR**(Effective Interest Rate) **method** 유효이자율법

유효이자율법은 채권 또는 채무 이자를 인식할 때 이자율이 매년 일정하게 되도록 하는 이자 수익 계산 방법이다.

pattern 263

~ has been marked to market using ....

~는 …에 의해 시가평가되었습니다.

투자자산은 일반적으로 시가평가를 하여 그 금액으로 재무제표에 계상되어야 한다. mark to market을 직역하면 '시장금액으로 표시하다'이다.

코어패턴 필요한 말을 넣어 패턴을 연습하세요.

1　It **has been marked to market**.

2　Stocks **have been marked to market using** quoted prices.

3　The building **has been marked to market using** the appraised value.

4　The derivative **has been marked to market using** the Black-Scholes Model.

5　Bonds **have been marked to market using** the average of 3 bond rating agency prices.

1　이는 시가평가되었습니다.
2　주식은 공시가격에 의해 시가평가되었습니다.
3　건물은 감정평가가액에 의해 시가평가되었습니다.
4　파생상품은 블랙숄스 모형에 의해 시가평가되었습니다.
5　채권은 3개 채권평가사 가격 평균에 의해 시가평가되었습니다.

실전대화 한국어 부분을 영어로 바꿔 말해보세요.

1　A Are the stocks all listed?

　　B Yes, they are. 주식은 공시가격에 의해 시가평가되었습니다.

2　A Where does the purchase price of the building come from?

　　B 빌딩은 감정평가가액에 의해 시가평가되었습니다. The purchase price is exactly 95% of the appraised value.

A 주식은 모두 상장주식인가요?
B 네 그렇습니다. Stocks have been marked to market using quoted prices.

A 건물 매입 가격은 어디에서 온 것인가요?
B The building has been marked to market using the appraised value. 매입가격은 정확하게 감정평가가액의 95%입니다.

⒠⒳⒯⒭⒜⒮

영어전달력　● be marked to market 시가평가되다
발음은 [마악 투 마켓]이다. marked의 원래의 발음은 [마악크드]지만 빨리 발음하다보면 원어민도 [마악]으로 발음하는 경우가 많다.

pattern
264

Impairment was recognized due to (as)~.

~로 인하여 손상이 인식되었습니다.

공정가치의 중대한 하락이나 피투자자가 파산했을 때 자산손상이 인식된다.

코어패턴 필요한 말을 넣어 패턴을 연습하세요.

1 **Impairment was recognized.**

2 **Impairment was recognized due to** the decrease in fair value.

3 **Impairment was recognized as** the investee went bankrupt.

4 **Impairment was recognized due to** an increase in the market interest rate.

5 **Impairment loss was recognized as** recoverable amount was below carrying amount.

1 손상이 인식되었습니다.
2 공정가치의 하락으로 인하여 손상이 인식되었습니다.
3 피투자자의 파산으로 인하여 손상이 인식되었습니다.
4 시장이자율의 상승으로 인하여 손상이 인식되었습니다.
5 회수가능가액이 장부금액에 미달하여 손상차손이 인식되었습니다.

실전대화 한국어 부분을 영어로 바꿔 말해보세요.

1 A What's this impairment loss about?

   B 공정가치의 하락으로 인하여 손상이 인식되었습니다.

2 A 피투자자의 파산으로 인하여 손상이 인식되었습니다. That's why our AFS has been written-off.

   B Are there any other assets related to the investee?

A 이 손상차손 내용이 뭔가요?
B Impairment was recognized due to the decrease in fair value.

A Impairment was recognized as the investee went bankrupt. 그런 이유로 인해 저희 매도가능증권이 장부에서 제거된 것입니다.
B 피투자자와 관련된 다른 자산이 또 있나요?

---

extras

업무상식 ● **impairment (loss)** 손상(차손)

impairment 다음에 loss가 생략되었다. '손상이 인식되었다'와 '손상차손이 인식되었다'가 거의 같은 의미인 것처럼 loss를 굳이 붙이지 않아도 의미 전달에는 무리가 없기 때문이다. 다만 loss가 생략되었다는 것은 알고 있자.

pattern 265

The cost flow assumption applied is ~.

적용된 원가흐름의 가정은 ~입니다.

재고자산 원가 흐름의 가정을 말해보자.

코어패턴   필요한 말을 넣어 패턴을 연습하세요.

1   **The cost flow assumption applied is** FIFO.

2   **The cost flow assumption applied is** LIFO.

3   **The cost flow assumption applied is** moving average.

4   **The cost flow assumption applied is** weighted average.

5   **The cost flow assumption applied is** specific identification.

1   적용된 원가흐름의 가정은 선입선출법입니다.
2   적용된 원가흐름의 가정은 후입선출법입니다.
3   적용된 원가흐름의 가정은 이동평균법입니다.
4   적용된 원가흐름의 가정은 총평균법입니다.
5   적용된 원가흐름의 가정은 개별법입니다.

실전대화   한국어 부분을 영어로 바꿔 말해보세요.

1   A   What is the cost flow assumption for inventory?
    B   적용된 원가흐름의 가정은 선입선출법입니다.

2   A   Is it the average method that is used for the cost flow?
    B   적용된 원가흐름의 가정은 개별법입니다. We have tags and serial numbers for each of our inventory and they can always be traced.

A   재고 관련 원가흐름 가정은 뭔가요?
B   The cost flow assumption applied is FIFO.

A   원가흐름에 사용되는 방법이 평균법인가요?
B   The cost flow assumption applied is specific identification. 각각의 재고에 대해 꼬리표와 일련번호가 있어서 항상 추적가능합니다.

---

extras

업무상식   ● **FIFO**(First-in First-out) 선입선출
          ● **LIFO**(Last-in First-out) 후입선출

pattern 266

How much has ~ been depreciated?
~가 얼마나 상각됐나요?

유무형자산의 상각경과기간 및 이에 따른 잔여상각기간 혹은 금액을 묻는 말이다.

코어패턴 필요한 말을 넣어 패턴을 연습하세요.

1 **How much has** it **been depreciated?**

2 **How much has** the machinery **been depreciated?**

3 **How much has** the vehicle **been depreciated?**

4 **How much has** the software **been amortized?**

5 **How much has** the goodwill **been amortized?**

6 **How much has** the bond **been amortized?**

1 이것 얼마나 상각됐나요?
2 기계장치가 얼마나 상각됐나요?
3 차량운구가 얼마나 상각됐나요?
4 소프트웨어가 얼마나 상각됐나요?
5 영업권이 얼마나 상각됐나요?
6 채권이 얼마나 상각됐나요?

실전대화 한국어 부분을 영어로 바꿔 말해보세요.

1 A 차량운반구가 얼마나 상각됐나요?
   B 2 years have passed out of its useful life of 5.

A How much has the vehicle been depreciated?
B 내용연수 5년 중 2년 경과하였습니다.

2 A 소프트웨어가 얼마나 상각됐나요? The book value looks very small.
   B It has been depreciated for 50 months now and only about 10% of the acquisition cost stays outstanding.

A How much has the software been amortized? 장부금액이 매우 적어 보이는데요.
B 현재 50개월 동안 상각되었고요, 취득원가의 약 10%만 남아 있는 상태입니다.

---

extras

업무상식 ● **depreciation / amortization** 상각
유형자산의 상각은 depreciation, 무형자산 및 채권의 상각은 amortization를 쓴다.

pattern 267

~ is used for depreciation.

상각 방법으로는 ~가 적용되고 있습니다.

유형자산의 상각 방법이 무엇인지 말하는 표현으로, 직역하면 '상각에는 어떤 방법이 사용되었다'라는 뜻이다.

코어패턴 필요한 말을 넣어 패턴을 연습하세요.

1. Straight-line **is used for depreciation.**
2. Declining-balance **is used for depreciation.**
3. Sum-of-the-years' digits **is used for depreciation.**
4. Double declining balance **is used for depreciation.**
5. One of the accelerated depreciation methods **is used for depreciation.**

1. 상각 방법으로는 정액법이 적용되고 있습니다.
2. 상각 방법으로는 정률법이 적용되고 있습니다.
3. 상각 방법으로는 연수합계법이 적용되고 있습니다.
4. 상각 방법으로는 이중체감법이 적용되고 있습니다.
5. 상각 방법으로는 가속상각법 중 하나가 적용되고 있습니다.

실전대화 한국어 부분을 영어로 바꿔 말해보세요.

1. A We have a lot of tangible assets on the book and 상각 방법으로는 정률법이 적용되고 있습니다.
   B Is it for tax purposes?

2. A The building was purchased in January this year and 상각 방법으로는 정액법이 적용되고 있습니다.
   B What's its useful life?

A 장부상 유형자산이 많이 계상되어 있습니다. 그리고 declining-balance is used for depreciation.
B 세무 목적인가요?

A 건물은 올해 1월에 매입된 것입니다. 그리고 straight-line is used for depreciation.
B 내용연수는 몇 년이에요?

---

extras

영어전달력

● **straight-line** 정액법
상각대상금액이 변동 없이 일정하기(straight) 때문이다.

● **declining balance** 정률법
상각대상금액이 계속해서 감소하기 때문에 declining balance라고 한다. 상각대상금액이 변동 없이 일정하느냐(straight), 계속 감소하느냐(declining balance) 기준으로 구분해야 한다.

pattern 268

~ have been capitalized.
~가 자본화되었습니다.

지출된 비용을 관련 자산에 계상하는 것을 '자본화'라고 하고 이렇게 된 상황을 '자본화되었다'고 한다. 실무에서 자주 쓰는 말이니 기억해두자.

코어패턴 필요한 말을 넣어 패턴을 연습하세요.

1 Interest expenses **have been capitalized.**

2 Extra acquisition charges **have been capitalized.**

3 Transaction fees **have been capitalized.**

4 Borrowing costs **have been capitalized.**

5 Fees and commissions **have been capitalized.**

1 이자비용이 자본화되었습니다.
2 취득부대비용이 자본화되었습니다.
3 거래 비용이 자본화되었습니다.
4 차입원가가 자본화되었습니다.
5 수수료 비용이 자본화되었습니다.

실전대화 한국어 부분을 영어로 바꿔 말해보세요.

1 A A lot of interest expenses occurred, because we had to rely on big loans to finance the ship purchase. 이자비용도 역시 자본화되었습니다.

   B Were there any other costs that have been capitalized?

2 A If you go through the details of the land, you will see an item under 'Other costs'. What are they about?

   B They are borrowing costs and 차입원가가 자본화되었습니다. Because it is required by the GAAP to do so.

1 A 많은 이자비용이 발생됐습니다. 선박 구매를 위한 자금을 조달하기 위해 큰 규모의 대출에 의존을 해야만 했기 때문이죠. Interest expenses have also been capitalized.
  B 자본화된 다른 원가도 있었나요?

2 A 토지 명세를 보면 '기타원가' 항목이 있습니다. 이것은 어떤 내용인가요?
  B 이는 차입원가이며, borrowing costs have been capitalized. 왜냐하면 회계기준에서 요구되는 내용이기 때문입니다.

---

extras

영어전달력 ● **extra charges** 부대비용

부대비용(extra charges)은 다른 말로 incidental expenses(부수적인 비용)라고도 할 수 있다. 실무에서는 쉽게 extra charges라고 하는 경우가 많다.

pattern 269

The useful life (of ~) is ... years.

~의 내용연수는 …년입니다.

유무형자산의 내용연수에 대한 내용이다. 내용(耐用)연수란 쓸모가 있을 때까지 견디어 낼 수 있는 연수를 뜻한다.

코어패턴   필요한 말을 넣어 패턴을 연습하세요.

1   **The useful life is** 5 years.

2   **The useful life of** vehicles **is** 5 years.

3   **The useful life of** patents **is** 4 years.

4   **The useful life of** office equipment **is** 5 years.

5   **The useful life of** buildings and structures **is** 30 years.

1   내용연수는 5년입니다.
2   차량운반구의 내용연수는 5년입니다.
3   특허권의 내용연수는 4년입니다.
4   사무용 비품의 내용연수는 5년입니다.
5   건물과 구축물의 내용연수는 30년입니다.

실전대화   한국어 부분을 영어로 바꿔 말해보세요.

1   A We have a new item on the BS this month. It's a patent on screensaving and I heard that 특허권의 내용연수는 4년입니다.

   B I'll look it up and let you know.

A   이번 달 BS에 새로운 항목이 있네요. 화면보호에 대한 특허권인데요 제가 듣기로는 the useful life of patents is 4 years.
B   찾아보고 알려드릴게요.

2   A It looks like the depreciation is calculated by dividing the year by months. Is this correct?

   B Yes, it's the straight-line method and 내용연수는 5년입니다. That's why the acquisition cost is divided by 60 months to start off.

A   감가상각이 월할계산이 되어 있는 것으로 보이는데요. 이거 맞나요?
B   네, 정액법이고요 the useful life is 5 years. 그러한 이유로 취득원가가 시작하면서 60개월로 나누어져 있는 것입니다.

---

extras

영어전달력   ● 내용(耐用)

'내용연수'의 '내용'은 한자로 耐(견딜 내), 用(쓸 용)이다. 즉 쓸모가 있을 때까지 견디어 낼 수 있는 연수라는 의미이고, 영어로는 useful life, 즉 '쓸모가 있을 때까지의 수명'이다.

pattern
270

Provisions (for ~) were raised.

~충당금이 설정되었습니다.

충당금의 설정 및 환입을 나타내는 표현이다.

코어패턴 필요한 말을 넣어 패턴을 연습하세요.

1 **Provisions were raised.**

2 **Provisions for** doubtful accounts **were raised.**

3 **Provisions** amounting to 100 million **were raised.**

4 **Provisions for** repair **were released.**

5 **Provisions for** sales warranty **were used.**

1 충당금이 설정되었습니다.
2 대손충당금이 설정되었습니다.
3 충당금 1억이 설정되었습니다.
4 수선충당금이 환입되었습니다.
5 판매보증충당금이 환입되었습니다.

실전대화 한국어 부분을 영어로 바꿔 말해보세요.

1 A Loans past due have increased a lot during the summer.
   B 그래서 3분기에 추가 충당금이 설정되었습니다.

2 A How's everything with the AR collection? Any responses from K Corporation?
   B No, I'm afraid not. 기말에 대손충당금을 설정할 예정이에요.

A 연체채권이 여름 동안 많이 증가했네요.
B That's why extra provisions were raised in the third quarter.

A 매출채권 회수는 어떻게 되어가고 있나요? K사로부터 연락 있었나요?
B 아뇨. Provisions for doubtful accounts are to be raised at the year end.

---

extras

업무상식 ● 충당금

실무 대화에서는 '충당금이 쌓였어요.'라고 표현하는데, 정확히 말하자면 이는 '충당금이 설정되었다'는 것이다. 영어로는 Provisions were raised.라고 한다.

pattern 271

Regarding equity, ~ amounts to ....

자본 관련, ~금액은 …입니다.

자본 관련 계정과목과 해당 금액을 표현할 때 쓰는 말이다.

코어패턴 필요한 말을 넣어 패턴을 연습하세요.

1 **Regarding equity,** the paid-in capital **amounts to** 1 billion.

2 **Regarding equity,** the capital surplus **amounts to** 1 billion.

3 **Regarding equity,** the additional paid-in capital **amounts to** 1 billion.

4 **Regarding equity,** the retained earnings **amounts to** 1 billion.

5 **Regarding equity,** the earnings per share **amounts to** 1,000.

1 자본 관련, 납입자본금 금액은 10억입니다.
2 자본 관련, 자본잉여금 금액은 10억입니다.
3 자본 관련, 주식발행초과금 금액은 10억입니다.
4 자본 관련, 이익잉여금 금액은 10억입니다.
5 자본 관련, 주당순이익 금액은 1천입니다.

실전대화 한국어 부분을 영어로 바꿔 말해보세요.

1 A 자본 관련, 납입자본금 금액은 10억원입니다.
   B Has the issuance of new stocks been reflected?

2 A 자본 관련, 주식발행초과금 금액은 3억원입니다.
   B Why did it decrease?
   A There were some fees paid to our IPO advisors.

A Regarding equity, the paid-in capital amounts to 1 billion won.
B 신주 발행 반영된 금액인가요?

A Regarding equity, the additional paid-in capital amounts to 300 million won.
B 왜 감소했나요?
A 상장 자문사에 지급한 수수료가 있었습니다.

---

extras

업무상식
- **paid-in capital** 납입자본금(들어온 돈 총액)
- **additional paid-in capital** 주식발행초과금(일명 '주발초', 액면을 초과해서 추가적으로 자본으로 들어온 금액)
- **stock par value** 자본금(capital stock 혹은 capital share)

It's a derivative separated from ~.

이는 ~로부터 분리된 파생상품입니다.

전환권, 신주인수권 등 본계약으로부터 분리된 파생상품에 대한 내용이다.

코어패턴   필요한 말을 넣어 패턴을 연습하세요.

1   **It's a derivative separated from** the convertible bond.

2   **It's a derivative separated from** the bond with warrant.

3   **It's a derivative separated from** the equity linked deposit.

4   **It's a derivative separated from** the hybrid security.

5   **It's a derivative separated from** the structured security.

1 이는 전환사채로부터 분리된 파생상품입니다.
2 이는 신주인수권부사채로부터 분리된 파생상품입니다.
3 이는 주가지수연동예금으로부터 분리된 파생상품입니다.
4 이는 혼합증권으로부터 분리된 파생상품입니다.
5 이는 구조화증권으로부터 분리된 파생상품입니다

실전대화   한국어 부분을 영어로 바꿔 말해보세요.

1   A The derivative on the financials, what is it about?

　　B 이는 전환사채로부터 분리된 파생상품입니다.

2   A What's the H derivative about? Is it recorded as a fair value?

　　B 이는 혼합증권으로부터 분리된 파생상품입니다. It has been marked to market using the amount provided by a credit rating agency.

1 재무제표에 파생은 무엇에 관한 것인가요?
2 It's a derivative separated from the convertible bond.
3 H 파생상품은 무엇인가요? 공정가치로 계상된 것인가요?
4 It's a derivative separated from the hybrid security. 채권평가사로부터 제공된 금액에 의해 시가평가되었습니다.

---

extras

영어전달력   ● **embedded derivative** 내재파생상품

● **bifurcate** 두 개로 나누다

separate와 유사한 단어로 bifurcate가 있는데, bifurcate는 접두어 bi-에서 알 수 있듯이 '두 개로 나누다, 쪼개다'라는 의미다.

pattern 273

Are we able to exercise ~?

우리가 ~를 행사할 수 있나요?

옵션은 행사하기 위해 존재한다고 할 수 있다.

코어패턴 필요한 말을 넣어 패턴을 연습하세요.

1 **Are we able to exercise** stock options next year?

2 **Are we able to exercise** early redemption rights?

3 **Are we able to exercise** early termination rights?

4 **Are we able to exercise** period extension options?

5 **Are we able to exercise** significant influence on the investee?

1 우리가 내년에 스톡 옵션을 행사할 수 있나요?
2 우리가 조기 상환권을 행사할 수 있나요?
3 우리가 조기 종료권을 행사할 수 있나요?
4 우리가 기간연장 옵션을 행사할 수 있나요?
5 우리가 투자처에 중대한 영향력을 행사할 수 있나요?

실전대화 한국어 부분을 영어로 바꿔 말해보세요.

1 A 우리가 내년에 스톡 옵션을 행사할 수 있나요?

B Per the contract, you can. Hope the stock prices will have been skyrocketed by then!

2 A Regarding the borrowing from Sunshine Savings Bank, 우리가 조기상환권을 행사할 수 있나요? We'd like to minimize our interest expenses.

B Early redemption is possible any time after 2 years from the date it was borrowed.

A Are we able to exercise stock options next year?
B 계약상으로는 가능합니다. 그 때 주가가 폭등해 있기를 바랄게요!

A 선샤인 저축은행으로부터의 차입금 관련, are we able to exercise early redemption rights? 이자비용을 최소화하고자 하는데요.
B 차입일로부터 2년 경과 후 아무 때나 조기 상환 가능합니다.

pattern 274

Is a ~ option granted ...?
~ 옵션이 (…에) 부여되어 있나요?

계약 관계에서 옵션 유무를 확인할 때 쓰는 표현이다.

코어패턴   필요한 말을 넣어 패턴을 연습하세요.

1   **Is** an **option granted?**

2   **Is** a call **option granted?**

3   **Is** a purchase **option granted?**

4   **Is** an **option granted** upon maturity?

5   **Is** a renewal **option granted** upon redemption?

1   옵션이 부여되어 있나요?
2   콜옵션이 부여되어 있나요?
3   구매옵션이 부여되어 있나요?
4   만기에 옵션이 부여되어 있나요?
5   상환시에 갱신옵션이 부여되어 있나요?

실전대화   한국어 부분을 영어로 바꿔 말해보세요.

1   A This is the lease contract the vendor confirmed this morning.

    B 요청한 대로 구매옵션이 부여되어 있나요?

2   A Have you gone through the contract yet?

    B Yes, I have. There is a clause on maturity, which leaves us to consider a lot of things.

    A What do you mean? 만기에 옵션이 부여되어 있나요?

A 벤더사가 오늘 아침 확인해준 리스 계약서입니다.
B Is a purchase option granted as requested?

A 계약서 검토하셨나요?
B 네. 만기 관련 조항이 하나 있던데요. 많은 사항들을 고려해야 할 것 같아요.
A 무슨 말씀이세요? Is an option granted upon maturity?

---

extras

업무상식   ● **bargain purchase option** 염가구매옵션
싼 가격에 구매할 수 있는 옵션을 말한다.

Is sales data available (by ~)?

매출자료 (~로) 있나요?

회사에는 가장 중요한 활동인 매출에 대한 다양한 자료가 있다. 필요한 자료를 요청할 때 이렇게 말해보자.

코어패턴   필요한 말을 넣어 패턴을 연습하세요.

1   **Is sales data available?**

2   **Is sales data available by** month?

3   **Is sales data available by** region?

4   **Is sales data available by** customer type?

5   **Is sales data available by** business segment?

1 매출자료 있나요?
2 매출자료 월별로 있나요?
3 매출자료 지역별로 있나요?
4 매출자료 고객유형별로 있나요?
5 매출자료 사업부문별로 있나요?

실전대화   한국어 부분을 영어로 바꿔 말해보세요.

1   A Hi, Cindy. Hope you are well. 매출자료 지역별로 있나요?
       I need it for the monthly meeting.

     B I think I do. Let me go through my mailbox.

A Cindy, 안녕하세요. 잘 지내셨지요?
  Is sales data available by region?
  월간회의 때 필요해서요.
B 있는 것 같아요. 제 이메일함에서
  찾아볼게요.

2   A 매출자료 월별로 있나요? We need a slide with a monthly
       trend analysis on sales.

     B Sure. It will take a little while to download it from the
       server, though.

A Is sales data available by month?
  매출 월별 추세분석이 포함된 장표가
  필요해요.
B 물론 있습니다. 다만, 서버에서 다운받는
  데 시간이 좀 걸릴 것 같아요.

pattern 276

Revenues are recognized ~.

수익은 ~에 인식되고 있습니다.

수익의 인식 시점을 말하는 표현이다.

코어패턴　필요한 말을 넣어 패턴을 연습하세요.

1　**Revenues are recognized** immediately upon sale.

2　**Revenues are recognized** when services are rendered.

3　**Revenues are recognized** when an event is open for business.

4　**Revenues are recognized** after one business day from point of sale.

5　**Revenues are recognized** when the right to receive money is established.

1 수익은 판매 즉시에 인식되고 있습니다.
2 수익은 서비스 제공 시점에 인식되고 있습니다.
3 수익은 행사가 개최되는 시점에 인식되고 있습니다.
4 수익은 판매시점의 익영업일에 인식되고 있습니다.
5 수익은 돈받을 권리가 확정된 시점에 인식되고 있습니다.

실전대화　한국어 부분을 영어로 바꿔 말해보세요.

1　A Wow! There are hundreds of people in line! By the way, I wonder how the revenues are recognized.

　　B 수익은 판매 즉시에 인식되고 있습니다. In other words, as soon as the customer is complete with the payment, the data is transferred to the ERP, recognizing the revenue.

2　A I understand that most of our sales are online through credit card. When exactly are revenues recognized?

　　B 수익은 판매시점의 익영업일에 인식되고 있습니다. which means that, when the customer swipes his or her card, revenues are recognized on the following business day closing.

A 와우! 수백명의 사람들이 줄서 있군요. 그런데 수익이 어떤 방식으로 인식되는지 궁금해요.
B Revenues are recognized immediately upon sale. 다시 말하자면 고객이 결제를 완료하면 그 데이터가 ERP로 전달이 되어 수익을 인식하게 되는 것이죠.

A 저희 대부분의 매출이 온라인상 신용카드로 발생하고 있다고 알고 있습니다. 정확히 언제 수익이 인식이 되는 것인가요?
B Revenues are recognized after one business day from point of sale. 즉, 고객이 카드를 긁으면, 다음 영업일 종료시점에 수익이 인식됩니다.

~ expenses are recognized ....

~비용은 …에 인식되고 있습니다.

비용의 인식 시점을 말하는 표현이다.

코어패턴 필요한 말을 넣어 패턴을 연습하세요.

1 **Expenses are recognize**d when cash is paid.

2 Advertising **expenses are recognized** as incurred.

3 Insurance **expenses are recognized** for the period incurred.

4 SG&A **expenses are recognized** when related sales are recognized.

5 Depreciation **expenses are recognized** through the useful life of the respective asset.

1 비용은 현금지출시에 인식되고 있습니다.
2 광고선전비는 발생즉시에 인식되고 있습니다.
3 보험료는 발생기간 동안에 인식되고 있습니다.
4 판매관리비는 관련 매출 인식시에 인식되고 있습니다.
5 감가상각비는 해당 자산 내용연수 동안에 인식되고 있습니다.

실전대화 한국어 부분을 영어로 바꿔 말해보세요.

1 A What is our rule for expense recognition?

B We have a simple rule. 비용은 현금지출시에 인식되고 있습니다.

2 A End-of-period adjustments for insurance expenses don't seem to have been done.

B Our policy is this. 보험료비용은 발생기간 동안에 인식되고 있습니다. End-of-period adjustments should already have been automatically done.

A 비용 인식 관련 저희 원칙이 뭔가요?
B 원칙은 단순합니다. Expenses are recognized when cash is paid.

A 보험료에 대한 기간말 조정이 수행이 안 된 것으로 보이는데요.
B 저희 정책은 이렇습니다. Insurance expenses are recognized for the period incurred. 기간말 조정은 이미 자동적으로 수행이 되어 있어야 할 텐데요.

pattern
278

~ is a non-recurring item.

~는 비경상 항목입니다.

비경상적인 손익항목을 말하는 표현이다.

코어패턴 필요한 말을 넣어 패턴을 연습하세요

1 It **is a non-recurring item.**

2 Due diligence expense **is a non-recurring item.**

3 Loss on disposal of vehicles **is a non-recurring item.**

4 Expense from additional tax levied **is a non-recurring item.**

5 Gain on sale of fixed assets from restructuring **is a non-recurring item.**

1 이것은 비경상 항목입니다.
2 실사비용은 비경상 항목입니다.
3 차량운반구 처분손실은 비경상 항목입니다.
4 세금 추징으로 인한 비용은 비경상 항목입니다.
5 구조조정으로 인한 고정자산처분이익은 비경상 항목입니다.

실전대화 한국어 부분을 영어로 바꿔 말해보세요.

1 A 차량운반구 처분손실은 비경상 항목입니다. Therefore, it was classified as extraordinary loss.

  B Are you sure? We had one of our vehicles sold last year.

2 A One thing on the PL that stands out is the due diligence expense. 이것은 비경상 항목입니다.

  B This is the fee paid to our lead manager and it should be deducted from our additional paid-in capital.

1 A Loss on disposal of vehicles is a non-recurring item, 따라서 특별손실 항목으로 구분되었습니다.
B 그것이 정말 맞나요? 작년에도 저희 차량 한 대 팔았는데요.

2 A PL상 눈에 띄는 것 중 하나는 실사비용입니다. It is a non-recurring item.
B 이는 저희 주관사에 지급된 수수료이며, 주식발행초과금에서 차감되는 것이 맞다고 봅니다.

회계④
관계회사 및 내부회계

내부회계

~ has been consolidated.

~는 연결대상에 포함되었습니다.

자회사 등이 연결 대상에 포함되었다고 말하는 표현이다.

코어패턴   필요한 말을 넣어 패턴을 연습하세요.

1   This company **has been consolidated.**

2   This subsidiary **has been consolidated.**

3   These funds **have been consolidated** for 2 years.

4   This beneficiary certificate **has been consolidated** since 2013.

5   This subsidiary **has been consolidated** since our ownership percentage became 99%.

1 이 회사는 연결대상에 포함되었습니다.
2 이 자회사는 연결대상에 포함되었습니다.
3 이 펀드들은 2년 동안 연결대상에 포함되었습니다.
4 이 수익증권은 2013년부터 연결대상에 포함되었습니다.
5 이 자회사는 저희 지분율이 99%가 되어 연결대상에 포함되었습니다.

실전대화   한국어 부분을 영어로 바꿔 말해보세요.

1   A 이 회사는 3월부터 연결대상에 포함되었습니다.

    B How come?

    A We became the major stockholder of this company by acquiring extra shares.

A This company has been consolidated since March.
B 어떻게 해서요?
A 추가 지분을 취득함으로써 우리가 대주주가 됐어요.

2   A What was the reason of consolidating Company P?

    B 이 자회사는 저희 지분율이 50%를 초과하여 연결대상에 포함되었습니다.

A P사를 연결한 이유가 뭐였나요?
B This subsidiary has been consolidated since our ownership percentage became more than 50%.

pattern
280

Looks like we need ~.

~를 반영해야 할 것 같아요.

연결정산표 작업에서 어떤 항목을 반영할 때 쓰는 표현이다.

코어패턴　　필요한 말을 넣어 패턴을 연습하세요.

1　**Looks like we need** another journal entry.

2　**Looks like we need** the offset of investment and capital.

3　**Looks like we need** the subsidiary Pilmang that went out of business.

4　**Looks like we need** the new subsidiary on the consolidation worksheet.

5　**Looks like we need** the intercompany transactions between AA and BB.

1 새로운 조정분개를 반영해야 할 것 같아요

2 투자자본상계를 반영해야 할 것 같아요.

3 폐업한 자회사 필망을 반영해야 할 것 같아요

4 신규편입 자회사를 연결정산표에 반영해야 할 것 같아요.

5 AA와 BB 간 내부거래를 반영해야 할 것 같아요

실전대화　　한국어 부분을 영어로 바꿔 말해보세요.

1　A I've gone through the accounting worksheet and 투자자본상계를 반영해야 할 것 같아요.

　　B Oh, my bad. I'll get it done within half an hour.

A 정산표를 살펴봤는데요, looks like we need the offset of investment and capital.

B 앗 그렇군요. 30분 이내 끝낼 수 있도록 하겠습니다.

2　A Could you see whether I may have missed out anything?

　　B Let me see. BB와 BBC 간 내부거래를 반영해야 할 것 같아요.

A 제가 놓친 것이 혹시 없는지 봐주실 수 있어요?

B 살펴볼게요. Looks like we need the intercompany transactions between BB and BBC.

---

extras

영어전달력　　● 반영하다

'~을 반영해야 할 것 같아요'라고 말할 때 looks like ~ needs to be reflected라고 하는 경우가 있다. 하지만 이런 경우 영어에서는 reflect보다는 correct나 adjust라는 단어를 주로 쓴다.

It'd be nice if subsidiaries ~.

자회사가 ~하면 좋을 것 같아요.

연결작업을 할 때 연결대상인 자회사가 어떻게 하면 유리한지 제안하는 표현이다.

코어패턴 필요한 말을 넣어 패턴을 연습하세요

1 **It'd be nice if subsidiaries** upload their data on time.

2 **It'd be nice if subsidiaries** are in Korea instead of abroad.

3 **It'd be nice if subsidiaries** finalize their numbers as early as possible.

4 **It'd be nice** for us **if subsidiaries** share the same accounting program with the parent.

5 **It'd be nice** for the parent **if subsidiaries** come up with more detailed intercompany transactions.

1 자회사가 자료를 적시에 업로드해줘야 좋을 것 같아요.
2 자회사가 해외보다는 국내법인일 경우가 좋을 것 같아요.
3 자회사가 숫자를 빨리 확정해줄수록 좋을 것 같아요
4 저희 입장에서는 자회사가 모회사와 동일한 회계프로그램을 써야 좋을 것 같아요.
5 모회사 입장에서는 자회사가 내부거래 내역을 상세히 뽑아줘야 좋을 것 같아요.

실전대화 한국어 부분을 영어로 바꿔 말해보세요.

1 A Any issues you'd like to mention on consolidation?
  B 자회사가 자료를 적시에 업로드해줘야 좋을 것 같아요. They are somehow always late and that's what is dragging us down.

2 A I heard some subsidiaries are planning to change their accounting programs.
  B 저희 입장에서는 자회사가 모회사와 동일한 회계프로그램을 써야 좋을 것 같아요. It will save us a lot of time.

A 연결에 대해 언급하고 싶으신 이슈 있으신지요?
B It'd be nice if subsidiaries upload their data on time. 왜인지는 모르겠지만 항상 자료 제출이 늦어서 저희가 늦어지게 돼요.

A 자회사들 일부가 회계프로그램을 변경할 것이라 들었는데요.
B It'd be nice for us if subsidiaries share the same accounting program with the parent. 그러면 시간을 많이 단축할 수 있어요.

The issue is that ~.

애로점은 ~ 입니다.

연결을 수행할 때 주된 애로점이 무엇인지 말하는 표현이다.

코어패턴 필요한 말을 넣어 패턴을 연습하세요.

1 **The issue is that** there are too many foreign subsidiaries.

2 **The issue is that** subsidiaries are always late with their data.

3 **The issue** in consolidation **is that** CoA mapping can be tricky.

4 **The issue is that** consolidated entities do not share the same accounting program.

5 **The issue is that** full understanding of subsidiary transactions has never been easy.

1 애로점은 해외자회사가 너무 많다는 것입니다.
2 애로점은 자회사의 자료 제출이 항상 늦다는 것입니다.
3 연결함에 있어서 애로점은 계정과목 매핑이 애매하다는 점입니다.
4 애로점은 연결대상회사들이 동일한 회계프로그램을 안 쓴다는 것입니다.
5 애로점은 자회사 거래를 완벽히 파악하는 것이 항상 쉽지 않아왔다는 점입니다.

실전대화 한국어 부분을 영어로 바꿔 말해보세요.

1 A Why is the consolidation process always behind schedule?

  B 연결함에 있어서 애로점은 계정과목 매핑이 애매하다는 점입니다. Besides, it is hard to find an experienced candidate for consolidation since Mr. Jones left.

A 연결과정이 왜 항상 일정에 뒤처지나요?
B The issue in consolidation is that CoA mapping can be tricky. 게다가 Jones씨 퇴사 이후로 연결 경험이 풍부한 지원자가 거의 없습니다.

2 A To make a long story short, 애로점은 해외자회사가 너무 많다는 것입니다.

  B What if we implement a new system? Would that help?

A 짧게 말하면, the issue is that there are too many foreign subsidiaries.
B 새로운 시스템을 도입하면 어떨까요? 도움이 될까요?

---

extras

업무상식 ● **FSLI**(Financial Statement Line Item) 계정과목
재무제표의 한 line을 구성하는 항목, 즉 '계정과목'을 뜻한다.

We have significant influence, as ~.

~ 이므로 저희는 중대한 영향력을 가지고 있습니다.

특정한 이유로 투자회사가 피투자회사에 '중대한 영향력'을 가지고 있는 상황에서 쓰는 표현으로, as 다음에 이유가 되는 말을 덧붙여서 말해보자.

코어패턴   필요한 말을 넣어 패턴을 연습하세요.

1   **We have significant influence, as** the ownership percentage is above 20%.

2   **We have significant influence, as** we represent their board of directors.

3   **We have significant influence, as** intra-entity transactions are material.

4   **We have significant influence, as** we participate in their policy-making decisions.

5   **We have significant influence** over the investee, **as** they completely rely on our technology.

1 지분율이 20%를 초과하므로 저희는 중대한 영향력을 가지고 있습니다.
2 저희는 그들(피투자회사) 이사회를 대표하므로 저희는 중대한 영향력을 가지고 있습니다.
3 내부거래가 중요하므로 저희는 중대한 영향력을 가지고 있습니다.
4 저희가 그들(피투자회사) 정책의사결정에 참여하고 있으므로 저희는 중대한 영향력을 가지고 있습니다.
5 그들(피투자회사)은 저희 기술에 전적으로 의존하므로 저희는 중대한 영향력을 가지고 있습니다.

실전대화   한국어 부분을 영어로 바꿔 말해보세요.

1   A How come we have significant influence on Corporate DTL?
    B 내부거래가 중요하므로 저희는 중대한 영향력을 가지고 있습니다.

2   A Investment equity in Little Company? What is this about?
    B Extra cash was invested to Little. 지분율이 20%를 초과하므로 저희는 중대한 영향력을 가지고 있습니다.

1 A DTL사에 대해 저희가 중대한 영향력을 가지고 있는 이유가 뭔가요?
   B We have significant influence, as intra-entity transactions are material.

2 A Little 사에 대한 투자주식? 이는 무슨 내용인가요?
   B 여유자금이 Little사에 투자된 것입니다. We have significant influence, as the ownership percentage is above 20%.

pattern 284

What do you need it for? It's just a~.

왜 필요하신 거예요? 단지 ~인데요.

상대방이 요청한 자료 제출이 과하다고 생각될 때 되묻는 말이다.

코어패턴 필요한 말을 넣어 패턴을 연습하세요.

1 **What do you need it for?**

2 **What do you need it for? It's just a** quarterly review.

3 **What do you need it for? It's just a** biannual review.

4 **What do you need it for? It's just a** voluntary audit.

5 **What do you need it for? It's just an** informal reporting.

1 왜 필요하신 거예요?
2 왜 필요하신 거예요? 단지 분기 검토인데요.
3 왜 필요하신 거예요? 단지 반기검토인데요.
4 왜 필요하신 거예요? 단지 임의감사인데요.
5 왜 필요하신 거예요? 단지 비공식 보고인데요.

실전대화 한국어 부분을 영어로 바꿔 말해보세요.

1 A I think I also need the expense ledger sorted by individuals.

　B 왜 필요하신 거예요? 단지 임의감사인데요.

2 A Do you have the sales data itemized by product serial code?

　B 왜 필요하신 거예요? 단지 비공식 보고인데요.

A 개인별로 정리된 비용 원장도 필요해 보이네요.
B What do you need it for? It's just a voluntary audit.

A 제품 일련코드 기준으로 정리된 매출 자료 있으신지요?
B What do you need it for? It's just an informal reporting.

pattern
285

Bookkeeping is done by ~.

기장은 ~가 하고 있어요.

기장(장부작성)을 누가 수행하고 있는지 주체를 나타내는 표현이다. 회사가 영업 등의 활동은 직접 수행하지만, 이에 따른 기장은 아웃소싱할 수도 있기 때문에 이렇게 명시하는 경우가 있다.

코어패턴 필요한 말을 넣어 패턴을 연습하세요.

1 **Bookkeeping is done by** an accounting office.

2 **Bookkeeping is done by** a local tax accountant.

3 **Bookkeeping** for the SPC **is done by** professional bookkeepers.

4 **Bookkeeping** for the fund **is done by** ABC Partners.

5 **Bookkeeping** for this subsidiary **is done** internally.

1 기장은 회계법인 한 곳이 하고 있어요.
2 기장은 지역의 세무사가 하고 있어요.
3 SPC에 대한 기장은 전문 기장인력이 하고 있어요.
4 펀드에 대한 기장은 ABC 파트너스가 하고 있어요.
5 이 자회사에 대한 기장은 자체적으로 하고 있어요.

실전대화 한국어 부분을 영어로 바꿔 말해보세요.

1 A I have a question on the journal entry no.101.
   B 기장은 지역의 세무사가 하고 있어요. I don't have a clue about the journal entry you're talking about.

2 A Who keeps the books for this fund?
   B 펀드에 대한 기장은 ABC 파트너스가 하고 있습니다.

1 분개 101번에 대해 질문이 있는데요.
   Bookkeeping is done by a local tax accountant. 말씀하시는 분개에 대해 저는 아는 것이 없어요.

2 이 펀드에 대한 장부관리는 누가 하고 있어요?
   Bookkeeping for the fund is done by ABC Partners.

---

extras

업무상식 ● **SPC**(Special Purpose Company) 유동화전문회사

pattern 286

I understand we have recorded sufficient ~.

~를 충분히 계상해 놓았다고 판단하고 있습니다.

추정이 개입되는 충당금, 평가손실, 손상차손 등의 계정에 대해 감사인과 마찰이 있을 수 있다. 실무적으로 감사인이 충당금 등을 더 많이 계상해야 된다고 주장하는 경우, 회사 입장을 변호하는 상황에서 쓰는 표현이다.

코어패턴   필요한 말을 넣어 패턴을 연습하세요.

1   **I understand we have recorded sufficient** provisions.

2   **I understand we have recorded sufficient** impairment loss.

3   **I understand we have recorded sufficient** loss on valuation.

4   **I understand we have recorded sufficient** allowances for bad debts.

5   **I understand we have recorded sufficient** asset retirement obligation.

1 충당금을 충분히 계상해 놓았다고 판단하고 있습니다.
2 손상차손을 충분히 계상해 놓았다고 판단하고 있습니다.
3 평가손실을 충분히 계상해 놓았다고 판단하고 있습니다.
4 대손충당금을 충분히 계상해 놓았다고 판단하고 있습니다.
5 복구충당부채를 충분히 계상해 놓았다고 판단하고 있습니다.

실전대화   한국어 부분을 영어로 바꿔 말해보세요.

1   A The allowances should be increased to 200 million.

   B 충당금을 충분히 계상해 놓았다고 판단하고 있습니다. Besides, don't feel very comfortable with additional liabilities.

   A 충당부채가 2억으로 증가되어야 합니다.
   B I understand we have recorded sufficient provisions. 더 이상의 부채는 다소 부담스럽기도 하고요.

2   A 평가손실을 충분히 계상해 놓았다고 판단하고 있습니다. It's hard for us to accept your request.

   B The point I'm trying to make is that the assumptions applied are way too unrealistic.

   A I understand we have recorded sufficient loss on valuation. 요청하신 바를 수용하기는 어렵습니다.
   B 제가 말하고자 하는 점은 적용된 가정이 지나치게 비현실적이라는 것입니다.

---

extras

영어전달력   ● **provision / allowance** 충당금
두 단어 모두 '충당금'을 뜻한다. 의미상 특별한 차이가 없기 때문에 혼용할 수 있다.

pattern 287

It's hard to accept ~.

~를 수용하기는 어렵습니다.

현실적으로 수용하기 어려운 수준의 조정을 누군가(예를 들면, 감사인)가 요구할 때 이를 완곡하게 거절하는 표현이다.

코어패턴 필요한 말을 넣어 패턴을 연습하세요.

1. **It's hard to accept** an AR write-off.

2. **It's hard to accept** the 70% provision rate.

3. **It's hard to accept** an additional recognition of AP.

4. **It's hard to accept** an inventory quantity adjustment.

5. **It's hard to accept** the changes in useful life of machinery under the conditions we're in.

> 매출채권 제각을 수용하기는 어렵습니다.
> 충당금 설정률 70%를 수용하기는 어렵습니다.
> 매입채무 추가 계상을 수용하기는 어렵습니다.
> 재고수량 차이 조정을 수용하기는 어렵습니다.
> 기계장치 내용연수 변경을 수용하기는 저희 여건상 어렵습니다.

실전대화 한국어 부분을 영어로 바꿔 말해보세요.

1. A We need to write-off the AR on Zoomarket.

   B 매출채권 제각을 수용하기는 어렵습니다. History shows that the customer Zoomarket did actually pay us within 2 days from the date they promised.

   > Zoomarket 매출채권을 제각해야겠어요.
   > It's hard to accept an AR write-off. 과거 경험상 고객인 Zoomarket은 약속한 날짜 이틀 이내 실제로 저희에게 지급을 했습니다.

2. A Last but not least, we have additional provisions to be recognized.

   B 충당금 설정률 70%를 수용하기는 어렵습니다. We believe 70% puts a lot of pressure on the Collection Team and it gives out a very negative signal.

   > 마지막으로는 인식되어야 할 추가적 충당금이 있네요.
   > It's hard to accept the 70% provision rate. 70%는 회수팀에 큰 압박을 주고 매우 부정적인 신호를 내보내는 것이 된다고 생각해요.

Could we have ~ reflected ...?

~를 …에 반영해도 될까요?

제시된 수정사항을 이번 결산이 아닌 차기 결산에 반영해도 되는지 묻는 말이다.

코어패턴   필요한 말을 넣어 패턴을 연습하세요.

1   **Could we have** it **reflected** next time?

2   **Could we have** the journal entry **reflected** in 3Q?

3   **Could we have** the AR write-off **reflected** next quarter?

4   **Could we have** the decrease in fair value **reflected** next year?

5   **Could we have** the reclassification of cash **reflected** at the next closing?

1   이것을 다음번에 반영해도 될까요?
2   분개를 3분기에 반영해도 될까요?
3   매출채권 제각을 다음 분기에 반영해도 될까요?
4   공정가치 하락을 내년에 반영해도 될까요?
5   현금 계정재분류를 다음 결산에 반영해도 될까요?

실전대화   한국어 부분을 영어로 바꿔 말해보세요.

1   A Is the prepaid expense corrected?

   B 이것을 다음번에 반영해도 될까요? My boss will go nuts if she finds it out and it's also a very small amount.

2   A 매출채권 제각을 다음 분기에 반영해도 될까요? Guess it's too late to go over the closing process once again by now.

   B Okay, fine. Thank God, it's not the annual closing.

A 선급비용 수정이 되었나요?
B Could we have it reflected next time? 제 상사분이 이것을 알게되면 난리날 거예요. 그리고 매우 적은 금액이기도 하고요.

A Could we have the AR write-off reflected next quarter? 이제 와서 결산과정을 다시 하는 것은 너무 늦은 것 같아요.
B 네 알겠습니다. 연말 결산이 아니니 천만다행이네요.

~ has control over ....

··· 책임자는 ~입니다.

내부 통제의 권한이 지정된 경우, 책임자가 누구인지 나타내는 표현이다.

코어패턴 필요한 말을 넣어 패턴을 연습하세요.

1   Mr. Kim **has control over** the password.

2   Susan **has control over** the bankbook.

3   Cedric **has control over** the safe.

4   Hyunwoo **has** key **control over** the minutes.

5   Celine **has control over** the online security certificate.

1 비밀번호 책임자는 김부장님입니다.
2 통장 책임자는 Susan입니다.
3 금고 책임자는 Cedric입니다.
4 의사록 주책임자는 현우씨입니다.
5 공인인증서 책임자는 Celine입니다.

실전대화 한국어 부분을 영어로 바꿔 말해보세요.

1   A Onto the cash management, are you the one in charge?

    B 금고 책임자는 Jennie입니다. You may ask her.

2   A Who's responsible for the security card and the password?

    B Jeong-seon has the security card with him and 그분이 비밀번호 주책임자입니다.

A 이어서 현금관리인데요. 이거 담당하시나요?
B Jennie has control over the safe. 그녀에게 물어보세요.

A 보안카드와 비밀번호 책임자가 누구인가요?
B 정선씨가 보안카드를 가지고 있고요, he has key control over the password.

---

extras

업무상식   ● key(main) control 주책임

● sub control 부책임

pattern 290

~ doesn't seem normal to me.
~가 정상은 아닌 것 같은데요.

내부회계를 검토하면서 정상적이지 않은 점을 발견했을 때 잘못된 점을 지적하는 완곡한 표현이다.

코어패턴　　필요한 말을 넣어 패턴을 연습하세요.

1. This **doesn't seem normal to me.**
2. Leaving out the signature **doesn't seem normal to me.**
3. Disagreement between debit and credit **doesn't seem normal to me.**
4. Lack of an approval in the Payment process **doesn't seem normal to me.**
5. Having the same person work on both AR and AP **doesn't seem normal to me.**

1. 이것이 정상은 아닌 것 같은데요.
2. 서명 생략이 정상은 아닌 것 같은데요.
3. 차대 금액 간 차이 발생하는 것이 정상은 아닌 것 같은데요
4. Payment 프로세스에 승인이 없는 것이 정상은 아닌 것 같은데요.
5. AR 및 AP를 한 사람이 수행하는 것이 정상은 아닌 것 같은데요

실전대화　　한국어 부분을 영어로 바꿔 말해보세요.

1.
   A Signatures have been left out, as amounts are considered immaterial.
   B 이것이 정상은 아닌 것 같은데요.

   A 금액이 중요하지 않은 것으로 간주되어 서명이 생략되었습니다.
   B This doesn't seem normal to me.

2.
   A There are some vouchers where debit and credit don't agree to each other.
   B 차대 금액 간 차이 발생하는 것이 정상은 아닌 것 같은데요. There should be a control where debit and credit have to agree for a journal entry to go through.

   A 차변과 대변금액이 서로 일치하지 않는 전표들이 일부 있네요.
   B Disagreement between debit and credit doesn't seem normal to me. 분개가 통과되게끔 하기 위해 차변과 대변이 일치해야 하는 통제가 있어야 될 것 같아요.

◉◉◉◉◉◉ extras

영어전달력　● **leave out** 누락하다

실무에서는 실수로 빠뜨리거나 누락되는 상황이 주로 발생하기 때문에, '의도적으로 생략한다'는 의미가 강한 단어 omit보다는 leave out을 많이 쓴다. 의도적으로 생략한 경우라도 omit보다는 leave out intentionally라고 쓰는 것이 자연스럽다.

pattern 291

I think ~ needs improvement.
~에 대해 개선이 필요해보여요.

내부회계 및 통제에 대한 개선점을 말할 때 쓰는 표현이다.

코어패턴　　필요한 말을 넣어 패턴을 연습하세요.

1 **I think** corporate card policy **needs improvement.**

2 **I think** document approval process **needs improvement.**

3 **I think** cross-checking the financials **needs improvement.**

4 **I think** investigating AR overdue **needs improvement.**

5 **I think** segregation of duties between AP and Payment **needs improvement.**

　　법인카드 사용지침에 대해 개선이 필요해보여요
　　전표 결재 라인에 대해 개선이 필요해보여요
　　재무제표 상호간 검증에 대해 개선이 필요해보여요
　　기한경과 매출채권 검토에 대해 개선이 필요해보여요
　　AP와 Payment의 업무분장에 대해 개선이 필요해보여요

실전대화　　한국어 부분을 영어로 바꿔 말해보세요.

1　A 전표 결재 라인에 대해 개선이 필요해보여요. There are now way too many approvers on the process.

　　B Good point. This seemed to have slowed everything down.

2　A Moving onto internal control, what do you think?

　　B 기한 경과 매출채권 검토에 대해 개선이 필요해보여요. Not just the number of days overdue, but also the credit of the customer should be taken into account.

　　I think document approval process needs improvement. 현재 라인상으로는 지나치게 많은 결재자가 있어요.
　　좋은 말씀입니다. 이것 때문에 모든 것이 느려졌던 것 같아요.

　　자 이제 내부통제 차례인데요, 생각이 어떠신가요?
　　I think investigating AR overdue needs improvement. 기한 경과 일수뿐만 아니라 고객의 신용도 고려해야 된다고 보입니다.

---

extras

영어전달력　　● **document / voucher / slip** 전표

모두 일반적으로 '전표'를 지칭하는 단어지만, 회사마다 쓰는 정해진 용어가 있을 수 있다.

Upon review of internal control, ~ was found.

내부통제 검토 결과, ~이 발견되었습니다.

내부통제 검토 결과를 요약할 때 쓰는 표현이다.

코어패턴 필요한 말을 넣어 패턴을 연습하세요.

1 **Upon review of internal control,** 7 exceptions were **found.**

2 **Upon review of internal control**, 2 deficiencies were **found.**

3 **Upon review of internal control,** 1 significant deficiency was **found.**

4 **Upon review of internal control,** no material deficiency was **found.**

5 **Upon review of internal control,** no exceptions were **found.**

1 내부통제 검토 결과, 7건의 단순 예외사항이 발견되었습니다.
2 내부통제 검토 결과, 2건의 단순한 미비점이 발견되었습니다.
3 내부통제 검토 결과, 1건의 유의적 미비점이 발견되었습니다.
4 내부통제 검토 결과, 중요한 취약점이 발견되지 않았습니다.
5 내부통제 검토 결과, 예외사항이 발견되지 않았습니다.

실전대화 한국어 부분을 영어로 바꿔 말해보세요.

1 A What is the result of the review?
  B 내부통제 검토 결과, 3건의 단순 예외사항이 발견되었습니다.

2 A 내부통제 검토 결과, 예외사항이 발견되지 않았습니다.
  B That's strange. You mean there are neither exceptions nor deficiencies?

A 검토 결과가 어떻게 되나요?
B Upon review of internal control, 3 exceptions were found.

A Upon review of internal control, no exceptions were found.
B 이상하네요. 예외사항도 미비점도 없다는 말씀인가요?

pattern 293

Deficiency that stands out the most is ~.

가장 눈에 띄는 취약점은 ~입니다.

내부통제 검토결과 발견된 가장 중요한 미비점이나 취약점을 강조해서 말하는 표현이다.

코어패턴 필요한 말을 넣어 패턴을 연습하세요.

1 **Deficiency that stands out the most is** the lack of physical security.

2 **Deficiency that stands out the most is** the lack of control with placing orders.

3 **Deficiency that stands out the most is** the inadequate documentation of underlying transactions.

4 **Deficiency that stands out the most is** that the information system is dated and ineffective.

5 **Deficiency that stands out the most is** that job roles and responsibilities are not clearly defined.

1 가장 눈에 띄는 취약점은 물리적 보안의 부재입니다.
2 가장 눈에 띄는 취약점은 발주에 대한 통제 부재입니다.
3 가장 눈에 띄는 취약점은 기초거래에 대한 문서화 미비입니다.
4 가장 눈에 띄는 취약점은 정보시스템이 구식이고 비효과적인 점입니다.
5 가장 눈에 띄는 취약점은 직무 역할과 책임이 명확하게 정의되어 있지 않다는 점입니다.

실전대화 한국어 부분을 영어로 바꿔 말해보세요.

1 A 가장 눈에 띄는 취약점은 정보시스템이 구식인 점입니다.

   B How can it be fixed?

   A It'd be best if a new system can be implemented.

2 A Were there any deficiencies?

   B A couple. 가장 눈에 띄는 취약점은 발주에 대한 통제 부재입니다.

A Deficiency that stands out the most is that the information system is dated.
B 어떻게 해결하면 좋을까요?
A 새로운 시스템을 도입하는 것이 가장 좋을 것 같습니다.
A 취약점이 있었나요?
B 몇 건 있었습니다. Deficiency that stands out the most is the lack of control with placing orders.

세무

pattern
294

Are we eligible for ~?

저희 ~를 받을 수 있는 건가요?

세금신고를 할 때 특정 항목의 공제, 환급여부를 확인하는 질문 표현이다.

코어패턴　　필요한 말을 넣어 패턴을 연습하세요.

1　**Are we eligible for** a tax deduction?

2　**Are we eligible for** a tax credit?

3　**Are we eligible for** a tax refund?

4　**Are we eligible for** a deductible expense on this?

5　**Are we eligible for** a refund on the property tax?

1 저희 소득공제를 받을 수 있는 건가요?
2 저희 세액공제를 받을 수 있는 건가요?
3 저희 세금환급을 받을 수 있는 건가요?
4 이 건 관련 저희 손금인정을 받을 수 있는 건가요?
5 저희 재산세 환급받을 수 있는 건가요?

실전대화　　한국어 부분을 영어로 바꿔 말해보세요.

1　A 저희 소득공제를 받을 수 있는 건가요? It worries me.

　　B I'll look it up and find a way out to get it.

2　A I got a call from Mr. Choo, the director. 저희 재산세 환급받을 수 있는 건가요?

　　B I'm pretty sure we are. I've already talked to an officer at NTS.

A Are we eligible for a tax deduction? 걱정되네요.
B 찾아보고 받을 수 있는 방법을 찾도록 하겠습니다.

A 추이사님으로부터 전화받았는데요. Are we eligible for a refund on the property tax?
B 분명 받을 수 있을 것입니다. 국세청 사무관 한 분과 이미 얘기도 나눴어요.

---

extras

영어전달력　　● deduction / exemption 공제
둘 다 (소득)공제의 개념이다.

● **tax credit** 세액공제 / **tax refund** 환급
tax credit은 세금 자체를 뺄 수 '신용'이 생기는 것, 즉 세액 공제를 말한다. tax refund는 환불, 환급의 의미로 이미 낸 돈을 돌려받는 것을 말한다.

pattern 295

To claim tax deduction, ~.

공제 청구를 하기 위해서는 ~해야 합니다.

공제 청구를 하기 위해 취해야 하는 절차를 말하는 표현이다.

코어패턴　　필요한 말을 넣어 패턴을 연습하세요.

1　**To claim tax deduction,** expenses should be itemized.

2　**To claim tax deduction,** double entry bookkeeping is a must.

3　**To claim tax deduction,** a lease contract needs to be submitted.

4　**To claim tax deduction,** a vehicle log book needs to be prepared.

5　**To claim tax deduction,** invoice of withholding tax should be ready.

> 1 공제 청구를 하기 위해서는 비용을 항목별로 구분해야 합니다.
> 2 공제 청구를 하기 위해서는 복식부기 장부를 작성해야 합니다.
> 3 공제 청구를 하기 위해서는 임대차계약서를 제출해야 합니다.
> 4 공제 청구를 하기 위해서는 차량운행일지를 작성해야 합니다.
> 5 공제 청구를 하기 위해서는 원천징수영수증이 준비되어야 합니다.

실전대화　　한국어 부분을 영어로 바꿔 말해보세요.

1　A Are we eligible for a tax deduction on the lease expense?

　　B To a certain amount, yes. 공제 청구를 하기 위해서는 임대차계약서를 제출해야 합니다.

2　A 공제 청구를 하기 위해서는 비용을 항목별로 구분해야 합니다.

　　B How? Are you talking about specific expense groups?

　　A Use the Income Tax Form 1010 and list your deductions on Schedule A.

> 1 A 저희 임차료 소득공제를 받을 수 있나요?
> B 특정 금액까지는 가능합니다. To claim tax deduction, a lease contract needs to be submitted.

> 2 A To claim tax deduction, expenses should be itemized.
> B 어떤 식으로요? 구체적인 비용 그룹을 말씀하시는 건가요?
> A 소득세 양식 1010번을 사용해서 공제항목을 A표에 나열해보세요.

---

extras

영어전달력　　● **claim deduction** 공제 청구하다
영어에서는 '공제를 받는다'는 한국식 개념과는 달리 '공제를 청구한다'라고 쓴다.

● **schedule** 일정
schedule의 일반적 의미는 흔히 말하는 '스케줄, 일정'이라는 뜻이지만, 개념적으로는 뭔가가 '쭈욱 나열되어 있는 것'이다. 그래서 channel K schedule는 'K채널 편성표', tax rate schedule는 '세율표', Asset schedule은 '자산명세' 즉, 자산이 쭉 나열되어 있는 표라는 뜻으로 쓰인다.

pattern 296

The ~ filing is due ....
~ 신고기한은 …입니다.

세무 신고기한을 나타내는 표현이다.

코어패턴 필요한 말을 넣어 패턴을 연습하세요.

1 **The filing is due** March 31.

2 **The** final VAT **filing is due** July 25.

3 **The** income tax **filing is due** end of May.

4 **The** withholding tax **filing is due** 10th of the following month.

5 **The** capital gains tax **filing is due** the last day of 2 months from the date of transfer.

1 신고기한은 3월 31일입니다.
2 부가세 확정 신고기한은 7월 25일입니다.
3 소득세 신고기한은 5월 말입니다.
4 원천징수 신고기한은 다음달 10일입니다.
5 양도세 신고기한은 양도일이 속하는 달의 두 달 후 말일입니다.

실전대화 한국어 부분을 영어로 바꿔 말해보세요.

1 A Hi, Kelly. When should my tax filing be done by?

   B 소득세 신고기한은 5월 말입니다. You have about a week left.

2 A Hello, this is Jung-nam. I was expecting a call from you on VAT.

   B Hi, Jung-nam. 부가세 확정신고기한은 7월 25일입니다. I'll send you an email including documents which need to be submitted to us.

1 Kelly씨 안녕하세요. 제 세무신고를 언제까지 마무리하면 될까요?
  The income tax filing is due end of May. 약 일주일 남았네요.
2 여보세요. 정남입니다. 부가세 관련 전화 기다리고 있었어요.
  정남씨 안녕하세요. The final VAT filing is due July 25. 저희에게 제출할 문서가 포함된 이메일을 보내드릴게요.

pattern 297

You may get a deduction if ~.

~하면 소득공제를 받을 수 있어요.

소득공제에 대한 요건을 설명하는 표현이다.

코어패턴   필요한 말을 넣어 패턴을 연습하세요.

1.   **You may get a deduction if** you use your credit card.

2.   **You may get a deduction if** you have a family you support.

3.   **You may get a deduction if** there are education expenses for your children.

4.   **You may get a deduction if** you made donations to a specific organization.

5.   **You may get a deduction if** you have a copy of the tenancy contract ready.

1. 신용카드를 쓴다면 소득공제를 받을 수 있어요.
2. 부양가족이 있으면 소득공제를 받을 수 있어요.
3. 자녀에 대한 교육비가 있으면 소득공제를 받을 수 있어요.
4. 특정 기관에 대한 기부금이 있으면 소득공제를 받을 수 있어요.
5. 임대차계약서 사본이 있으면 소득공제를 받을 수 있어요.

실전대화   한국어 부분을 영어로 바꿔 말해보세요.

1.   A   What's the basic deduction about?

     B   You are entitled to deduct 1.5 million won on yourself and 부양가족이 있으면 추가 소득공제를 받을 수 있어요.

2.   A   What do I need to do to claim deduction?

     B   임대차계약서 사본이 있으면 소득공제를 받을 수 있어요.

A   기본공제가 무슨 말이에요?
B   본인에 대해 150만원 공제 가능하고요, you may get an extra deduction if you have a family you support.

A   공제받기 위해 제가 무엇을 해야 하나요?
B   You may get a deduction if you have a copy of the tenancy contract ready.

pattern
298

Penalties may be charged if ~.
~ 하면 가산세가 부과될 수 있습니다.

가산세가 부과되는 경우를 설명하는 상황에서 쓰는 표현이다.

코어패턴 필요한 말을 넣어 패턴을 연습하세요.

1 **Penalties may be charged if** you fail to file returns.

2 **Penalties may be charged if** you under-report income.

3 **Penalties may be charged if** you fail to pay taxes.

4 **Penalties may be charged if** the resident under-pays taxes.

5 **Penalties may be charged if** you do not maintain books and records.

1 무신고하면 가산세가 부과될 수 있습니다.
2 소득을 과소신고하면 가산세가 부과될 수 있습니다.
3 무납부하면 가산세가 부과될 수 있습니다.
4 거주자가 과소납부하면 가산세가 부과될 수 있습니다.
5 무기장하면 가산세가 부과될 수 있습니다.

실전대화 한국어 부분을 영어로 바꿔 말해보세요.

1 A Is there a way I can just leave out filing returns? Some people told me I can just ignore filing.

B Don't listen to them. That's not the right thing to do. 무신고하면 가산세가 부과될 수 있습니다.

2 A Make sure that every item in sales is on the list. 소득을 과소신고하면 가산세가 부과될 수 있습니다.

B I'll double check and let you know.

A 신고를 생략할 수 있는 방법이 있을까요? 누군가 제게 말하길 신고를 무시해도 된다고 해서요.
B 그들 말 듣지 마세요. 그건 옳지 않은 일이에요. Penalties may be charged if you fail to file returns.

A 매출 각각의 모든 항목이 목록에 포함될 수 있게 확실하게 해주세요. Penalties may be charged if you under-report income.
B 다시 확인해보고 알려드리겠습니다.

---

extras

영어전달력 ● **tax return** 세무신고
return의 명사적 의미는 '돌려주는 것'으로, 한 해 동안 국가라는 곳에서 사업 혹은 일을 했으니 정부에 돌려주는 것, 즉, '세무신고'가 된다. '세금환급'을 뜻하는 tax refund과 혼동하면 안 된다. 그리고 '세무수익'이라는 개념도 아니니 주의하자.

pattern 299

Best way to avoid a tax audit is ~.

세무조사를 피하는 가장 좋은 방법은 ~입니다.

세무조사를 합법적으로 피하는 방법을 조언하는 표현이다.

코어패턴 필요한 말을 넣어 패턴을 연습하세요.

1 **Best way to avoid a tax audit is** to be honest.

2 **Best way to avoid a tax audit is** to use credit cards instead of cash.

3 **Best way to avoid a tax audit is** to check your numbers over and over again.

4 **Best way to avoid a tax audit is** to have all documentation ready backing up deductions.

5 **Best way to avoid a tax audit is** to include explanations for inconsistencies from previous years' returns.

1 세무조사를 피하는 가장 좋은 방법은 성실신고를 하는 것입니다.
2 세무조사를 피하는 가장 좋은 방법은 현금이 아닌 신용카드를 쓰는 것입니다.
3 세무조사를 피하는 가장 좋은 방법은 숫자를 실수 없이 재차 확인하는 것입니다.
4 세무조사를 피하는 가장 좋은 방법은 공제를 뒷받침하는 모든 증빙을 갖추어 놓는 것입니다.
5 세무조사를 피하는 가장 좋은 방법은 전기 신고와 상이한 내역에 대해 설명을 포함하는 것입니다.

실전대화 한국어 부분을 영어로 바꿔 말해보세요.

1 A You must be very knowledgeable in avoiding taxes.
   B I don't think there's a way around. 세무조사를 피하는 가장 좋은 방법은 성실신고를 하는 것입니다.

2 A Any advice you may have for the upcoming tax audit?
   B 세무조사를 피하는 가장 좋은 방법은 숫자를 실수 없이 재차 확인하는 것입니다.

A 세금을 피하는 데 있어서 전문가이시 겠어요.
B 피하는 방법은 없는 것 같아요. Best way to avoid a tax audit is to be honest.

A 곧 있을 세무조사 관련 조언을 구할 수 있을까요?
B Best way to avoid a tax audit is to check your numbers over and over again.

pattern 300

To reduce taxes, we should ~.

절세를 위해서는 ~하는 것이 유리합니다.

절세 방안을 의논하는 상황에서 쓰는 표현이다.

코어패턴　필요한 말을 넣어 패턴을 연습하세요.

1　**To reduce taxes, we should** maintain books and records.

2　**To reduce taxes, we should** have expense vouchers organized.

3　**To reduce taxes, we should** switch from an individual to a corporate.

4　**To reduce taxes, we should** put off the transfer as much as possible.

5　**To reduce taxes, we should** have rules for fringe benefits and entertainment expenses ready.

1 절세를 위해서는 장부를 기장해 놓는 것이 유리합니다.
2 절세를 위해서는 비용증빙을 잘 챙겨놓는 것이 유리합니다.
3 절세를 위해서는 개인에서 법인으로 전환하는 것이 유리합니다.
4 절세를 위해서는 양도시기를 최대한 늦추는 것이 유리합니다.
5 절세를 위해서는 복리후생비와 접대비 규정을 만들어 놓는 것이 유리합니다.

실전대화　한국어 부분을 영어로 바꿔 말해보세요.

1　A I recently opened up another small business and what do we need to do to minimize taxes?

　B First of all, 절세를 위해서는 장부를 기장해 놓는 것이 유리합니다.

2　A As an individual business, I think the taxes are pretty high.

　B 절세를 위해서는 개인에서 법인으로 전환하는 것이 유리합니다. Switching to a corporate means we are exposed to hundreds of regulations, though.

A 최근 작은 사업을 또 하나 시작했는데요, 세금을 최소화하려면 무엇을 해야 하나요?
B 우선적으로, to reduce taxes, we should maintain books and records.

A 개인사업자 치고는 세금이 꽤 많이 나오는 것 같아요.
B To reduce taxes, we should switch from an individual to a corporate. 다만, 법인으로 전환하면 수많은 규제에 노출되게 됩니다.

pattern 301

~ is a frequently overlooked tax break.

~는 놓치기 쉬운 공제에 해당합니다.

세금 공제에서 납세자가 자주 놓치는 공제를 알리는 표현이다.

코어패턴   필요한 말을 넣어 패턴을 연습하세요.

1   Input tax for staff get-together **is a frequently overlooked tax break.**

2   Input tax for communication expenses **is a frequently overlooked tax break.**

3   Deduction for the handicapped having a severe disease **is a frequently overlooked tax break.**

4   Credit card deduction for parents not older than 60 years of age **is a frequently overlooked tax break.**

5   Deduction for the spouse's parent as a result of marrying a foreigner **is a frequently overlooked tax break.**

1   직원 회식 관련 매입세액은 놓치기 쉬운 공제에 해당합니다.
2   통신비 관련 매입세액은 놓치기 쉬운 공제에 해당합니다.
3   중증환자 장애인공제는 놓치기 쉬운 공제에 해당합니다..
4   60세 미만 부모의 신용카드 공제는 놓치기 쉬운 공제에 해당합니다.
5   국제결혼으로 인한 배우자의 부모 공제는 놓치기 쉬운 공제에 해당합니다.

실전대화   한국어 부분을 영어로 바꿔 말해보세요.

1   A   What common mistakes are there?

     B   직원 회식 관련 매입세액은 놓치기 쉬운 공제에 해당합니다. Make sure you don't miss it.

2   A   Any tax advice you may have for people married to a foreigner?

     B   국제결혼으로 인한 배우자의 부모 공제는 놓치기 쉬운 공제에 해당합니다.

A   공통적으로 저지르는 실수에는 뭐가 있나요?
B   Input tax for staff get-together is a frequently overlooked tax break. 꼭 놓치지 않도록 하세요.

A   국제결혼한 사람들을 위한 세무 자문 혹시 있나요?
B   Deductions for the spouse's parent as a result of marrying a foreigner is a frequently overlooked tax break.

---

extras

영어전달력
- **output tax** 매출세액(매출은 외부로 하는 것이므로 output)
- **input tax** 매입세액(매입하면 내부로 귀속되므로 input)

We'll have our taxable income deferred by ~.

~함으로써 과세소득을 이연할 수 있을 것입니다.

당해 이익 규모가 커서 과세소득도 큰 경우, 이는 큰 세부담으로 이어진다. 세부담을 줄이기 위해 과세소득을 이연하는 방법을 고려해볼 수 있다.

코어패턴 필요한 말을 넣어 패턴을 연습하세요.

1 **We'll have our taxable income deferred by** writing off receivables.

2 **We'll have our taxable income deferred by** eliminating obsolete inventory.

3 **We'll have our taxable income deferred by** using accelerated depreciation.

4 **We'll have our taxable income deferred by** acquiring assets sooner than is necessary.

5 **We'll have our taxable income deferred by** setting a higher capitalization limit for fixed assets.

1 미수채권을 제각함으로써 과세소득을 이연할 수 있을 것입니다.
2 진부화 재고를 제거함으로써 과세소득을 이연할 수 있을 것입니다.
3 가속상각법을 적용함으로써 과세소득을 이연할 수 있을 것입니다.
4 필요한 시점보다 이른 때에 자산을 취득함으로써 과세소득을 이연할 수 있을 것입니다.
5 고정자산의 자본화 한도를 높게 책정함으로써 과세소득을 이연할 수 있을 것입니다.

실전대화 한국어 부분을 영어로 바꿔 말해보세요.

1 A Let's get rid of the obsolete inventory as of end of December.
   B Sounds good. 진부화 재고를 제거함으로써 과세소득을 이연할 수 있을 것입니다.

2 A We need to make a decision on the depreciation method. What if we go with declining balance?
   B I agree. 가속상각법을 적용함으로써 과세소득을 이연할 수 있을 것입니다.

1 12월 말일 자로 진부화 재고를 없애버리도록 합시다.
2 좋습니다. We'll have our taxable income deferred by eliminating obsolete inventory.

1 감가상각방법에 대해 결정을 내려야 합니다. 정률법으로 하면 어떨까요?
2 동의합니다. We'll have our taxable income deferred by using accelerated depreciation.

This business is a ~ taxpayer.

이 업체는 ~사업자입니다.

부가세에 있어서 사업자의 종류를 나타내는 표현이다.

코어패턴   필요한 말을 넣어 패턴을 연습하세요

1   **This business is a** general **taxpayer.**

2   **This business is a** simplified **taxpayer.**

3   **This business is a** tax-exempt **taxpayer.**

4   **This business is a** zero-rate **taxpayer.**

1 이 업체는 일반과세 사업자입니다.
2 이 업체는 간이과세 사업자입니다.
3 이 업체는 면세 사업자입니다.
4 이 업체는 영세율 사업자입니다.

실전대화   한국어 부분을 영어로 바꿔 말해보세요.

1   A What taxpayer is Happy&Company?

　　 B 이 업체는 간이과세 사업자입니다. They started their business 2 months ago and expect to generate a return less than 1 million this year.

A 해피앤컴퍼니 무슨 과세사업자예요?
B This business is a simplified taxpayer. 두 달 전 사업을 시작했고, 올해 1백만 미만의 수익을 예상하고 있습니다.

2   A No output tax for IOI Corp.?

　　 B 이 업체는 면세 사업자입니다. They have been appointed tax-exempt by Seoul Metropolitan Government.

A IOI사는 매출세액이 없나요?
B This business is a tax-exempt taxpayer. 서울시로부터 면세로 선정된 업체입니다.

pattern 304

Input tax cannot be claimed if ~.
~하면 매입세액 공제를 받을 수 없어요.

매입세액 공제를 받을 수 없게 되는 경우를 설명하는 표현이다.

코어패턴 필요한 말을 넣어 패턴을 연습하세요.

1 **Input tax cannot be claimed if** you file late.

2 **Input tax cannot be claimed if** expense vouchers are missing.

3 **Input tax cannot be claimed if** expenses are not business related.

4 **Input tax cannot be claimed if** you are not registered on NTS.

5 **Input tax cannot be claimed if** the supplier comes up with just a purchase order confirmation.

1 지연 신고를 하면 매입세액 공제를 받을 수 없어요.
2 비용증빙이 없으면 매입세액 공제를 받을 수 없어요.
3 비용이 사업과 관련이 없다면 매입세액 공제를 받을 수 없어요.
4 국세청에 등록이 되어 있지 않으면 매입세액 공제를 받을 수 없어요.
5 공급자가 단지 주문확인서를 제시하면 매입세액 공제를 받을 수 없어요.

실전대화 한국어 부분을 영어로 바꿔 말해보세요.

1 A Were you looking for me?

B Some vouchers cannot be found and as you know, 비용증빙이 없으면 매입세액 공제를 받을 수 없어요.

2 A There are things you need to prepare to claim input tax. 비용이 사업과 관련이 없다면 매입세액 공제를 받을 수 없어요.

B What are they?

A Be prepared to take some pictures and attach them on the claim along with the agenda. It needs to look business related, at least.

A 저 찾으셨나요?
B 일부 증빙을 찾을 수가 없네요. 아시다시피 input tax cannot be claimed if expense vouchers are missing.

A 매입세액 공제를 신청하기 위해 준비하셔야 할 일이 있습니다. Input tax cannot be claimed if expenses are not business related.
B 무엇을 해야 하나요?
A 사진을 찍고, 일정표와 같이 신청서상에 첨부할 수 있도록 해주세요. 신청서상으로 최소한 사업관련성이 있게 보여야 합니다.

---

extras

영어전달력 ● **claim** 신청하다
한국의 개념은 '공제를 받는' 것이지만, 영미권에서는 '공제를 신청하는' 개념이다. 따라서 receive를 쓰지 않고, 납세자가 신청을 해서 권리를 챙겨야 하는 의미로 claim을 쓴다.

~ is deductible input tax.

~한 것은 매입세액공제 가능합니다.

매입세액 공제가 가능한 항목을 말해보자.

코어패턴 필요한 말을 넣어 패턴을 연습하세요.

1 Purchase from a general taxpayer **is deductible input tax.**

2 Receiving tax invoices **is deductible input tax.**

3 Expenditure for fringe benefits **is deductible input tax.**

4 Providing meals on a staff picnic **is deductible input tax.**

5 Purchasing office equipment **is deductible input tax.**

1 일반과세자로부터 매입한 것은 매입세액공제 가능합니다.
2 세금계산서를 수취한 것은 매입세액공제 가능합니다.
3 복리후생 성격으로 지출한 것은 매입세액공제 가능합니다.
4 직원들 야유회에 식사 제공한 것은 매입세액공제 가능합니다.
5 사무실 비품 구입한 것은 매입세액공제 가능합니다.

실전대화 한국어 부분을 영어로 바꿔 말해보세요.

1 A I wonder whether our purchases from our wholesalers are deductible.
   B Generally speaking, 일반과제자로부터 매입한 것은 매입세액 공제 가능합니다.

A 저희 도매업자들로부터 매입한 것들이 공제가능한지 궁금하네요.
B 일반적으로 말씀드리면, purchase from a general taxpayer is deductible input tax.

2 A The staff picnic is just around the corner!
   B 직원들 야유회에 식사 제공한 것은 매입세액 공제 가능합니다. Please make sure to ask for receipts even if you have to buy something in cash.

A 직원 야유회가 코앞으로 다가왔네요!
B Providing meals on a staff picnic is deductible input tax. 비록 피치 못할 사정으로 현금으로 구매하는 경우에도 영수증을 꼭 챙겨주세요.

pattern
306

~ is subject to withholding tax.

~는 원천징수 대상입니다.

급여, 강연료 등과 같이 원천징수 대상인 소득을 말할 때 쓰는 표현이다.

코어패턴 필요한 말을 넣어 패턴을 연습하세요.

1   Wage and salary income **is subject to withholding tax.**

2   Interest and dividend income **is subject to withholding tax.**

3   Wage income for daily workers **is subject to withholding tax.**

4   Salary for freelance foreign English teachers **is subject to withholding tax.**

5   Temporary remuneration from lecturing **is subject to withholding tax.**

1 근로소득은 원천징수 대상입니다.
2 이자 및 배당소득은 원천징수 대상입니다.
3 일용근로자소득은 원천징수 대상입니다.
4 프리랜스 외국인 영어강사에 대한 급여는 원천징수 대상입니다.
5 일시적 강연료 소득은 원천징수 대상입니다.

실전대화 한국어 부분을 영어로 바꿔 말해보세요

1   A How come I only got about 19 thousand in my account instead of 20?

B 일용근로자소득은 원천징수 대상입니다. That's why 3.3% was withheld.

2   A Are there any taxes on my interest income?

B 이자소득은 원천징수 대상입니다. 14% and an inhabitant tax of 1.4%, making a total of 15.4% will be withheld.

1 A 2만 대신 약 1만 9천만 제 계좌에 들어온 이유가 뭔가요?
B Wage income for daily workers is subject to withholding tax. 따라서 3.3%가 원천징수 되었습니다.

2 A 제 이자소득에 세금이 붙나요?
B Interest income is subject to withholding tax. 14% 및 주민세 1.4%, 총 15.4%가 원천징수될 것입니다.

pattern 307

~% is to be withheld from ....

~% 가 …에서 원천징수될 예정입니다.

원천징수세율과 소득을 알려주는 표현이다.

코어패턴 필요한 말을 넣어 패턴을 연습하세요.

1 3.3% **is to be withheld from** hourly wages.

2 10% **is to be withheld from** monthly pay.

3 15% **is to be withheld from** salary.

4 15% **is to be withheld from** interest revenue.

5 20% **is to be withheld from** other income.

1 3.3%가 시급에서 원천징수될 예정입니다.

2 10%가 월급에서 원천징수될 예정입니다.

3 15%가 급여에서 원천징수될 예정입니다.

4 15%가 수입이자에서 원천징수될 예정입니다.

5 20%가 기타소득에서 원천징수될 예정입니다.

실전대화 한국어 부분을 영어로 바꿔 말해보세요

1 A What would be the amount of my monthly pay after taxes?

   B Considering the 4 social insurance programs, 11%가 월급에서 원천징수될 예정입니다.

2 A I earned some income from temporary lecturing. How is it going to be taxed?

   B It falls under other income. 20%가 원천징수될 예정입니다.

A 제 세후 월급 금액이 얼마 정도가 될까요?

B 4대보험을 고려했을 때, 11% is to be withheld from monthly pay.

A 일시적 강연으로 인해 소득을 올릴 것이 있는데요. 이게 어떤 식으로 과세가 될런지요?

B 이는 기타소득에 해당됩니다. 20% is to be withheld.

We pay ~ to our ....

저희는 …에게 ~를 지급하고 있습니다.

인건비를 누구에게 얼마만큼 지급하고 있다는 설명이다.

코어패턴 필요한 말을 넣어 패턴을 연습하세요.

1   **We pay** nothing **to our** interns.

2   **We pay** 50,000 won daily **to our** part-timers.

3   **We pay** 70,000 dollars annually **to our** managers.

4   **We pay** an hourly wage of 8,000 won **to our** cleaners.

5   **We pay** 2 million won monthly **to our** non-regular
    workers.

1. 저희는 인턴에게 수당을 지급하지
   않습니다.
2. 저희는 알바생에게 일급 5만원을
   지급하고 있습니다.
3. 저희는 매니저들에게 연봉 7만 달러를
   지급하고 있습니다.
4. 저희는 청소부에게 시급 8천원을
   지급하고 있습니다.
5. 저희는 비정규직에게 월급 2백만원을
   지급하고 있습니다.

실전대화 한국어 부분을 영어로 바꿔 말해보세요.

1   A What about the interns? No wages for them at all?

    B No. 저희는 인턴에게 수당을 지급하지 않습니다.

2   A How much is the salary for managers?

    B 저희는 매니저들에게 연봉 7천만원을 지급하고 있습니다.

1. 인턴들의 경우에는 어떤가요? 전혀
   급여가 지급되지 않나요?
2. 네. We pay nothing to our interns.

1. 매니저들에 대한 연봉은 얼마인가요?
2. We pay 70 million won annually
   to our managers.

---

extras

영어전달력   ● **wage** 임금

wage는 주로 시간당 임금을 지칭한다. 그래서 hourly wages라고 쓰기도 한다. 반면 salary는 주로 연봉으로 받는
임금을 뜻하기 때문에 회사원을 salaryman이라고 칭한다. 사전적 의미차이는 있지만 명확하게 구분해서 쓰지 않고
혼용하는 경우도 많다.

pattern 309

Staff are entitled to ~ leave.

직원들에게 ~를 주고 있습니다.

인건비에 대해 논의할 때 직원들에게 부여되는 휴가를 설명하는 표현이다.

코어패턴   필요한 말을 넣어 패턴을 연습하세요.

1   **Staff are entitled to** a one day **leave.**

2   **Staff are entitled to** one day of monthly **leave.**

3   **Staff are entitled to** 15 days of annual paid **leave.**

4   **Staff are entitled to** 3 months of maternity paid **leave.**

5   **Staff are entitled to** 5 days of unpaid **leave.**

6   **Staff are entitled to** sick **leave** when necessary.

1 직원들에게 하루의 휴가를 주고 있습니다.
2 직원들에게 하루의 월차를 주고 있습니다.
3 직원들에게 15일의 연차유급휴가를 주고 있습니다.
4 직원들에게 3개월의 출산유급휴가를 주고 있습니다.
5 직원들에게 5일의 무급휴가를 주고 있습니다.
6 직원들에게 필요시 병가를 주고 있습니다.

실전대화   한국어 부분을 영어로 바꿔 말해보세요.

1   A   How many holidays are there for the staff?

      B   직원들에게 하루의 유급월차를 주고 있습니다, which abides by the Korean law.

2   A   직원들에게 3개월의 출산유급휴가를 주고 있습니다.

      B   Are there any changes in withholding for wages paid during the maternity leave?

A 직원들에게 며칠의 휴가를 주고 있나요?
B Staff are entitled to one day of monthly paid leave, 이는 한국법을 준수하는 것입니다.

A Staff are entitled to 3 months' of maternity paid leave.
B 출산휴가 중 지급된 임금에 대해 원천징수에 변동이 있나요?

~ is non-deductible.
~는 손금불산입 항목입니다.

손금 인정을 받을 수 없는 손금불산입 항목을 말할 때 쓰는 표현이다.

코어패턴　필요한 말을 넣어 패턴을 연습하세요.

1　Corporate tax **is non-deductible.**

2　Penalties and fines **are non-deductible.**

3　Loss on inventory valuation **is non-deductible.**

4　Interests paid to an unknown creditor **are non-deductible.**

5　Refund on corporate tax is **non-taxable.**

1　법인세비용은 손금불산입 항목입니다.
2　가산세와 벌과금은 손금불산입 항목입니다.
3　재고자산평가감은 손금불산입 항목입니다.
4　채권자불분명이자는 손금불산입 항목입니다.
5　법인세 환급금은 익금불산입 항목입니다.

실전대화　한국어 부분을 영어로 바꿔 말해보세요.

1　A There is a parking ticket expensed in the closing.
　　As you may be aware, 가산세와 벌과금은 손금불산입 항목입니다.
　B Sorry for the trouble.

2　A It looks like the most common tax adjustment is missing.
　B What do you mean?
　A 법인세비용은 손금불산입 항목입니다.

A 마감상 주차 위반 딱지가 비용처리되어 있네요. 충분히 잘 아시겠지만, penalties and fines are non-deductible.
B 이런 일이 발생하게 되어 죄송합니다.

A 가장 흔한 세무조정사항이 빠진 것 같군요.
B 무슨 말씀이신가요?
A Corporate tax is non-deductible.

---

extras

영어전달력　● **deductible** 손금산입 / **taxable** 익금산입

deductible과 taxable은 각각 '뺄 수 있는 (것)'과 '과세되는 (것)'의 의미 차이가 있다. 즉, 손금산입(항목)과 익금산입(항목)의 개념이다.

pattern 311

There are limits on deductible ~.

~ 관련 손금인정에 한도가 있어요.

접대비, 기부금 등 손금인정에 한도가 있는 항목들 관련 표현이다.

코어패턴   필요한 말을 넣어 패턴을 연습하세요.

1   **There are limits on deductible** entertainment expenses.

2   **There are limits on deductible** depreciation expenses.

3   **There are limits on deductible** designated donations.

4   **There are limits on deductible** executive bonus.

5   **There are limits on deductible** retirement benefit provisions.

1　접대비 관련 손금인정에 한도가 있어요.
2　감가상각비 관련 손금인정에 한도가 있어요.
3　지정기부금 관련 손금인정에 한도가 있어요.
4　임원상여 관련 손금인정에 한도가 있어요.
5　퇴직급여충당금 관련 손금인정에 한도가 있어요.

실전대화   한국어 부분을 영어로 바꿔 말해보세요.

1   A I bought two concert tickets and gave them to a client. Are they deductible?

　B 접대비 관련 손금인정에 한도가 있어요. It's usually 50% of what was spent.

2   A The CEO made some donations to a child care center and he'd like to know whether it's deductible.

　B It sounds like a designated donation. 지정기부금 관련 손금인정에 한도가 있어요. Let me find out how much approximately is deductible.

A　공연 티켓 두 장을 구입해서 고객한테 선물했는데요. 공제 가능한가요?
B　There are limits on deductible entertainment expenses. 보통 지출된 금액의 50%입니다.

A　회장님께서 아동복지시설 한 곳에 기부를 하셨는데요. 이것이 공제 가능한지 궁금해 하십니다.
B　지정기부금인 것 같군요. There are limits on deductible designated donations. 대략 얼마 공제 가능한지 알아볼게요.

---

extras

업무상식
- **designated donation** 지정기부금
- **statutory donation** 법정기부금
- **political fund donation** 정치자금기부금
- **special donation** 특례기부금

pattern 312

This tax adjustment affects ~.

이 세무조정은 ~에 영향을 미칩니다.

세무조정사항이 미칠 영향을 설명하는 표현이다.

코어패턴 필요한 말을 넣어 패턴을 연습하세요.

1 **This tax adjustment affects** our temporary difference.

2 **This tax adjustment affects** the income tax of the CEO.

3 **This tax adjustment affects** our loss carried forward.

4 **This tax adjustment affects** our executive dividend income tax.

5 **This tax adjustment does not affect** our taxable income.

1 이 세무조정은 저희 일시적 차이에 영향을 미칩니다.

2 이 세무조정은 대표이사 소득세에 영향을 미칩니다.

3 이 세무조정은 저희 이월결손금에 영향을 미칩니다.

4 이 세무조정은 저희 임원 배당소득세에 영향을 미칩니다.

5 이 세무조정은 저희 과세소득에 영향을 미치지 않습니다.

실전대화 한국어 부분을 영어로 바꿔 말해보세요.

1 A There was some amount that exceeded the depreciation limit, thus adjusted as non-deductible.

B 그렇다면 이 세무조정은 저희 일시적 차이에 영향을 미치겠네요.

2 A The tax accountants made a tax adjustment on the executive bonus and 이 세무조정은 대표이사 소득세에 영향을 미칩니다.

B How big is the financial impact?

A 감가상각 한도 초과액이 약간 있어서 손금불산입으로 조정되었습니다.

B This tax adjustment will affect our temporary difference then.

A 세무사들이 임원 상여에 대해 세무조정을 했고요 this tax adjustment affects the income tax of the CEO.

B 재무적 영향이 얼마나 큰가요?

pattern
313

We benefited from ~.

저희는 ~ 혜택을 보았습니다.

한시적인 공제, 감면 등으로 인하여 세무상 혜택을 봤다고 말하는 표현이다.

코어패턴 필요한 말을 넣어 패턴을 연습하세요.

1 **We benefited from** the energy tax credit.

2 **We benefited from** acquiring inventory at no cost.

3 **We benefited from** getting extra period for the filings.

4 **We benefited from** getting exempt from penalties.

5 **We benefited from** having our loss carryforwards deducted.

1 저희는 에너지 세액공제 혜택을 보았습니다.
2 저희는 재고자산 무상취득 혜택을 보았습니다.
3 저희는 신고 기한 연장 혜택을 보았습니다.
4 저희는 가산세 면제 혜택을 보았습니다.
5 저희는 이월결손금을 공제 혜택을 보았습니다.

실전대화 한국어 부분을 영어로 바꿔 말해보세요.

1 A What was the biggest tax credit we had last year?

   B The energy. We installed an energy efficient system in our factories. 따라서 저희는 에너지 세액 공제 혜택을 보았습니다.

2 A Could you let us know what happened to the penalties?

   B Nobody in the company knew, and no one told us that we got penalties from the IRS. But thanks to the new bill, 저희는 가산세 면제 혜택을 보았습니다.

A 작년 저희가 받은 가장 큰 세액공제가 뭐였나요?
B 에너지요. 공장에 에너지 효율적 시스템을 설치했는데요. Therefore, we benefited from the energy tax credit.

A 가산세는 어떻게 된 것인지 알려주시겠어요?
B 국세청으로부터 가산세를 부과받았다는 것을 회사 내 아무도 몰랐고요, 누구도 저희에게 알려주질 않았어요. 하지만 새로운 법안으로 인해, we benefited from getting exempt from penalties.

In corporate tax, we have an issue on ~.

법인세상 ~ 이슈가 있어요.

법인세상 특정한 항목 관련 이슈가 있음을 알리는 표현이다.

코어패턴　　필요한 말을 넣어 패턴을 연습하세요.

1　**In corporate tax, we have an issue on** claiming a refund.

2　**In corporate tax, we have an issue on** tax penalties.

3　**In corporate tax, we have an issue on** classification of donations.

4　**In corporate tax, we have an issue on** computing a reasonable deemed rent.

5　**In corporate tax, we have an issue on** executive bonus being non-deductible.

1 법인세상 경정청구 이슈가 있어요.
2 법인세상 가산세 이슈가 있어요.
3 법인세상 기부금 분류 이슈가 있어요.
4 법인세상 적정 간주임대료 산정 이슈가 있어요.
5 법인세상 임원상여 손금불산입 이슈가 있어요.

실전대화　　한국어 부분을 영어로 바꿔 말해보세요.

1　A 법인세상 올해는 기부금 분류 이슈가 있어요.

　　B What is the potential impact?

　　A The deductible amount may vary up to 500 million depending on the classification. We're trying our best to get ourselves heard.

2　A Everything okay with you? What's the matter?

　　B 법인세상 가산세 이슈가 있어요. Quite a big amount of an income has been under-reported.

A In corporate tax, we have an issue on classification of donations this year.
B 그로 인한 잠재적 영향은 어떻게 되나요?
A 분류에 따라 공제액이 5억원 정도 달라질 수 있습니다. 저희는 최선을 다해 저희 입장을 관철시키고자 하고 있습니다.

A 괜찮으신 거예요? 무슨 일이에요?
B In corporate tax, we have an issue on tax penalties. 꽤 큰 금액의 소득이 과소신고됐어요.

pattern 315

Temporary differences are from ~ (and will be reversed ...).

일시적 차이는 ~ 관련된 것이며, (…에 추인될 예정입니다.)

일시적 차이의 원천 및 추인 예정 시기와 관련된 표현이다.

코어패턴 필요한 말을 넣어 패턴을 연습하세요.

1 **Temporary differences are from** AFS.

2 **Temporary differences are from** trading securities **and will be reversed** upon disposal.

3 **Temporary differences are from** golf membership **and will be reversed** upon transfer.

4 **Temporary differences are from** bad debt allowances **and will be reversed** in the following fiscal year.

5 **Temporary differences are from** inventory **and will be reversed** upon sale.

1 일시적 차이는 매도가능증권 관련된 것입니다.
2 일시적 차이는 단기매매증권 관련된 것이며, 처분시에 추인될 예정입니다.
3 일시적 차이는 골프 회원권 관련된 것이며, 양도시에 추인될 예정입니다.
4 일시적 차이는 대손충당금 관련된 것이며, 다음 회계연도에 추인될 예정입니다.
5 일시적 차이는 재고 관련된 것이며, 판매시 추인될 예정입니다.

실전대화 한국어 부분을 영어로 바꿔 말해보세요.

1 A What are the temporary differences in regard to?
  B 일시적 차이는 충당부채 관련된 것입니다. It's the only temporary difference we have.

2 A 일시적 차이는 미수수익 관련된 것이며, 다음 회계연도에 추인될 예정입니다. It's one of the regular adjustments.
  B I see. Do we have any other new temporary difference?

A 일시적 차이는 무엇에 관한 것인가요?
B Temporary differences are from provisions. 저희가 가지고 있는 유일한 일시적 차이입니다.

A Temporary differences are from accrued revenues and will be reversed in the following fiscal year. 단골로 나오는 조정 중 하나입니다.
B 그렇군요. 신규 발생 일시적 차이가 또 있나요?

---

extras

업무상식 ● **AFS securities** 매도가능증권

코어패턴 1번에서는 AFS 뒤에 securities(증권)가 생략되었다.

부록

업무에 반드시 필요한 기초 용어 정리

이 책에 나오는 코어패턴과 실전대화는 실제 업무를 바탕으로 구성했기 때문에 업무에서 반드시 접하는 용어와 줄임말(두문자)이 자주 등장합니다. 업무 대화는 기본적인 전문용어를 알고 있다고 전제하고 진행되기 때문에 미리 익혀두고 소리내서 직접 말해보는 연습이 꼭 필요합니다. 어떻게 발음하는지 궁금한 단어는 아래 제시한 사이트를 검색해서 다양한 원어민의 발음으로 들어보세요. 그리고 반드시 입을 열어 따라해야 합니다. 머리로 알고 있는 단어라고 해도 막상 입밖으로 나오기까지는 부단한 연습이 필요합니다.

https://youglish.com/
유튜브에 올라온 다양한 영상자료를 일괄적으로 검색해서 다양한 원어민들의 발음을 들을 수 있습니다. 2개 이상의 단어로 이루어진 용어는 따옴표 안에 넣어 검색해보세요.

https://www.forvo.com
전세계 언어를 원어민의 발음으로 들을 수 있으며, 사용자의 참여로 새로운 단어의 발음이 계속 추가되고 있습니다. 전문용어는 많지 않지만 업무상 자주 쓰는 기초 어휘 위주로 발음을 들어보세요.

영어	줄임말 풀이	한국어	패턴 no.
accounting period		사업연도(회계기간)	042
accounting worksheet		정산표	059
accrued expense		미지급비용	228
accrued revenue		미수수익	228
ad hoc meeting		즉석회의, 긴급회의	115
additional paid-in capital		주식발행초과금	271
AFS	available-for-sale	매도가능	242
allowance		충당금	286
amortization		무형자산 및 채권의 상각	266
AP	Account Payable	매입채무	104
AR	Account Receivable	매출채권	104
Article		조	219
balance(final) payment		잔금	097
base scenario		기본 시나리오	201
best scenario		최상 시나리오	201
bifurcate		두 개로 나누다, 쪼개다	272
brainstorming meeting		아이디어회의	115
BS	Balance Sheet	대차대조표	005
CAPEX [케팩스, 케이팩스]	capital expenditure	자본적 지출 투자	166
cash on delivery		착불	106
cc	carbon copy	참조	094
CF	cash flow	현금흐름	095
claim		공제를 신청하다	304
closed item		종결 건	101
CoA	Chart of Accounts	계정표	026
CoGs [커-그스]	Cost of Goods sold	매출원가	246
consolidation (accounting) worksheet		연결정산표	059
complainant		원고	179
contra account		차감계정	244
cook the books		분식회계하다	214

영어	줄임말 풀이	한국어	패턴 no.
counterparty		거래상대방	037
courier service		택배	106
CPA	Certified Public Accountant	공인회계사	148
credit limit		신용한도	135
credit line		신용한도	135
credit line drawdown		한도 축소	135
credit line increase		한도 증액	135
credit reference		신용조회	136
Credit Reference Agency		신용평가기관	136
crowdfunding		군중펀딩	131
DCF	Discounted Cash Flow	현금흐름할인법	184
DDR	Due Diligence Review	자산부채실사	239
declining balance		정률법	267
deduct		차감하다	051
deductible		손금산입(항목)	310
deduction		(소득)공제	294
defendant		피고	179
depreciation		유형자산의 상각	266
designated donation		지정기부금	311
disclaimer		책임없다는 주장	150
distributor		유통업체	157
DIY	Do It Yourself	DIY	170
document		전표	291
door-to-door service		택배	106
down payment		계약금(착수금)	097
downsizing		감원	214
earnings		소득, 수입, 실적	213
EBITDA [에비타]	Earnings Before Interest, Taxes Depreciation and Amortization		187
economic boom		호황	122
economic recession		불황	122

영어	줄임말 풀이	한국어	패턴 no.
EIR	Effective Interest Rate	유효이자율	053
EIR Method	Effective Interest Rate Method	유효이자율법	262
embedded derivative		내재파생상품	272
equity ratio		자기자본비율	204
ERP	Enterprise Resource Planning	ERP	231
exemption		(소득)공제	294
extra charges		부대비용	268
extraordinary shareholders' Meeting		임시주주총회	223
FI	Financial Instruments	금융상품	232
FIFO [피포, 파이포]	First-in First-out	선입선출	265
file a lawsuit		소송을 제기하다	211
financial year		사업연도(회계기간)	042
fiscal year		사업연도(회계기간)	042
floating		변동적인	130
FS	Financial Statement	재무제표	111
FSS	Financial Supervisory Service	금융감독원	215
FX rate	foreign exchange rate	환율	143
FY	Fiscal Year	회계연도	087
GAAP	Generally Accepted Accounting Principles	회계기준	237
General Shareholders' meeting		정기주주총회	223
gross		총액	052
home-delivery service		택배	106
HTM	Held-to-Maturiry	만기보유증권	123
impairment (loss)		손상(차손)	264
incidental expenses		부수적인 비용	268
incl.	including, inclusive	포함	094
initial payment		계약금(착수금)	097
input tax		매입세액	301
IPO	Initial Public Offering	주권상장	205
IRR	Internal Rate of Return	내부수익률	204

영어	줄임말 풀이	한국어	패턴 no.
item		호	219
K	thousand	천	023
key(main) control		주책임	289
K-IFRS	Korean IFRS	한국채택국제회계기준	237
KONEX	Korea New Exchange	코넥스	148
KOSDAQ	The Korea Securities Dealers Automated Quotations	코스닥	148
KOSPI	Korea Composite Stock Price Index	국내 종합주가지수	148
KRX	Korea Exchange	한국거래소	215
landlord		건물주	153
lawsuit		소송	154
levered firm		부채기업	182
LIFO [리포, 라이포]	Last-in First-out	후입선출	265
litigation		소송	154
LTM	Last Twelve Months	최근 12개월간	191
manufacturer		제조업체	157
MCS	Manufacturing Cost Statement	제조원가명세서	246
MoM	Month on Month	전월 대비	048
monthly progress(status) meeting		월간진척(현황)회의	115
MTD	month-to-date	월초부터 현재까지	047
NASDAQ	National Association of Securities Dealers Automated Quotations	미국 장외 주식시장	148
neutral scenario		중립적 시나리오	201
normalized income		정상이익	052
non-operating liability		비영업부채	093
non-recurring		비경상적	098
NRV testing [엔알비 테스팅]	Net Realizable Value testing		100
NTS	National Tax Service	국세청	215
NYSE	New York Stock Exchange	뉴욕주식시장	148
OCI	Other Comprehensive Income(loss)	기타포괄손익	243
open item		미해결건	101

영어	줄임말 풀이	한국어	패턴 no.
resolutions		결의	221
retailer		소매업체	157
return rate		수익률	156
reversal		유보의 소멸	028
ROI	Return on Investment	투자자본수익률	205
royalty		로열티	197
salary		연봉	308
SEC	Securities and Exchange Commission	미국증권거래위원회	215
second payment		1차 중도금	097
SFP	Statements of Financial Position	재무상태표	005
SG&A [에스지엔에이]	selling, general and administrative expenses	판매 및 일반관리비	249
share		주식	146
Shareholders' meeting		주주총회	223
sign-off		최종결정권자의 서명	117
slip		전표	291
SMS 인증	Short Message Service authentication	SMS 인증	136
SPC	Special Purpose Company	유동화전문회사	285
special donation		특례기부금	311
spin off from		~로부터 분할하다	214
statutory donation		법정기부금	311
stock		주식, 재고	146
stock card		재고수불부	234
stock ledger		재고수불부	234
stock par value(capital stock / capital share)		자본금	271
store card		재고수불부	234
store ledger		재고수불부	234
straight-line		정액법	267
sub control		부책임	289
sue		고소하다	211
supplier		공급자	036

영어	줄임말 풀이	한국어	패턴 no.
suspense receipt		가수금	226
tax credit		세액 공제	294
tax refund		환급	294
tax return		세무신고	298
taxable		익금산입(항목)	310
temporary receipt		가수금	226
third payment		2차 중도금	097
TTM	Trailing Twelve Months	최근 12개월간	191
unlevered firm		무부채기업	182
unqualified opinion		적정의견	150
useful life		내용연수	269
valuation		가치평가	011
variable		변동적인	130
vendor		공급자	036
voucher		전표	291
WACC	Weighted Average Cost of Capital	가중평균자본비용	182
wage		(시간당) 임금	308
wholesaler		도매업체	157
wholly owned subsidiary		100% 자회사	147
worst scenario		최악 시나리오	201
write-off		제각, 탕감, 공제	251
YoY	Year on Year	전년 대비	048
YTD	year-to-date	연초부터 현재까지	047